Oswald • Kittler • Dünnebier • Kraftfahrzeuge der DDR

Werner Oswald

Kraftfahrzeuge der DDR

Ergänzt und komplett
überarbeitet von

Eberhard Kittler und
Michael Dünnebier

Motor
buch
Verlag

Der Dank der Autoren gilt allen, die bei der Beschaffung von Informationen und Abbildungen behilflich waren.

Beim Pkw-Teil gilt dies vor allem für Dr. Dirk Steffens (komplett), Konrad Bezold (Sport) sowie Jiri Ruml und Manfred Fischer (Tatra), Frank Farsky und Frank Heinze (Skoda). Besonderen Dank auch Otto Künnecke, Chef des Kleinwagenmuseums in Störy (AWZ) und Frank Nutschan (Melkus) sowie Dietmar Millhoff und Horst Ihling (EMW/AWE)

Wertvolle Hinweise zur Geschichte von Phänomen/Robur stammen von Georg Haberstroh, Rudolf Heinze, Rudolf Richter und Siegfried Schwarze aus Zittau. Ein ganz spezieller Dank für sehr viel Verständnis und Unterstützung an Dr. Dietrich Conrad, Direktor des Verkehrsmuseums Dresden, und die vier Mitarbeiterinnen des Archivs und der Bibliothek.

Zusätzlich zu den von Werner Oswald bereitgestellten Illustrationen wurden folgende Bildquellen verwendet:

Foto Dünnebier (42), Sammlung Dünnebier (93), Foto Kittler (48), Sammlung Kittler (62), Foto Kuschinski (2), Staatsarchiv Chemnitz/Verkehrsmuseum Dresden (7), ABS Robur (2), Porsche (1), Steffens (1).

Einbandgestaltung: Andreas Pflaum

ISBN 3-613-01913-2

2. Auflage 2000

Lektorat: Joachim Kuch
Druck: Maisch & Queck, 70839 Gerlingen
Bindung: K. Dieringer, 70839 Gerlingen
Printed in Germany

Inhalt

Vorwort

Lieber Leser,

eine zusammenfassende Darstellung aller in der DDR seit 1945 gebauten Kraftfahrzeuge gab es bisher weder in der Bundesrepublik noch »drüben«. Nachdem entsprechende Dokumentationen über die Zivil- und Wirtschaftsfahrzeuge der »alten« Bundesrepublik bestehen, ebenso einschlägige Bücher über die Automobile im Deutschen Reich bis 1945, lag es nahe aufzuzeigen, wie und vor allem wie anders seitdem die Entwicklung des Kraftfahrwesens in der DDR abgelaufen ist. Diese Darstellung war, wie sich denken läßt, keine ganz leichte Aufgabe. Indes entpuppte sich die Sammlung des nötigen Materials – selbst zur Überraschung des Verfassers – keineswegs etwa als Detektiv-, sondern bloß als Fleißarbeit.

Zwischen den beiden Teilen Deutschlands bestünde ein viel entspannteres Verhältnis, wenn die Leute in der DDR richtig über die Bundesrepublik und die Leute in der Bundesrepublik richtig über die DDR Bescheid wüßten. Zur bitter nötigen Aufklärung wenigstens im Rahmen des behandelten Themas beizutragen, soll über die rein sachliche Information hinaus mit ein Anliegen dieses Buches sein.

Ing. Werner Oswald (†), 1975 und 1990

Einführung

Die Fleißarbeit des 1997 verstorbenen Werner Oswald behutsam zu überarbeiten und zu komplettieren, gereicht dem Motorbuch Verlag Stuttgart zweifelsohne zur Ehre. Der »kalte Krieg« ist auch auf publizistischem Gebiet beendet, der ideologische »Wettbewerb der Systeme« entschieden, so daß verbaler Schlagabtausch nicht mehr zielführend sein kann. Manche Sachverhalte lassen sich heute – nach der Wiedervereinigung – einfacher recherchieren; ein abschließendes Fazit fällt angesichts des Endes nahezu aller einstigen DDR-Hersteller leichter. Andererseits sind Zeitzeugen nicht mehr ansprechbar und wertvolle Dokumentationen in den Wirren der »Wendezeit« 1989/90 verschwunden.

Genau wie in der Urfassung von Werner Oswald blieben Motorräder außen vor. Inzwischen liegen eigenständige Publikationen zu den beiden Zweirad-Werken in Zschopau (DKW, MZ) und Suhl (Simson) vor, die interessierten Lesern bekannt sein dürften.

Das Kapitel über Militärfahrzeuge in der DDR ist weggefallen. Denn der Leser würde hier zu Recht einen tieferen Einblick in die Panzerschränke der militärischen und polizeilichen Dienststellen erwarten, als dies Werner Oswald angesichts geschlossener Grenzen seinerzeit möglich war. So war er oftmals auf Spekulationen angewiesen oder mußte sich mit Informationen begnügen, die nur die halbe Wahrheit aussagten. Dieses Thema erwies sich bereits bei der ersten Recherche als derart komplex, daß es eigene, umfangreiche Buch-Veröffentlichungen rechtfertigt.

Statt dessen beinhaltet das Werk nun einen umfangreichen Teil über die in die DDR importierten Pkw, Lastwagen und Busse. Dabei beschränkt sich das Buch bewußt auf Importe aus den Ostblock-Staaten, ohne 100prozentige Vollständigkeit erreichen zu können. Ganz besonders gilt dies für die Nutzfahrzeuge, deren Variantenvielfalt den vorgegebenen Raum überschritten hätte: Hier sind stellvertretend die jeweiligen Basistypen aufgeführt worden. Da viele der osteuropäischen Hersteller heute nicht mehr in alter Form existieren, gestaltete sich auch hier die Spurensuche als überaus kompliziert.

Die Co-Autoren hoffen, damit eine Lücke geschlossen zu haben und – wie von Werner Oswald gewünscht – zum gegenseitigen Verständnis zwischen den Menschen in Ost und West beizutragen.

Eberhard Kittler **Dr. Michael Dünnebier**

Automobilindustrie und Automobilmarkt der DDR

Nach vier Jahrzehnten endete im Oktober 1990 die Existenz des kleineren der zwei deutschen Staaten. Erste Analysen hatten schon unmittelbar nach der Grenzöffnung im November 1989 erkennen lassen, daß die Wirtschaft der DDR im marktwirtschaftlichen Wettbewerb nicht würde bestehen können. Gerade der Pkw-Bau, der sich zuvor nie mit echten Konkurrenten messen lassen mußte und mit größtenteils technisch veraltetem Gerät seine Kunden gefunden hatte, geriet sofort ins Schlingern. Die Inlands-Nachfrage ging angesichts der ins Haus stehenden Angebote renommierter westlicher Hersteller schlagartig zurück. Eine derartige Entwicklung war von den Verantwortlichen in der DDR niemals ernsthaft ins Auge gefaßt worden.

Straßenszene mit Plattenbau, Ende der 80er Jahre

Der Automobilbau litt vor allem darunter, daß er nicht zu den Schwerpunktindustrien des Landes gezählt hatte. Folglich standen ihm Mittel für Investitionen und Entwicklungen nur in beschränktem Maße zur Verfügung. Der Bedarf an individuellen Verkehrsmitteln überstieg im gesamten Ostblock die Lieferfähigkeit um ein Mehrfaches. Innovationen und Modellwechsel waren als Verkaufsargument für den Binnenmarkt nicht notwendig, denn Kraftfahrzeuge wurden den Kunden erst nach jahrelangen Wartezeiten zugeteilt. Selbst konstruktive oder materialbedingte Schwächen ließen Automobile nie zu Ladenhütern werden. Devisenträchtige Exportgeschäfte, die in anderen

Branchen der DDR-Industrie gang und gäbe waren, hielten sich auf dem Kfz-Sektor in engeren Grenzen.

Bei den Nutzfahrzeugen sah es grundsätzlich nicht positiver aus. Die Verteilung im Inland erfolgte allerdings nicht nach der Bestellzeit, sondern orientierte sich an »volkswirtschaftlichen Notwendigkeiten«. An erster Stelle standen per Gesetz verordnet die »Sonderbedarfsträ-

W50/Robur-Militär-Lkw für Afrika

ger«. Dahinter verbargen sich in erster Linie alle »bewaffneten Organe«. Dann folgten meist die großen Verkehrskombinate, die Landwirtschaft und die aus jeweiliger Sicht wichtigen Wirtschaftszweige. Handwerksbetriebe und kleine, private Fuhrbetriebe standen weit hinten in der Lieferliste. Nutzfahrzeug-Exporte aus der DDR gab es bis Ende der 80er Jahre, weil hier tatsächlich Marktnischen abgedeckt werden konnten. Ein relativ großes Geschäftsfeld waren die Fuhrparks von Armeen einiger außereuropäischer Staaten.

Verzweifelte Versuche, das bestehende Pkw-Modellprogramm – teilweise in Zusammenarbeit mit Partnern aus der alten Bundesrepublik – Ende der 80er Jahre im letzten Moment zu modernisieren oder zu erweitern, kamen zu spät. Westliche Hersteller nutzten nun mit allen Mitteln ihre Chance, einen nahezu jungfräulichen Markt zu erschließen und erlebten einen nie dagewesenen Boom. Anderswo erlitten sie derweil bereits ernsthafte Einbrüche und Geschäftskrisen. Als durch den Zerfall des Ostblock-Wirtschaftsverbandes »Rat für gegenseitige Wirtschaftshilfe« (RGW, im Westen als Comecon bezeichnet) auch noch die traditionellen östlichen Handelspartner verlorengingen, mußten die ostdeutschen Produzenten auf der Strecke bleiben. Ihre Werker – die dies als »Plattmachen« erleben mußten – gingen zum Großteil in die Arbeitslosigkeit.

Inzwischen wurden einige Standorte wiederbelebt, vor allem dank des Engagements einiger westlicher Hersteller, die bewußt auch das Potential guter Facharbeiter nutzen. In Eisenach erbaute Opel ein Vorzeigewerk, in dem heute auch ehemalige Wartburg-Mitarbeiter beschäftigt sind. Am gleichen Ort hat BMW ein Zulieferwerk errichtet. Volkswagen produziert in einem hochmodernen neuen Werk in Mosel bei Zwickau. Und in Ludwigsfelde läßt DaimlerChrysler Nutzfahrzeuge montieren.

Das Sachsenring-Werk in Zwickau haben derweil die Brüder Rittinghaus übernommen und in die Gewinnzone geführt. Ihre Sachsenring Automobiltechnik AG versteht sich als »Rechtsnachfolger« des vormaligen Trabant-Herstellers und nutzt einen Teil von dessen Anlagen. Das Unternehmen stellte Ende 1996 nicht nur den vielbeachteten Hybrid-Prototyp Uni 1 vor, sondern hat inzwischen auch einige Automobilzulieferer im Westen Deutschlands übernommen.

Sachsenring Uni 1 (1996)

Zumindest ein früherer DDR-Hersteller hat überlebt: Multicar in Waltershausen, ein kleines Unternehmen, das schon in Vor-»Wende«-Zeiten mit einer Art Mini-Unimog eine Marktnische gefunden hatte und in alle Welt lieferte und weiter liefert. Inzwischen gehört die »Multicar Spezialfahrzeug GmbH« zu Hako, einer Reinigungsmaschinen-Firma aus Bad Oldesloe. Darüber hinaus hat sich an den meisten Standorten im Osten eine hochpotente Zulieferindustrie angesiedelt.

Im Gesamtjahr 1998 liefen von den Bändern der Werke in Eisenach (Opel), Mosel (VW), Ludwigsfelde (Daimler-Benz), Ehrenhain (Auwärter) und Waltershausen (Multicar) insgesamt 380 000 Pkw (plus 37 % gegenüber 1997) und 11 500 Nutzfahrzeuge (plus 5 %). Volkswagen nimmt im Jahr 2000 eine Montagelinie im Zentrum von Dresden in Betrieb, in der jährlich rund 30 000 Luxus-Automobile entstehen sollen. Und Porsche montiert in Leipzig seinen Geländewagen.

Nach Usbekistan, einem früher zur Sowjetunion gehörenden Staat, gelangten die Trabant-Produktionsanlagen. Dort sollte der einstige DDR-Volkswagen vom amerikanisch-usbekischen Unternehmen Olimp bis zu 40 000 mal pro Jahr gebaut werden. Daß so etwas funktionieren kann, zeigen die in die Türkei verbrachten Werkzeuge für das MZ-Motorrad: Der nun in Istanbul produzierte, ausgereifte Zweitakter erfreut sich reger Nachfrage. Ein ähnliches Projekt mit Barkas-Kleintransportern für Rußland endete nach langer, mühevoller Vorarbeit mit der frustrierenden Verschrottung der verpackten Produktionseinrichtungen.

Bestandsaufnahme in der Frühzeit der DDR

Vor dem Zweiten Weltkrieg war das Gebiet der späteren DDR mit 30 Prozent an der gesamtdeutschen Personenwagen- und mit 70 Prozent an der Motorradproduktion beteiligt. Die Zulieferindustrie hatte, bezogen ebenfalls auf das Deutsche Reich, nur einen Anteil von 14 Prozent. Auch die metallurgische Industrie hatte ihre traditionellen Stammsitze zum größten Teil im Westen Deutschlands. Diese Bedeutung konnte (und sollte) die östliche Kraftfahrzeugindustrie nie mehr erreichen. Verglichen mit den Gegebenheiten in den damaligen westlichen Besatzungszonen Deutschlands war sie ohnehin unter weit schwierigeren Voraussetzungen angelaufen.

Zum einen waren kriegsbedingt viele Fertigungsstätten in der Ostzone zerstört worden, noch bestehende Produktionsanlagen gingen auf Geheiß der »Sowjetischen Militäradministration in Deutschland« (SMAD) zum Großteil als Reparationslieferungen in die Sowjetunion. Dies betraf auch wichtige technologische und wissenschaftliche Grundlagen. So wurden seinerzeit alle noch »überlebenden« Silberpfeil-Rennwagen der Zwickauer Auto Union einschließlich der technischen Dokumentationen nach Moskau gebracht. Mit weiteren Konstruktionsunterlagen und Patenten setzten sich federführende Techniker und Ingenieure in die Westzonen ab.

Eine Hauptschwierigkeit lag zunächst auch darin, daß in der Sowjetzone einige wichtige Zulieferer fehlten – und die traditionellen Bindungen mit Partnern in den nunmehr westlichen Landesteilen abgebrochen wurden. So gab es plötzlich keine Hersteller von Gelenkwellen, Stoßdämpfern und Kupplungen mehr. Ebenso wenig genügten die vorhandenen Kapazitäten für Reifen, Vergaser, Getriebe, Autoelektrik und Sicherheitsglas. Zudem wurde das Gebiet zwischen Elbe und Oder bei der Zerstückelung des einstigen Deutschen Reiches von der Stahlproduktion abgeschnitten; die Rohstoffquellen in Schlesien, Oberschlesien und Ostpreußen gehörten fortan zu Polen.

Genau wie im Westen Deutschlands ist der Wiederaufbau der Kraftfahrzeugproduktion der Forderung der Besatzungsmächte nach

Kraftfahrzeug-Produktion in der DDR

	AWZ F8/F9/P70 P240/ Trabant	AWE EMW 326/ 2-327/340/ F9/ Wartburg	Personen-wagen insgesamt	Last-wagen/ Trans-porter	Omni-busse	Motor-räder/ Motor roller
1948	–	–	2 551	311	–	2 909
1949	531	ca. 2 670	ca. 3 500			
1950	3 516	3 649	7 165	1 003	75	9 607
1951	4 719	6 373	11 092	5 137		23 896
1952	3 940	8 221	12 161	6 687		36 727
1953	7 549	5 941	13 490	11 144		47 146
1954	6 303	13 374	19 677	12 222		50 270
1955	7 757	14 490	22 247	14 199	708	61 141
1956	8 321	19 824	28 145	17 201		68 246
1957	11 450	23 285	35 597	15 481		77 024
1958	13 765	24 657	38 422	15 741		81 202
1959	23 674	29 010	52 684	14 657		87 019
1960	35 270	28 801	64 071	12 864	415	90 319
1961	39 335	30 227	69 562	11 892		83 607
1962	45 300	26 909	72 209	8 041		61 152
1963	53 410	30 003	84 290	10 073		67 763
1964	60 000	31 998	93 095	11 755		61 802
1965	73 197	31 704	102 877	15 179	542	63 800
1966	73 885	32 575	106 460	20 166		
1967	76 920	34 596	111 516	21 892	693	62 800
1968	79 738	34 873	114 611	23 621	884	69 800
1969	83 468	37 447	120 915	25 314	1 451	72 700
1970	86 200	40 411	126 611	24 180	2 587	71 100
1971	91 065	43 200	134 265	25 465	3 032	72 100
1972	93 030	46 576	139 606	26 825	3 185	79 200
1973	98 632	48 470	147 102	30 632	2 469	82 900
1974	102 816	51 813	154 629	33 934	2 574	86 740
1975	105107	54 040	159 147	35 854	2 465	92 063
1976	108460	55 510	163 970	35 919	2 482	82 000
1977	109 629	57 565	167 194	37 236	2 707	65 856
1978	112 235	58 732	170 967	36 735	2 784	71 373
1979	115 027	56 318	171 345	36 719	2 919	77 935
1980	118 436	58 325	176 761	36 954	2 870	80 500
1981	120 100	60 133	180 233	39 396	3 041	78 803
1982	121 630	61 300	182 930	38 763	2 469	81 000
1983	123 671	64 629	188 300	39 557	1 688	80 030
1984	129 751	72 249	202 000	43 105	1 691	84 400
1985	136 370	74 000	210 370	45 305	2 042	76 300
1986	143 700	74 231	217 931	44 887	1 626	73 352
1987	145 576	71 520	217 096	41 897	1 749	75 200
1988	145 750	72 295	218 045	39 572	1 964	79 000
1989	145 574	71 395	216 969			
1990	91 893	63 068	154 961			
1991	9 831					
Summe	3 164 151	1 740 669	4 904 820	ca.1 000 000		ca. 2 900 000

Reparaturkapazitäten zu verdanken. Weiterhin verlangten sie die Bereitstellung neuer Motorräder, Autos und Lastwagen. Die sowjetische Zone lieferte dabei allein an die Sowjets, während beispielsweise Volkswagen nicht nur die Briten, sondern auch die Amerikaner, Franzosen und Russen belieferte.

Im Land Sachsen befanden sich die Betriebsanlagen der ehemaligen Auto Union AG., die Nutzwagenfirmen Phänomen und Framo, einige Karosserie-Hersteller sowie etliche Teilelieferanten. Nahezu alle diese Betriebe waren durch Kriegsschäden, Verwüstungen, Plünderungen und Demontagen sowie wegen Materialmangels vorerst nicht einsatzbereit. Lediglich die Werdauer Schumann-Werke waren von Demontagen verschont geblieben, um im russischen Reparationsauftrag u.a. Nutzfahrzeugaufbauten zu liefern. Die Lastwagenfabrik Vomag in Plauen/Vogtland wurde als Rüstungsbetrieb total demontiert, die Betriebsanlagen zerstört.

Funktionsfähig geblieben hingegen waren die im Land Thüringen gelegenen Fahrzeugwerke, wobei es sich vor allem um BMW und Simson handelte. Sie waren von Kriegsschäden weniger betroffen, und ihnen kam der Umstand zugute, daß Thüringen zunächst von den Amerikanern besetzt war. Als diese das Land im Juni 1945 den Sowjets übergaben, hatten die Plünderungen und Verwüstungen seitens der Roten Armee bereits aufgehört.

Wie alle größeren Industrieunternehmen in der Sowjetzone wurden auch die sächsischen Automobilfabriken entschädigungslos enteignet und 1946 zu Volkseigenen Betrieben (VEB) erklärt. Diese wiederum faßte man zunächst regional, dann branchenweise in Industrie-Verwaltungen (IV) zusammen. Dabei entstand zum Jahresende 1947 die Industrieverwaltung Fahrzeugbau (IFA) mit dem Sitz in Chemnitz. Sie zählte 17 Fahrzeug- und Motorenfabriken, acht Karosseriewerke und 22 Reparaturbetriebe im Land Sachsen.

Diese Organisation wiederum wurde am 1. Juli 1948 als Industrieverband Fahrzeugbau »Vereinigung Volkseigener Fahrzeugwerke« (VVB) auf die ganze Sowjetzone ausgedehnt und – unter Federführung der »Deutschen Wirtschaftskommision « (DWK) – der zentralen IFA-Leitung in Chemnitz unterstellt. Zu ihr gehörten nunmehr 40 Betriebe mit insgesamt 13 700 Beschäftigten. Die Lastwagenproduktion im Zwickauer Horch-Werk war bereits 1947 wieder angelaufen, die ersten Personenkraftwagen und Motorräder entstanden im gleichen Jahr. Zu einer planmäßigen Kraftfahrzeugproduktion kam es indes erst ab 1949, dem Gründungsjahr der DDR. Besonderer Augenmerk lag dabei auf den Nutzfahrzeugen, deren Produktion von 1951 bis 1956 um das Dreifache gesteigert wurde.

Die IFA Vereinigung Volkseigener Fahrzeugwerke warb auf der Leipziger Frühjahrsmesse 1949 mit folgenden Produkten:

— Straßen- und Ackerschlepper 22 und 40 PS
— Horch-Diesel-Lastkraftwagen 3 t Nutzlast
— Phänomen 1,5-t-Schnell-Lastwagen 1500 S
— DKW-Automobile der Typen F8 und F9
— DKW-Motorräder Typ RT 125
— Stationäre und Einbaumotoren der Marken DKW und Phänomen
— Fahrräder
— Kraftfahrzeugersatzteile aller Art

IFA

IFA VEREINIGUNG VOLKSEIGENER FAHRZEUGWERKE

CHEMNITZ, KAUFFAHRTEI 31

ZEIGT

IFA-STRASSEN- UND ACKERSCHLEPPER 22 UND 40 PS. HORCH-DIESEL-LASTKRAFTWAGEN, 3 T NUTZLAST. PHÄNOMEN 1,5-T-SCHNELL-LASTWAGEN 1500 S. DKW-AUTOMOBILE DER TYPEN F 9 UND F 8. DKW-MOTORRÄDER TYP RT 125. STATIONÄRE UND EINBAUMOTOREN DER MARKEN DKW UND PHÄNOMEN. IFA-FAHRRÄDER. KRAFTFAHRZEUG-ERSATZTEILE ALLER ART

AUF DER

LEIPZIGER FRÜHJAHRSMESSE 1949

HALLE IV

Anzeige für die Leipziger Frühjahrsmesse 1949

Das BMW-Werk Eisenach, die Elite-Diamant-Fahrradfabriken sowie die Simson Waffen- und Fahrzeugwerke (außerdem eine Berliner Bremsen- und eine Leipziger Kugellagerfabrik) blieben noch jahrelang in der Rechtsform einer Sowjet-AG. (SAG) von der Besatzungsmacht vereinnahmt. Dachorganisation dieser Betriebe war die Sowjet-Aktiengesellschaft, später Staatliche Aktiengesellschaft »Awtovelo«, die verhältnismäßig rasch wieder auf beachtliche Produktionsergebnisse kam, weil sie bei den Materialzuteilungen stets Vorrang hatte. Erst im Juni 1952 gingen auch die Thüringer Fahrzeugfabriken wieder in deutschen Besitz über und wurden ebenfalls als nunmehr Volkseigene Betriebe der IFA angeschlossen. Zuständig für den Kraftfahrzeugbau war jetzt die »Hauptverwaltung Automobilbau« als Unterabteilung des DDR-Industrieministeriums.

Ab dem 1. April 1951 koordinierte und lenkte das Forschungs- und Entwicklungswerk (FEW) in Karl-Marx-Stadt die Neuentwicklungen von Kraftfahrzeugen in der DDR. Sein Ursprung geht auf das Zentrale Entwicklungs- und Konstruktionsbüro (ZKB) und die Zentrale Versuchsanstalt (ZVA) der Auto Union zurück. Nach dem Krieg waren diese Institutionen von den Sowjets als Automobiltechnisches Büro (ATB) und als Wissenschaftliches Büro für Automobilbau der SAG Awtowelo (WTB) wiederbelebt worden. Die Werke selbst, die inzwischen eine Zusammenarbeit mit den technischen Hochschulen in Zwickau und Dresden begannen, verstanden dies als Bevormundung und opponierten gegen diese Form des Zentralismus. 1955 wurde die Stabsstelle vom VEB Zentrale Entwicklung und Konstruktion für den Kraftfahrzeugbau (ZEK) ersetzt. Das Problem blieb das gleiche. 1963 hatten sich die Werke schließlich durchgesetzt und trugen fortan die volle Verantwortung für komplette Neuentwicklungen. Die umstrittene Karl-Marx-Städter Zentrale fungierte nun nur noch als Wissenschaftlich-Technisches Zentrum (WTZ) und wurde im Juni 1984 aufgelöst.

Die traditionellen Markennamen, die in der DDR mit dem gemeinsamen Markenzeichen IFA gekoppelt waren, wurden bereits in den 50er Jahren durch neue Firmenbezeichnungen ersetzt. Grund dafür waren meist markenrechtliche Auseinandersetzungen mit den ehemaligen Inhabern – beispielsweise bei BMW und Phänomen. Aber auch strukturelle Veränderungen – wie bei der Zusammenführung der Zwickauer Werke Horch und Audi zum VEB Sachsenring – spielten eine Rolle.

Das Vertriebskonzept

Für den Verkauf aller IFA-Erzeugnisse in den fünfziger Jahren war kollektiv die Deutsche Handelszentrale für Maschinen- und Fahrzeugbau (DHZ), eine staatliche Handelsorganisation, zuständig. Privates Automobilgewerbe gab es beim Gebrauchtwagenhandel und beim Reparaturgeschäft.

Während in den ersten Nachkriegsjahren die wenigen verfügbaren Kraftfahrzeuge ausschließlich zugeteilt wurden, konnten ab 1950 Kraftfahrzeuge auch wieder für den privaten Bedarf bestellt werden, allerdings nur unter Hinnahme hoher Preise. Verkaufsberechtigt wurden nun auch die Staatliche »Handelsorganisation« (HO). Im Dezember 1950 eröffnete die HO in der Ostberliner Renommierstraße Unter den Linden sogar eine repräsentative ständige Autoverkaufsausstellung. Auch gelangten bald die ersten Kraftfahrzeugimporte in die DDR. Bei den Personenwagen handelte es sich dabei vor allem um den Skoda 1200 und den Tatraplan sowie in Einzelstücken als Dienstwagen für Spitzenfunktionäre um große Limousinen sowjetischer Bauart. An ausländischen Lastwagen wurden zuerst die russischen GAZ und ZIL und für den Fernlastverkehr tschechische Skoda importiert.

Um den Automobilhandel straffer zu organisieren, wurde ab 1968 der VEB IFA-Vertrieb eingerichtet. Neben organisatorischen Aufgaben sollte diese Organisation eine bessere Versorgung mit Fahrzeugen, Zubehör und Ersatzteilen bewirken. Entsprechend den mittlerweile entstandenen 15 Bezirken der DDR wurden in Berlin, Neubrandenburg, Schwerin, Magdeburg, Halle, Erfurt, Zwickau und Dresden regionale, juristisch selbständige IFA-Betriebe gebildet. Neben ihrer Großhandels- und teilweise auch Einzelhandelsfunktion wurden ihnen nach einem Pilotprojekt in Berlin bereits bestehende Konsum- oder HO-Geschäftstellen oder noch einzurichtende Vertriebsstellen angegliedert, die nach dem Filialsystem arbeiteten. Der Verkauf von Personenwagen blieb dabei auf wenige Standorte der Versorgungsbereiche konzentriert.

Als planwirtschaftliche Dachorganisation für die Automobilindustrie fungierte nun die Vereinigung Volkseigener Betriebe (VVB) Automobilbau, die in Karl-Marx-Stadt (Chemnitz) ihren Sitz hatte. Der VVB Automobilbau waren auch der IFA-Vertrieb und zwei Importbetriebe (Imperhandel Berlin und Automot Heidenau) zugeordnet. Anfangs waren diesen Betrieben bestimmte Lieferländer zugeordnet, ab 1978 war Imperhandel für die Personenkraftwagen und Automot für die Nutzfahrzeuge zuständig.

Während der IFA-Vertrieb die Pkw-Kunden belieferte, hatten die Importbetriebe bei den Pkw Großhandelsfunktion. Im Jahr 1987 war in der DDR folgender Endstand für die Versorgung der Bevölkerung mit Zwei- und Vierradfahrzeugen erreicht: 15 Großhandelslager, 22 Autohäuser, 68 Pkw-Verkaufsbüros und 354 Einzelhandelsgeschäfte für Zubehör und Ersatzteile.

IFA-Auslieferungslager, 1990

Bei den Nutzfahrzeugen wurden auch Endkunden beliefert. Die Importbetriebe setzten die Fahrzeuge und Ersatzteile praktisch um und waren handelstechnisch dem staatlichen Außenhandelsbetrieb (AHB) »Transportmaschinen« nachgeordnet, der den vertraglichen und finanziellen Kontakt zu den ausländischen Lieferanten übernahm. Diese Struktur bedingte einen erheblichen Verwaltungsaufwand.

Der immer wichtiger werdende Export lief ebenfalls über den AHB Transportmaschinen. Lieferungen an westlichen »Devisen«-Handelspartner hatten besonders in den 80er Jahren absoluten Vorrang vor allen anderen Verpflichtungen der IFA-Betriebe. Dies betraf Nutzfahrzeuge, die u.a. bei diversen Armeen in Entwicklungsländern Dienst taten. Nur in geringem Maße konnten Pkw außerhalb des Ostblocks abgesetzt werden. Motorräder fanden ihre größte Popularität jenseits der Grenze in Westdeutschland. DDR-Bürger hatten immerhin die Möglichkeit, mit »harter Währung« über die Handelsorganisation »Genex«, einer Tochter des Bereiches »Kommerzielle Koordinierung« (KoKo), schneller zum gewünschten Fahrzeug zu kommen.

Automobiler Alltag in der DDR

In der unmittelbaren Nachkriegs-Zeit dominierten auch in Ostdeutschland fast ausschließlich motorisierte Fahrzeuge der Besatzungsmacht die Straßen. Nur einige wenige Pkw und Nutzfahrzeuge, meist via Holzgas-Kompressor angetrieben, waren in der Hand von Betrieben oder Privatpersonen. 1948 führten die zuständigen sowjetischen Behörden für die damals fünf ostdeutschen Länder Kfz-Kennzeichen ein (schwarzer Grund, weiße Beschriftung). Der sowjetische Sektor von Berlin erhielt eine Kennzeichnung in kyrillischer Schrift (weißer Grund, schwarze Beschriftung).

Nach Gründung der DDR, der Etablierung der 15 Bezirke (einschließlich Berlin) und dem langsam anlaufenden Verkauf von Neu-

Amtliche Kennzeichen in der sowjetischen Besatzungszone (1948–1949)

Land	Anfangsbuchstaben des Kennzeichens
Brandenburg	S/B
Mecklenburg	S/M
Sachsen-Anhalt	S/N
Sachsen	S/L
Thüringen	S/T
Berlin, sowj. Sektor	BG

Amtliche Kennzeichen in der DDR

Bezirk	Anfangsbuchstaben des Kennzeichens
Berlin, Hauptstadt der DDR	I
Rostock	A
Schwerin	B
Neubrandenburg	C
Potsdam	D und P
Frankfurt/O.	E
Cottbus	Z
Magdeburg	H und M
Halle	K und V
Erfurt	F, L
Gera	N
Suhl	O
Dresden	R und Y
Leipzig	S und U
Karl-Marx-Stadt	T und X
Volkspolizei	VP
Nationale Volksarmee	VA
Grenztruppen der DDR	GT

fahrzeugen wurden neue Kfz-Nummern eingeführt (weißer Grund, schwarze Beschriftung). Die Buchstaben- und Zahlenkombination war ursprünglich je zweistellig (NN 11-11), Anfang der 80er Jahre wurden in einigen Bezirken dreistellige Buchstabenfolgen mit einstelliger Folgezahl eingeführt (NNN 1-11). Bis Anfang der 70er trugen die Kraftfahrzeuge der DDR übrigens – genau wie die Autos in Westdeutschland – das Nationalitätenkennzeichen »D«; erst danach wurde das »DDR«-Zeichen verlangt.

Das Fahrzeug-Angebot wurde von Jahr zu Jahr reichhaltiger, andererseits verlängerten sich angesichts des wachsenden Volkswohlstands die Lieferfristen immer weiter. Auf die 17 Millionen DDR-Bürger entfielen in den 80er Jahren rund 1,7 Millionen Pkw (statistisches Mittel 1 Pkw/10 Einwohner), in den 70ern waren es noch ein Pkw auf 13 Einwohner. Das waren Zahlen, die weit über denen der anderen Ostblock-Staaten lagen. Zum Vergleich: Im Westen Deutschlands kam Mitte der 80er ein Pkw auf drei Einwohner.

Diese zunehmende individuelle Motorisierung entsprach – trotz mancher offiziell anderer Lesart – durchaus den Zielen der sozialistischen Staatsmacht. Bereits seit den Unruhen 1953 versuchte die DDR-Regierung, die Stimmung der Bevölkerung durch mehr Konsumgüter zu verbessern und den Wunsch nach dem eigenen Pkw schneller zu befriedigen. Nur so ist die rasche Entwicklung des Trabant P50 und die Schaffung von Produktionskapazitäten zu Lasten der Sachsenring-Lkw zu erklären.

Bereits dem »Fahrerlaubnis«-Erwerb (Klasse 1 für Motorräder, Mindestalter 16 Jahre und zunächst auf 125 cm^3 beschränkt; Klasse 4 für Pkw, ab 18 Jahre; Klasse 5 für Lkw, ebenfalls ab 18 Jahre) ging eine Wartezeit von bis zu zwei Jahren voraus – je nach Region und Nachfrage. Die Anmeldungen dafür durften erst mit 16 bzw. 18 Jahren vorgenommen werden. Manch späterer Pkw-Lenker erwarb notgedrungenermaßen den etwa 50 Prozent teureren Lkw-Führerschein (etwa 300 Ost-Mark, er beinhaltete automatisch die Pkw-Fahrgenehmigung), um schneller zum ersehnten Papier zu kommen. In den 70er Jahren verfügte daraufhin der Staat, daß nur noch von ihren Betrieben Delegierte Lkw-Fahrstunden nehmen durften.

Viele männliche DDR-Bürger nutzten darum die Chance, für kleines Geld ihre Fahrerlaubnis über die paramilitärische »Gesellschaft für Sport und Technik« (GST) zu erlangen. Andere trachteten danach, während ihres Wehrdiensts in der Nationalen Volksarmee (NVA) das entscheidende Papier zu erwerben – wobei hier zumindest für Lkw andere Regelungen in Kraft waren: NVA-Führerscheine galten nicht für »zivile« Lkw im Anhängerbetrieb.

Der DDR-Fahrerlaubnis beigefügt war ein »Berechtigungsschein« mit fünf Blankofeldern. Wer beim Nichteinhalten der Straßenverkehrs-Ordnung (StVO) ertappt wurde, hatte Verwarnungsgeld zu bezahlen und mußte schlimmstenfalls mit Stempeleinträgen rechnen. Diese wurden erst nach einer bestimmten Frist – auf Antrag – wieder gelöscht. Wer zwischenzeitlich erneut gegen das Gesetz verstieß, konnte mit dem Entzug der Fahrerlaubnis (der Begriff »Führerschein« wurde erst in den 80er Jahren eingeführt) bestraft werden. Als eine Art präventive Buße galt die freiwillige Teilnahme an den Schulungen der (betrieblichen) Verkehrssicherheits-Aktive. Dies wurde in einer Extrakarte dokumentiert und soll den ein oder anderen Verkehrspolizisten von härteren Strafmaßnahmen abgehalten haben.

Es gab prinzipiell vier Möglichkeiten in der DDR, in den Besitz eines Kraftfahrzeuges zu kommen:

1) Ein neues Fahrzeug mußte in der zuständigen IFA-Vertriebsstelle des Hauptwohnsitzes bestellt werden. Voraussetzung dafür war das Erreichen des 18. Lebensjahrs. Umbestellungen – etwa statt eines Wartburg ein Trabant – waren möglich, zogen aber eine längere Lieferzeit nach sich. Relativ kurze Lieferfristen galten nur für Mopeds und Motorräder (bis zu einem Jahr) sowie für Behindertenfahrzeuge. Pkw waren erst nach mindestens zehnjähriger Wartezeit zu haben, einzelne Typen (vor allem Kombifahrzeuge und Import-Pkw) erforderten bis zu 16 Jahren Geduld. Noch bis Anfang der 60er hatte die Wartezeit »nur« ein bis zwei Jahre betragen.
   Bereits Ende der 50er Jahre, als die Mauer noch nicht stand, kamen offiziell die französischen Typen Simca Aronde und Renault Dauphine ins Land. Für bestimmte Regionen, Industriezweige und Personengruppen galten später Sonderregelungen bei der Zuteilung von Personenkraftwagen. Dies betraf die Hauptstadt Berlin, das

Auslieferung bestellter Pkw per 1. Januar 1981 (Beispiel für Bezirk Erfurt)

Pkw-Typ	Bestellmonat/jahr	Lieferjahre
Trabant 601 Universal	12/1969	11
Trabant 601 Limousine	9/1970	10
Wartburg 353 Tourist	1/1967	14
Wartburg 353 Limousine	2/1968	13
Dacia 1300	5/1971	9,5
Lada VAZ 2101	6/1970	10
Lada VAZ 21011	12/1970	10
Lada VAZ 2102	12/1970	10
Lada VAZ 2103	5/1968	12,5
Lada VAZ 2106	8/1967	13
Skoda S105	9/1970	10
Skoda S105 L	12/1970	10
Skoda S120 L	10/1970	10
Skoda S120 LS	8/1970	10
Anhänger HP 350.01	1976	5

sächsische Uran-Abbau-Unternehmen »Wismut« und Angehörige der NVA und Polizei, VIP's, (Motor-)Sportler, Montagearbeiter im (sozialistischen) Ausland usw.
Ende der 70er und Anfang der 80er Jahre wurden mehrfach West-Pkw (10 000 VW Golf I 50 / 70 PS Benziner und 50 PS Diesel in 1977/78, 1000 Volvo 244 in 1977, Mazda 323 in 1981 sowie Citroën GSA und Peugeot 305 in den 80ern) importiert, die allein für solche Personengruppen reserviert blieben. Erklärte Ziele waren die Internationalisierung des Straßenbilds in der Hauptstadt Berlin (wohin ein Großteil der Importlieferungen ging) und die Bevorzugung von »Zentren der Arbeiterbewegung« in Sachsen und Sachsen-Anhalt.

Weil pro Person nur ein einziges Fahrzeug bestellt werden durfte, meldete nahezu jeder volljährige DDR-Bürger einen Pkw an. Großeltern und Ehefrauen sorgten so dafür, daß bereits nach sechs bis acht Jahren ein neuer Pkw ins Haus kam. Auf dem Pkw-Bestellungsformular, auf dem übrigens auch der soziale Stand (Angestellter/Arbeiter/Handwerker/Genossenschaftsbauer/Intelligenz/Sonstige) vermerkt war, hieß es:»Diese Pkw-Bestellung ist eine Vormerkung, aus der sich keine vertraglichen Ansprüche und Rechte im Sinne eines Kaufvertrages ableiten lassen.« Mit dem Ende der DDR legten die Kaufinteressenten diesen Passus zu ihren Gunsten aus – und traten von der Bestellung zurück. Die vollkommen überraschten Fahrzeugbauer blieben so plötzlich auf ihren Produkten sitzen.

2) Neue Fahrzeuge konnten bevorzugt über die erwähnte »Genex«-Gruppe bezogen werden – allerdings lediglich gegen harte D-Mark. Bis in die 80er Jahre hinein war dies nur als »Geschenk« westlicher

Palatinus GmbH
8023 ZÜRICH

GENEX-Automobile
Aktuelle Liefermöglichkeiten

	Art.-Nr.	frühestens ab Liefermonat	*) letzter Zahlungstermin	DM-Preise einschl. Pauschale
WARTBURG				
Wartburg Limousine 1,3	71.504	April	10.03.1989	14'495.--
Wartburg Limousine 1,3 S	71.524	April	10.03.1989	15'245.--
TRABANT 601				
Limousine Standard	70.103	März	10.02.1989	5'375.--
Limousine -S-	70.203	März	10.02.1989	5'575.--
Limousine -S- de Luxe	70.003	März	10.02.1989	6'395.--
Universal Standard	70.403	März	10.02.1989	6'210.--
Universal -S-	70.503	März	10.02.1989	6'455.--
Universal -S- de Luxe	70.703	März	10.02.1989	7'385.--
SKODA				
Skoda 120 L	75.204	April	10.03.1989	13'077.--
LADA				
2104 Kombi	74.153	März	10.02.1989	15'043.--
2121 Allrad	74.903	März	10.02.1989	18'988.--
2105 Limousine	74.303	März	10.02.1989	14'403.--
2107 Limousine	74.603	März	10.02.1989	16'018.--
2108 Samara	74.623	März	10.02.1989	15'343.--
VW PASSAT				
VW Passat CL	77.384	April	30.01.1989	31'973.--
VW Passat CL Variant	77.404	April	30.01.1989	32'773.--
VW GOLF C				
1300 ccm, 55 PS, 4-türig	77.604	April	30.01.1989	19'890.--
1600 ccm, 75 PS, 4-türig	77.704	April	30.01.1989	21'576.--
1600 ccm, 54 PS, 4-türig (Diesel)	77.504	April	30.01.1989	22'298.--
VW GOLF CL				
1300 ccm, 55 PS, 4-türig	77.654	April	30.01.1989	22'800.--
1600 ccm, 75 PS, 4-türig	77.754	April	30.01.1989	24'466.--
1600 ccm, 54 PS, 4-türig (Diesel)	77.554	April	30.01.1989	25'188.--
BMW				
BMW 318 i	78.905	Mai	6.02.1989	32'257.--
BMW 316	auf Sonderanfrage			
BMW 320 i	auf Sonderanfrage			
PEUGEOT				
P 309 GR, 75 PS, 4-türig	78.804	April	30.01.1989	23'426.--
RENAULT				
R 9 GTL, 60 PS, 4-türig	bis auf weiteres nicht lieferbar			
FORD				
Orion CL, 71 PS, 4-türig	78.704	April	30.01.1989	21'389.--
FIAT				
Uno 60 Super, 58 PS, 4-türig	76.155	Mai	6.02.1989	15'843.--
Barkas B 1000 (auf Sonderanfrage)				
Kasten-Mehrzweckfahrzeug	73.103	März	10.02.1989	15'507.--
Pritschenwagen	73.203	März	10.02.1989	14'429.--
Kleinbus	73.303	März	10.02.1989	17'533.--
VW Transporter				
Kombifahrzeug	77.054	April	30.01.1989	29'635.--

*) Achtung:
Die Auslieferung kann nur dann im betreffenden Monat erfolgen, wenn die Zahlung bis zu diesem Termin **bei uns eintrifft.** Gegebenenfalls genügt uns auch die abgestempelte Einzahlungsquittung oder deren Kopie.

Stand: 23.01.1989 / 2 — Änderungen vorbehalten

Preisliste der Genex-Tochter Palatinus, Zürich (1989)

Verwandter oder Bekannter möglich, später war den DDR-Bürgern der direkte Besitz von westlicher Währung erlaubt. Anfangs konnten ausschließlich Motorräder und Pkw aus östlicher Produktion erworben werden, ab Mitte der 80er waren auch die diverse West-Produkte zu haben. Es handelte sich u.a. um VW Golf II (von dem insgesamt etwa 12 000 Exemplare für West-Währung ins Land kamen), Passat und Transporter, Fiat 131 Mirafiori, 128, Uno und Regata, Ford Orion, Peugeot 309, Renault R9 und BMW 3er.

Allerdings mußten hier auch sämtliche Werkstattarbeiten künftig in D-Mark entrichtet werden.

3) Die meisten Fahrzeuge wurden angesichts der Lieferzeit-Misere gebraucht gekauft. Möglich war dies über die erwähnte DHZ (später »VEB Maschinen- und Materialreserven«), wo – ebenfalls nach relativ langer Anmeldezeit – vor allem ehemalige Dienstfahrzeuge veräußert wurden. Allerdings mußte dafür zumindest zeitweise auf eine Neuwagen-Anmeldung verzichtet werden! Viel polulärer war der Verkauf von Privat an Privat, dies aber zu stark überhöhten Preisen. Für acht bis zehn Jahre alte Pkw wurde der Neupreis gefordert (und meist auch bezahlt), Neuwagen gingen fürs Doppelte bis Dreifache des regulären Preises (Beispiele: Lada 1500 für 75.000 Mark, Wartburg 353 für 50.000 Mark, Wartburg 1.3 für 70.000 Mark) weg. Medium dafür war vor allem der Anzeigenteil der CDU-Tageszeitung »Neue Zeit«. Öffentliche Pkw-Verkaufsmärkte wurden erst in den 80er Jahren eingerichtet.
4) In sehr geringem Umfang gelangten überdies westliche Automobile außerhalb der vorgenannten Kanäle ins Land. Hier handelte es sich um Sondereinfuhren – wiederum für bevorzugte Personengruppen und im Erbschaftsfalle. Besonders Hartnäckige schafften es, gebrauchte Pkw aus dem Westen als Geschenk in die DDR zu bekommen. Die betreffenden Fahrzeuge durften nur wenige Jahre gelaufen sein, außerdem hatten Geber und Empfänger exorbitante Zölle zu zahlen, die auf dem Neuwert des Pkw basierten. Ein ganz anderes Thema sind Fahrzeuge, die im Rahmen von Verkehrs-, Devisen-, Zoll- und anderen Vergehen beschlagnahmt wurden. Sehr häufig kamen sie als Dienstfahrzeuge vor allem der Staatsicherheit zum Einsatz, teilweise getarnt mit westlichen Kennzeichen.

Manche Fahrzeuge waren generell nicht für den »Normalbürger« erhältlich. Dies galt beispielsweise für Allrad-Fahrzeuge wie den Lada Niva, der dennoch in den 80ern in kleiner Stückzahl an private Nutzer verkauft wurde – und anschließend nur noch zum offiziellen (geringen) Schätzpreis an die DHZ abgegeben werden durfte. Die sonst üblichen Geschäfte ließen sich damit also nicht machen. Gleiches galt für den Trabant Kübelwagen. Auch der Barkas-Kleinbus ging eigentlich nur an »gesellschaftliche Bedarfsträger«, wurde aber zwischenzeitlich auch kinderreichen Familien angeboten. Ähnlich war es mit ausgedienten Staatslimousinen wie dem sowjetischen Tschaika GAZ 13, den sozial geförderte Familien mit mehr als vier Kindern zum Schnäppchen-Taxpreis vereinzelt erwerben durften. Lastkraftwagen und Busse waren privat gar nicht erhältlich – wobei es auch hier Ausnahmen gab.

Ein ganz spezielles Reizthema war der Kraftstoff. Bis Anfang der 60er Jahre wurde fast ausschließlich Benzin mit der sehr niedrigen Klopffestigkeit von 72 Oktan (»Kraftstoff Rot«) angeboten. Das »Motoren-Klingeln« war ein allgegenwärtiges Ärgernis. Mit dem neuen Erd-

Neueingerichtete Minol-Tankstelle, 1985

ölwerk in Eisenhüttenstadt Mitte der 60er Jahre kam endlich Kraftstoff ins Land, der mindestens 78 Oktan (»Kraftstoff Gelb«) hatte. Erst viel später, im Zusammenhang mit dem Import des Polski-Fiat, mußte besonderer Kraftstoff bereitgestellt werden. Die Liter-Preise blieben übrigens stets stabil: VK 79 »Normal« für 1,40 Mark (nur bis Anfang der 80er Jahre angeboten), VK 88 »Extra« für 1,50 Mark, VK 94 »Sonderkraftstoff« für 1,65 Mark. Das Minol-Tankstellennetz selbst war sehr dünn bestückt.

»Vergaserkraftstoff« für staatliche Betriebe wurde über lange Jahre limitiert; wer weniger als die Vorgabe verbrauchte, bekam die Differenz gestrichen. Dies galt selbst für Fahrzeuge mit längerem Werkstatt-Aufenthalt, die darum nach der Ausfallzeit auf die absurdesten Touren geschickt wurden, um genügend Sprit zu verbrennen. Manche Firmen bauten ihre Fahrzeuge um: So wurden Diesel-Motoren des Multicar-Klein-Lkw in den Pkw Wolga installiert, einige Holzbetriebe versahen den als Benzinschlucker berüchtigten Wolga sogar mit Holzgas-Generator.

Privatfahrer, denen die konstant 1,50 Ost-Mark pro Liter zu viel waren, betankten ihre Autos fortan mit Waschbenzin oder Katalyt (im Volksmund »VK30« genannt – wegen des Preises von 30 Pfennig pro Liter). Diese Leichtbenzine waren nur an bestimmten Tankstellen zu haben – limitiert auf fünf Liter pro Person und nur im Kanister abgefüllt. Glücklich, wer in der Nähe einer sowjetischen Garnison unterwegs war: Für kleines Geld verkauften die sehr schlecht bezahlten Soldaten den niedrig-oktanigen Kraftstoff gleich im 20 Liter-Kanister.

Eigentlich kein Thema war Dieselkraftstoff, weil Selbstzünder-Pkw serienmäßig in der DDR nicht angeboten wurden. Dies änderte sich erst mit dem VW Golf I, der 1979 in kleiner Stückzahl in die DDR kam. Angehörige des Baugewerbes durften übrigens nur Benziner-Modelle bestellen – weil nur sie leichten Zugang zu Dieselöl hatten. Privat ließ sich dieser Kraftstoff ja bis dahin nicht verwerten – und nun konnten manche Baumaschinisten zwei Fliegen mit einer Klappe schlagen: Sie waren ohnehin an einem möglichst hohen Diesel-»Verbrauch«, der als Entlohnungsgrundlage galt, interessiert, konnten andererseits den Schwund dank eines Diesel-Golf-fahrenden Bekannten in klingende Münze umwandeln.

Dies alles macht verständlich, warum das Automobil und sein Umfeld einen so hohen Stellenwert im Alltag der DDR hatten. Waren bereits für einen offiziell gekauften Pkw Trabant bis zu zwei Netto-Jahresgehälter hinzulegen, wartete auch die sonstige Infrastruktur mit riesigen Lücken auf. Werkstatt-Termine waren nur nach langer Anmeldezeit, oft genug beschleunigt durch ein nicht unerhebliches Bakschisch, zu bekommen. Für die 1989 rund 3,5 Millionen Pkw in der DDR hatte sich der Reparaturaufwand seit 1977 verdoppelt – jährlich betrug er 20 Stunden pro Auto. Selbst neue Fahrzeuge waren voller Macken: So entfielen Ende der 80er Jahre pro Trabant 1,55, pro Wartburg 1,5, pro Lada 2,43 und pro Dacia 5,43 Garantiefälle. Beim Golf waren es damals nur 0,05 Beanstandungen pro Wagen.

Die Ersatzteilherstellung nahm angesichts der im Durchschnitt 12 Jahre alten Fahrzeuge über ein Drittel der Gesamtproduktion ein (international waren bis zu acht Prozent üblich). Wegen der schwierigen Ersatzteil-Situation wurde manches Auto längere Zeit »zwangsstillgelegt« – bis das entsprechende Teil vorrätig war. Der Pkw-Besitzer tat gut daran, sich selbst darum zu kümmern. Jährlich schusterte der Staat den Werkstätten überdies 250 Millionen Mark Subventionsmittel zu – zur Stützung der Reparaturpreise. Schrottplätze gab es übrigens nirgendwo, Unfallfahrzeuge wurden entweder neu aufgebaut oder restlos ausgeschlachtet.

Genau wie im Westen Deutschlands mußte eine Haftpflicht- und konnte eine Kasko-Versicherung abgeschlossen werden. Die Versicherungsprämien blieben, genau wie die Steuer, über lange Zeit gleich. Für einen Pkw Skoda waren etwa 250 Mark Jahressteuer und 140 Mark Haftpflicht zu entrichten. Beglichen wurden etwige Schäden sehr schnell – schwieriger für den Eigner eines verunfallten Fahrzeugs war es, die Instandsetzung in die Wege zu leiten. Denn der böse Spruch: »Der Kunde ist König, der Handwerker ist Kaiser« führte zu aberwitzigen Kunden-Handwerker-Beziehungen. In regelmäßigen Abständen verlangte der Gesetzgeber eine technische Überprüfung des Fahrzeugs (ähnlich dem »TÜV«), kenntlich gemacht durch eine farbige Plakette am hinteren Nummernschild. Auch hier wurden das Improvisationstalent, die Organisationsfähigkeit und das eigene handwerkliche Geschick aufs Äußerste strapaziert. Letzteres ließ sich dank der Reparaturhandbücher »Ich fahre einen ...« und »Wie helfe ich mir selbst« zumindest theoretisch erwerben.

Von all dem war in den drei DDR-Fachzeitschriften, die nur als »Bückware« am Kiosk erhältlich waren und gewaltige Auflagen erreichten, nichts zu lesen. Der »Illustrierte Motorsport« widmete sich oh-

Versehrtenfahrzeug Duo 4/2 mit Simson-Technik (50 cm³)

nehin anderen Themen, die »Kraftfahrzeug-Technik« (KFT, seit 1951) umkreiste die Problematik mit globalen oder wissenschaftlichen Abhandlungen. Nur der »Deutsche Straßenverkehr« (seit 1953) verstand sich als Ratgeber- und Verkehrserziehungs-Organ. Dabei mußte er sich einer staatlich verordneten Sprachregelung beugen und war regelmäßig im Visier der Zensurbehörde. Ein West-Pkw auf dem Titel war genauso untersagt wie Kritik an einem sowjetischen Pkw im Rahmen eines Testberichts. Etwa der Tip, statt fehlender Ersatzteile für den Pkw Wartburg geringfügig zu modifizierende Teile des Skoda zu verwenden, hätte zum Run auf das entsprechende IFA-Fachgeschäft für Skoda-Pkw geführt. Ob diese Teile tatsächlich benötigt wurden, bleibt dahingestellt – die meisten Autobesitzer legten sich vorsichtshalber einen größeren Vorrat im Keller an. Peu à peu wurde dann so mancher »Oldtimer« immer wieder auf den neuesten Stand gebracht.

Einige Handwerksbetriebe legten sogar Kleinstserien von Teilen auf, manche schreckten nicht einmal vor Eigenkonstruktionen

Flügeltüren-Coupé Rovomobil

zurück. Im einfachsten Falle handelte es sich um Extras, die ab Werk nie angeboten wurden: Standheizungen, Heckscheibenwischer, dritte Bremsleuchten, Kunststoff-Karosserieteile.

1956 entstanden im sächsischen Flugzeugwerk Schkeuditz mindestens drei Rollermobile mit Fronttür à la BMW Isetta. Der frühere DKW-Konstrukteur Albert Locke versuchte 1958 auf eigene Faust, ein Minimobil unterhalb des Trabant zu etablieren und vermischte für sein Holzmodell die geschrumpften Formen des Wartburg 311 und des Tatra 603. Zehn Jahre zuvor hatte Alfred Jockisch aus Leipzig ein zweisitziges Dreirad konstruiert, das aber gleichermaßen verworfen wurde.

Nur die Leipziger Firma Lois Krause hatte dauerhaften Erfolg: Sie stellte ab Mitte der 50er ebenfalls dreisitzige Behindertenfahrzeuge her, deren Nachfolger Anfang der 70er Jahre die auf kleinvolumiger Simson-Technik basierenden Piccolo/7 und Krause-Duo antraten. Zur gleichen Zeit bauten die Konstrukteure Günter Weber und Dr. Eberhardt Scharnowski das Flügeltürencoupé Rovomobil auf ein altes Käfer-Chassis auf: Die Kunststoff-Flunder kam auf einen c_W-Wert von 0,24, blieb aber ein Unikat.

Spezialisierung innerhalb des östlichen Staatenverbunds

Besonders Nutzfahrzeuge waren für den Wiederaufbau in Osteuropa nach 1945 dringend notwendig. In der Tschechoslowakei und in Ungarn existierten tratitionelle Herstellerfirmen, die Sowjetunion hatte für die Rüstung im Zweiten Weltkrieg die Produktionskapazitäten ausgebaut. Andere Staaten verfügten kaum über eigene Erfahrungen und Produktionsstätten. Die einzelnen osteuropäischen Länder waren jedoch anfangs nicht in der Lage, das notwendigen Typenspektrum in hohen Stückzahlen zu fertigen.

Der »Rat für gegenseitige Wirtschaftshilfe« (RGW) versuchte im Fahrzeugbau durch Spezialisierung, Kooperation und gegenseitigen Warenaustausch den Bedarf besser zu decken. Deutliche Eingriffe in Produktionsprogramme und Strukturänderungen in den einzelnen Ländern waren die Folge. Im Februar und März 1956 wurden während der RGW-Tagung in Berlin die Weichen für eine Arbeitsteilung im Automobilbau gestellt. Die DDR sollte sich fortan auf kleinere und mittlere Personen- und Lastkraftwagen bis 5 Tonnen Tragfähigkeit beschränken. Als Grund wurde genannt, daß die metallurgische Potenz der DDR für weitergehende Aufgaben noch nicht ausreiche. Tatsächlich legten die Tschechen ein höheres Entwicklungstempo auf dem Lkw-Sektor vor als der östliche Teil Deutschlands.

Die DDR hatte seit dem Anfang der 50er Jahre erfahren müssen, daß ihre technischen und technologischen Veraussetzungen nicht ausreichten, wie ursprünglich geplant ein weites, eigenes Typenspektrum von Personen- und Nutzfahrzeugen zu produzieren.

Da aus innenpolitischen Gründen der Pkw-Produktion zur Mitte der 50er Jahre der Vorrang gegeben wurde, kamen die Spezialisierungsempfehlungen des RGW der DDR gerade recht. Hoffte man doch, mit Importen besonders aus der CSSR und Ungarn den Bedarf an Lkw und Bussen decken zu können. Recht schnell wurde ab 1959 die Produktion von schweren Lastwagen (H 6) und Omnibussen (H 6 B) in Werdau beendet und die Produktion des S4000-Lkw aus Zwickau übernommen, wo man dringend die Kapazitäten für die Fertigung des Trabant brauchte.

Die RGW-Empfehlungen und -Beschlüsse, die in der Theorie etlichen Nutzen versprachen, führten anfangs nur zu bescheidenen Ergebnissen, da die Voraussetzungen in den einzelnen Mitgliedsländern sehr unterschiedlich waren und die bürokratischen Mühlen der Riesenorganisation RGW nur langsam mahlten. Die Empfehlungen zur Spezialisierung und Kooperation wurden nur schleppend umgesetzt. Erst in den 60er Jahren kam es zu langfristig verbindlichen, bilateralen Abkommen. Ungarn faßte beispielsweise erst 1963 einen Regierungsbeschluß zur Entwicklung der Kraftfahrzeugindustrie, der den deutlichen Ausbau der Omnibusfertigung ermöglichte.

Die Nachfrage der einzelnen Mitgliedsländer konnte auch durch Spezialisierung und Warenaustausch letztlich nicht im notwendigen Umfang gedeckt werden. Ein überalterter Fahrzeugbestand und ein hoher Bedarf an Reparaturen und Ersatzteilen waren die Folge. Dies motivierte entgegen ursprünglichen Planungen auch wieder zur Produktion eigener Fahrzeuge in den RGW-Ländern.

Die permanente Devisenknappheit führte dazu, daß die einzelnen Länder dem Westexport im Zweifelsfalle die Priorität vor der RGW-Vertragstreue eingeräumten. Andererseits gehörte der eigenen Automobilbau für jene Ostblockländer, die früher keine eigene Fahrzeugindustrie betrieben, nunmehr zum nationalen Prestige. Er diente aber auch der intensiveren Industrialisierung, und er erlaubte trotz des Devisenmangels einen gewissen Grad der Motorisierung. Im übrigen gewann dadurch der Automarkt auch in den Staaten des Ostblocks etwas an Vielfalt, ja, es entstand sogar ein bißchen Konkurrenz in den einzelnen Fahrzeugklassen.

Im Vergleich zu den anderen Ostblock-Staaten waren die Chancen des Kraftfahrzeugbaus in der DDR traditionell bedeutend größer. Schließlich war Ostdeutschland trotz aller Miseren der höchstmotorisierte Staat innerhalb des RGW. Aber die Chancen wurden nicht oder nicht genügend genutzt, da die Wirtschaftspolitik der DDR Prioritäten zugunsten anderer Wirtschaftszweige setzte. Dem Automobilbau blieben die Mittel vorenthalten, welche zur laufenden Modernisierung der Produktionsanlagen und des Typenprogramms notwendig gewesen wären.

Pkw-Produktion des Ostblocks

	Bulgarien	CSSR	DDR	Jugoslawien	Polen	Rumänien	UdSSR
1950	—	24 000	7 000	—	—	—	65 000
1960	-	56 000	64 000	9 000	12 000	1 000	139 000
1970	8 000	143 000	127 000	63 000	64 000	24 000	344 000
1975	15 000	175 000	159 000	132 000	164 000	68 000	1 201 000
1980	15 000	184 000	177 000	186 000	351 000	88 000	1 327 000
1981	15 000	181 000	180 000	180 000	240 000	92 000	1 324 000
1982	15 000	174 000	183 000	158 000	228 000	104 000	1 307 000
1983	15 000	178 000	188 000	168 000	270 000	90 000	1 315 000
1984	16 000	180 000	202 000	253 000	279 000	125 000	1 327 000
1985	15 000	184 000	210 000	229 000	287 000	99 000	1 322 000
1986	20 000	145 000	218 000	253 000	295 000	104 000	1 330 000
1987	20 000	169 000	217 000	168 000	303 000	105 000	1 210 000
1988		159 000	218 000	174 000	303 000	120 000	1 211 000
1989		184 000	217 000	181 000	295 000	115 000	1 074 000
1990		188 000	155 000	153 000	292 000	115 000	1 082 000

Erfolglose Pkw-Experimente

Mehrmals versuchten die Automobilbauer der DDR, sich des ungeliebten Zweitaktmotors zu entledigen. Anfangs hatte man sich noch an jene Direktive des RGW gebunden gefühlt, der zufolge die DDR nur Personenwagen mit Zweitaktmotoren bis 1000 cm^3 zu bauen habe. Dennoch war klar, daß der Viertakter zukünftsträchtiger sein würde. Weil aber sowohl Produktionsmittel als auch Sonderwerkstoffe nicht oder nur schwierig zu beschaffen waren, warfen die Automobilentwickler ein Auge auf den Kreiskolbenmotor.

Zunächst betrieben das ZEK in Karl-Marx-Stadt und das VEB Zschopauer Motorradwerk (MZ) ab 1960 eine entsprechende Entwicklung auf eigene Faust, ab 1961 begannen die Arbeiten an Kreiskolbenmotoren für Pkw. Motorenproduzent sollte übrigens das Automobilwerk Zwickau werden. Zunächst wurden recht ermutigende Ergebnisse mit einem 550 cm^3 großen Motor erzielt, der 50 PS (37 kW) bei 5000/min leistete. 6,1 Millionen DDR-Mark kosteten die Entwicklungsarbeiten. Weil dennoch zu viele Probleme ungelöst blieben, kam es am 18. Februar 1965 zum Abschluß eines offiziellen Lizenzvertrages mit NSU.

Schon war daran gedacht, den noch in Vorbereitung befindlichen Wartburg 353 (und auch den Trabant) mit Wankelmotor herauszubringen. Beim Trabant sollte ein Einscheiben-Motor zum Einsatz kom-

Einscheiben-Wankelmotor für den Trabant

men, mit 549 cm^3 Kammervolumen und 34 PS Leistung. Dem Wartburg vorbehalten war ein Zweischeiben-Aggregat mit 2 x 549 cm^3 Kammerinhalt. Der Lizenzgeber erhoffte sich voller Optimismus, daß in der DDR bereits ab 1967 jährlich 200 000 Kreiskolbenmotoren gebaut werden würden. Genährt wurde solche Zuversicht durch den hohen Entwicklungsstand, den dem DDR-Wankelmotor selbst westdeutsche Experten bescheinigten. Nicht in den Griff bekamen die Experten die Abdichtung des Verbrennungsraumes – dadurch wurden Rattermarken auf der Trochoiden-Lauffläche erzeugt. Dies wiederum führte zu extrem giftigen Abgasen und einem hohen Kraftstoffverbrauch.

Fünf fahrfertige Pkw entstanden, Kostenpunkt: 442 000 Mark. Abschlägige Gutachten führten schließlich 1969 zur Kündigung des Lizenzvertrags – ohne Rücksicht auf die an NSU bereits bezahlten 4 Millionen DM Lizenzgebühr. Aus heutiger Sicht war dies gewiß eine richtige Entscheidung: Der Übergang vom Zweitakt- zum Wankelmotor hätte eine Menge Geld gekostet und dennoch keinen wirklichen Fortschritt gebracht. Nur Mazda – als einziger unter vielen Lizenznehmern – löste Jahre später das leidige Dichtungsproblem.

Allerdings führte dieser Mißerfolg dazu, daß die Kraftfahrzeugentwickler der DDR einen noch schwereren Stand hatten. Alle nun folgenden, meist sehr engagiert vorangetriebenen Versuche, Trabant und Wartburg doch noch abzulösen, schlugen fehl. Auch die vertraglich bereits vereinbarte Zusammenarbeit mit der CSSR (Lieferung von Viertaktmotoren) wurde gekündigt. Sehr viel Geld blieb dabei auf der Strecke. Letztendlich dürfte auch die ständige Ablehnungshaltung staatlicher Stellen – die sich selbst zunehmend westlicher Automobile bediente – zu weiterer latenter Unzufriedenheit der gegeängelten Bevölkerung und damit zu einer Situation geführt haben, die in die »Wende« mündete.

Für die DDR bestand so kaum noch eine Aussicht, in absehbarer Zeit einen modernen Personenwagen eigener Fertigung vorweisen zu können. Während der stückweise geringfügig weiter modifizierte Trabant in seinem technischen Niveau in den 60er Jahren stehenblieb, bot der Wartburg 353 trotz der Rahmenbauweise eine Basis für weitergehende Entwicklungen. Absolut unzeitgemäß blieb dagegen sein Zweitaktmotor, der letztlich auf eine DKW-Konstruktion der Vorkriegszeit zurückging. Die Ende der 80er erfolgte Umstellung auf VW-Lizenzmotoren war der richtige Schritt – kam aber um Jahre zu spät. Seit 1984 wurden hier – nach offiziellen DDR-Angaben – neun Milliarden Ost-Mark investiert. Von vornherein konsequenter waren in dieser Frage die östlichen Partnerstaaten, die von vornherein auf Fiat- und Renault-Lizenzen gesetzt hatten.

Immerhin war in der DDR begonnen worden, den Automobilbau zu modernisieren. Seit April 1984 kamen Gleichlauf-Gelenkwellen für den Trabant und westliche Abnehmer aus dem gemeinsam mit Citroën errichteten Gelenkwellenwerk in Mosel bei Zwickau. Im Automobilwerk Eisenach waren ab Ende der 80er hochmoderne Rotationszerstäuber-Lackierautomaten der westdeutschen Firma Behr im Einsatz. Der VEB Fahrzeugheizung Kirchberg wurde komplett umgestaltet und belieferte nun die österreichische Firma Steyr. In Zusammenarbeit mit der italienischen Firma Weber wurde auch das Berliner Vergaserwerk neu strukturiert. Und der VEB Fahrzeugelektrik Ruhla montierte dank neuen Know-hows Scheinwerfer und Rückleuchten, darunter auch für Volkswagen und Seat.

Auch bei den Nutzfahrzeugen kein Glück

Ein kaum günstigeres Bild bot sich beim Blick auf die kleinen und mittelgroßen Nutzfahrzeuge. Hier waren mit dem Barkas B 1000 und dem Robur LO 2500/3000 zwei Modellreihen vorhanden, die serienmäßig in zahlreichen Varianten geliefert wurden. Darüber hin-

Volvo-Lastzug der DDR-Firma Deutrans

aus wurden leichte Nutzfahrzeuge aus Polen, der Sowjetunion und Rumänien eingeführt, trotzdem konnte auch hier der Bedarf nicht abgedeckt werden.
Freilich saß im an sich modern konzipierten Barkas B 1000 gleichermaßen der Zweitaktmotor aus dem Wartburg. Der VW-Viertakter kam auch hier erst Ende der 80er. Ein auch nach westlichen Begriffen konkurrenzfähiger Wagen war lange Zeit der Robur, ein Frontlenker mit luftgekühltem Benzin- oder Dieselmotor, Nachfahre des Phänomen Granit. Die Luftkühlung hatte bei diesen Fahrzeugen eine weit zurückreichende Tradition und ließ sie auch für den militärischen Einsatz interessant werden.

Eine Sonderrolle spielte der bereits erwähnte Multicar mit Dieselmotor, der erstaunlich universell einsetzbar war und heute noch ist. Übrigens diente sein Selbstzünder, der im Motorenwerk Cunewalde gefertigt wurde, nicht nur einigen wenigen Bastlern als Ersatz benzinschluckender Ottomotoren in sowjetischen Pkw. Auch die VEB-Fuhrparks versuchten, damit die Benzin-Limitierung zu mildern.

Besonders die Anforderungen der Landwirtschaft und des Militärs führten ab 1962 zum Ausbau der Kapazitäten für mittelschwere Lkw. Auf dem Gelände einer ehemaligen Daimler-Rüstungsfabrik produzierte ab 1952 das »Industriewerk Ludwigsfelde« u.a. auch Militär-Pkw und Motorroller. Vorgesehen war dort die Serienfertigung von Flugzeugtriebwerken. Nach der Auflösung des DDR-Flugzeugsbaues wurden die Kapazitäten in Ludwigsfelde um einen modernen Betrieb erweitert und für die Produktion des in Werdau entwickelten W50-Lkw genutzt. Die Serienfertigung begann 1965. Vom W 50 wurden zahlreiche Varianten angeboten. Der Exportanteil betrug 70 Prozent (RGW-Staaten, Asien, Afrika).

Begrenzte volkswirtschaftliche Möglichkeiten und starre planwirtschaftliche Rahmenbedingungen behinderten in den Folgejahren die notwendigen Weiterentwicklungen. Bereits 1971 war ein Prototyp entwickelt worden, dessen Fahrerhaus als Einheitskabine auch für die Zittauer Robur-Lkw vorgesehen war. Ein großer Teil der Preßwerkzeuge war bereits hergestellt, da kam von der DDR-Führung aus ökonomischen Gründen das Aus. Ende der 70er Jahre gab es Verhandlungen mit Volvo zur Übernahme des Viererclub-Fahrerhauses. Auch dieses Projekt wurde fallengelassen. Mit erheblichem Aufwand, aber bescheidener optischer Wirkung wurde nun aus der alten W 50-Kabine ein Kippfahrerhaus für den L 60 konstruiert. Die Serienfertigung begann 1987 mit 15jähriger Verzögerung parallel zum W 50.

Schwere Lkw baute die DDR nach 1964 nicht mehr. Die Importe erfolgten hauptsächlich aus der Tschechoslowakei, aus Polen , der Sowjetunion und Rumänien. Für den grenzüberschreitenden Fernverkehr, Spezial-, Schwerlast- und Bautransporte wurden auch Fabrikate westlicher Herkunft bezogen, meist von Volvo und Mercedes-Benz. In geringeren Stückzahlen waren andere Marken wie MAN, Leyland und Steyr vertreten.

Nachdem in den 50er Jahren auch tschechische Skoda-Omnibusse in nennenswerten Stückzahlen in die DDR kamen, dominierten später die ungarische Ikarus-Busse. Insgesamt sind über 30 000 Fahrzeuge dieses Herstellers von der DDR bezogen wurden. Dagegen nahmen sich die Importe anderer Fabrikate bescheiden aus. Genannt seien Jelcz-Busse aus Polen, einige PAZ- und LiAZ- Modelle (mit Vergasermotor!) aus der Sowjetunion und die Oberleitungsbusse von Skoda Ostrov. Westliche Busse, wie Volvo C10M mit Aufbau von Ramseier+Jenzer, E.Auwärter oder Mercedes, waren gelegentlich für westliche Touristen im Einsatz.

Geänderte Organisationsstrukturen der Automobilindustrie

Im Industrieverband Fahrzeugbau (IFA) bzw. im VVB Automobilbau waren Mitte der 70er Jahre folgende Herstellerbetriebe zusammengefaßt:

VEB Sachsenring Automobilwerke Zwickau
- Pkw Trabant

VEB Automobilwerke Eisenach
- Pkw Wartburg
- Mehrzweckwagen
- Motoren für Barkas B 1000

VEB IFA-Automobilwerke Ludwigsfelde
- Lkw IFA W 50

VEB Robur-Werke Zittau
- Lkw und Bus Robur 2,5 t
- Einbau- und Stationär-Motoren 30 bis 70 PS
- Motoren für Pkw Trabant

VEB Barkas-Werke Karl-Marx-Stadt /
IFA-Kombinat für Kraftfahrzeugteile
- Transporter Barkas B 1000
- Zweitakt-Stationär-Motoren 1,5 bis 6 PS

Kombinatsbetriebe:
- Berliner Vergaser- und Filterwerke
  (Vergaser, Kraftstoffpumpen und -filter, Bootsmotoren)
- Kraftfahrzeugzubehörwerke Dresden
- Kraftfahrzeugzubehörwerk Meißen
- Blechverformungswerk Leipzig
- Blechformwerke Erzgebirge Bernsbach
- Möve-Werk Mühlhausen
- Kraftfahrzeugzubehörwerke Ronneburg
- Renak-Werke Reichenbach
- Gelenkwellenwerk Stadtilm
- Wissenschaftlich-Technisches Zentrum (WTZ)
  Automobilbau Karl-Marx-Stadt

VEB Kraftfahrzeugwerk »Ernst Grube« Werdau /
IFA-Kombinat »Anhänger«
- Lkw-Anhänger

Kombinatsbetriebe:
- Fahrzeugwerk Waltershausen
  (Lkw-Anhänger, Arbeitskraftfahrzeug Multicar)
- Fahrwerkwerk Lübtheen
- Fahrzeugwerk Olbernhau

VEB Spezialfahrzeugwerk Berlin-Adlershof
- Spezialaufbauten für Lkw
- Motorenprüfstände

IFA Kombinat VEB Fahrzeug- und Jagdwaffenwerk
»Ernst Thälmann« Suhl
- 50 cm^3 Mopeds, Mokicks, Kleinroller
- Jagd- und Sportwaffen

Kombinatsbetriebe
- Motorradwerk Zschopau
  (MZ Motorräder und Seitenwagen)
- Mifa-Werk Sangerhausen
  (Touren-, Kinder- und Spezial-Fahrräder)
- Fahrradwerk Elite-Diamant Karl-Marx-Stadt
  (Touren- und Sportfahrräder)

VEB Traktorenwerk Schönebeck
- Landwirtschafts- und Industrie-Schlepper

VEB IFA-Motorenwerke Nordhausen
  Lkw- und Schlepper-Dieselmotoren 90 bis 125 PS
  Baumaschinen
VEB Motorenwerk Cunewalde
  Dieselmotoren 7 bis 30 PS
VEB Dieselmotorenwerk Schönebeck
  Dieselmotoren 34 bis 150 PS
  Wasserwirbelbremsen

Im Jahre 1978 waren die in der VVB Automobilbau zusammengefaßten Betriebe in vier eigenständige IFA-Kombinate – für Personenkraftwagen, Nutzkraftwagen, Anhänger und Zweiräder – strukturiert worden (nicht zu verwechseln mit den Kombinaten innerhalb der VVB). Durch Konzentration und zentralistische Leitung sollte mehr Effizienz erzielt werden, mit wenigen Fahrzeuggrundtypen und einer hohen Anzahl von Varianten hoffte man, dem Bedarf zu entsprechen: Eine Annahme, die sich einige Jahre später als Irrtum erweisen sollte.

Die beiden Importbetriebe Imperhandel und Automot wurden in das Pkw- bzw. Nkw-Kombinat integriert. 1984 wurde das IFA-Kombinat Anhänger dem Nutzfahrzeug-Kombinat zugeordnet, das damit 20 Betriebe, einen Ingenieur- und einen Handelsbetrieb umfaßte.

Motorsport

Natürlich wurde auch in der DDR Motorsport betrieben. Tausende von Fans genossen die Rennen auf dem Sachsenring, auf dem Schleizer und dem Frohburger Dreieck, der Autobahnspinne Hellerau sowie auf der Halle-Saale-Schleife und im Leipziger Stadtpark. Bergrennen fanden in der DDR genauso statt wie in Westdeutschland, auch Rallyes und Rundstreckenrennen (meist mit Formel 3-Wagen) wurden vor begeistertem Publikum ausgetragen. Wobei die meisten Wettbewerbe auf zwei Rädern gefahren wurden – vor allem wegen der ohnehin schwie-

Melkus-Formel 3 Rennwagen Typ 64 (400 kg, 85 PS) von 1964

Sportwagen BMW 340-S (1949)

rigen Situation auf dem Automobilsektor, der rennsportliche Aktivitäten eigentlich gar nicht erlaubte. Sogar eine eigene Zeitschrift für Rennfans existierte – der »Illustrierte Motorsport«.

Mit der staatlichen Reglementierung, ab 1972 keine westdeutschen Sportler mehr starten zu lassen, und dem Entfall des GP-Status für den Sachsenring bot die landeseigene Szene kaum noch packende Perspektiven. Westliches Sportgerät war ohnehin nicht zu bekommen. Eine Ausnahme bildeten rennspezifische Baugruppen und Ersatzteile wie Stoßdämpfer, Bremsanlagen, Kupplungen und Reifen für die Werksmannschaften der Automobilwerke Zwickau und Eisenach, die auch im Westen Rallyes fuhren. So zogen die Rennfans zu Zehntausenden zum Motorrad-Grand Prix und zum Tourenwagen-GP ins tschechische Brünn oder versuchten, Tickets für die ab 1986 gefahrenen Formel 1-Läufe in Ungarn zu ergattern.

Aktive organisierten sich in den Ortsclubs des Allgemeinen Deutschen Motorsport-Verbands der DDR (ADMV). Hier bestand die Möglichkeit, Rennsport mit Serienfahrzeugen zu betreiben. Dies bedurfte sehr viel an Enthusiasmus, weil keine Siegprämien gezahlt wurden und technische Unterstützung nur in Ausnahmefällen gewährt wurde. Dennoch uferte die Szene aus, kamen immer neue Betätigungsfelder bis hin zum Autocross hinzu. Rundstreckenrennen erfreuten sich von jeher großer Beliebtheit, Altmeister Heinz Melkus hob dafür sogar ein eigenes Automobil aus der Taufe: Der auf dem Wartburg basierende Sportwagen RS 1000 zeigte, welch faszinierende Möglichkeiten durchaus bestanden. Melkus' Schöpfung wurde als »Alternative der Vernunft« gelobt – denn das Auto ließ sich auf eigener Achse zum Rennen bugsieren, brauchte weder Zugfahrzeug noch Hänger ...

1,5 Liter-Rennsportwagen von EMW auf der Avus (1956)

Mitte der 80er Jahre gab es noch eine kurze Renaissance, als die Formel Easter ins Leben gerufen wurde, ausgetragen auf kleinen, Formel 3-ähnlichen Monoposti.

Offiziell gab's zu diesem Zeitpunkt nur noch vier (nationale) Automobil-Rennklassen: Renn-Tourenwagen A bis 600 cm³ (bis 65 PS) und A bis 1300 cm³ (bis 115 PS), Monoposti E bis 600 cm³ (bis 75 PS) und E bis 1300 cm³ (bis 110 PS).

Renn-Trabant im Fahrerlager des Nürburgrings (1990)

Lada-Wettbewerbsfahrzeug der 1300 cm³-Klasse (1985)

Professioneller, werksunterstützter Rennsport hatte übrigens bereits 1947 begonnen. Damals bedienten sich die meisten Motorsportler in Ost und West des vor dem Krieg in Eisenach gefertigten, legendären BMW 328 – den sie modifizierten und mit mehr Leistung versahen. Der 2 Liter-Sechszylinder mit zivilen 80 PS bot sehr gute Tuning-Möglichkeiten. Für die damalige »Eisenacher Betriebssportgemeinschaft« entstanden auf seiner Basis der 1,5 Liter-Rennsportwagen »S1«, ein Formel 2-Rennwagen »Intertyp« (der – mit Kotflügeln versehen – auch als Sportwagen startete) sowie der auf dem BMW 340 aufbauende, offene 340 S-Sportzweisitzer.

1951 etablierte die DDR den ersten staatlichen Rennstall – das »Rennkollektiv Johannisthal« in Berlin. Er nutzte die Eisenacher Fahrzeuge und entwickelte sie weiter. Ein Jahr später wurde der Rennstall sinnvollerweise wieder dem EMW-Werk in Eisenach angegliedert. Anfangs kam noch der Formel 2-Renner zum Einsatz – vor allem gegen den Veritas Meteor –, dann beendeten die internationalen Sportbehörden die Formel 2-Ära. Folglich konzentrierten sich die Eisenacher ganz auf den 1,5 Liter-Wagen. Dank Alukarosse und Rohrrahmen nur 575 Kilo schwer, trieb ihn der mittels dreier Weber-Flachstrom-Doppelvergasern beatmete Sechszylinder an; in seinem Zylinderkopf routierten zwei Nockenwellen. Immerhin 135 PS wurden so erreicht – und bis 1955 galt EMW zu Recht als härtester Konkurrent des Porsche 550 Spyder. Dennoch beendete in 1956 das Werk seine Aktivitäten mit dem Rennsportwagen; Starpilot Edgar Barth ließ sich von Porsche abwerben.

1954 hatte das Eisenacher Werk begonnen, an Rallyes teilzunehmen – anfangs mit dem IFA F9, später mit dem Wartburg 311 und

353. Deren Handicap lag in den ungünstigen Hubraumgrenzen. Gleiches galt für die Zwickauer Trabant-Kollegen, die zwischen 1957 und 1960 als »Motorsportclub Zwickau« agierten und erst danach als Sportabteilung des IFA-Werks Zwickau in Erscheinung traten. Die Hubraumgrenzen lagen bei 600, 850, 1000, 1150 und 1300 cm^3 – wobei manche Veranstalter gar keine Klasse unter 1300 cm^3 etablierten. Die Wartburgs und Trabant mußten sich so mit viel stärkeren Konkurrenten messen lassen. Bei den verbesserten Tourenwagen erreichten auf 1150 cm^3 aufgebohrte Wartburg über 110 PS, der Trabant 800 RS kam auf 65 PS.

Neben Rallyes in den Benelux-Ländern, Skandinavien, Großbritannien und Griechenland beteiligten sich die DDR-Werksmannschaften mehrfach an der Rallye Monte Carlo. Außerdem nahmen sie an der Ostblock-Meisterschaftsserie um den »Pokal für Frieden und Freundschaft der sozialistischen Länder« teil. Alles in allem errangen die Eisenacher 32 Gesamt- und 247 Klassensiege; die Zwickauer markierten 8 Gesamt- und 177 Klassensiege.

Pkw aus dem Automobilwerk Zwickau

Wenngleich weitgehend zerstört und im Zuge der Reparationsleistungen leergeräumt, fungierten die beiden Zwickauer Werke Audi und Horch – in denen die Auto Union vor dem Krieg ihre wichtigsten Fertigungsstätten unterhielt – schon ab Sommer 1946 als Reparaturbetrieb für die Sowjets. Zwei Jahre später gehörten beide Werke zum Industrieverband Fahrzeugbau (IFA). Die reguläre Pkw-Fertigung lief aber erst 1949 wieder an, bezeichnenderweise auf Basis zweitaktender Kleinwagen-Konstruktionen. Nur aus Restbeständen montiert worden waren einige wenige große Automobile für die Besatzungsmacht – u.a. der Horch 930 Stromlinienwagen.

Die Zwickauer begannen nun mit der früheren DKW Meisterklasse, die als IFA F8 das vormalige Audi-Werk (VEB Audi) verließ. Neben diesem Zweizylinder entstand mit dem ebenfalls zweitaktenden F9-Dreizylinder eine weitere DKW-Schöpfung – wenn auch nur in geringer Stückzahl. Ihre Fertigung wurde 1953 nach Eisenach verlagert. Als Vorstufe des Trabant brachte das Audi-Werk (ab 1955 VEB Automobilwerk Zwickau AWZ) schließlich den P70 als erstes Auto mit Kunststoff-Aufbau heraus.

Erstaunlicherweise wurde zur gleichen Zeit beim benachbarten ehemaligen Horch-Werk (ab 1956 VEB Kraftfahrzeug- und Motorenwerk Zwickau KMZ, vorm. Horch) nochmals ein großes Viertakt-Modell aufgelegt und mit dem legendären Namen »Horch« bedacht; bislang waren hier nur Nutzfahrzeuge entstanden. 1957 wurde diese Fabrik in VEB Sachsenring Kraftfahrzeug- und Motorenwerk Zwickau umbenannt.

Und am 1. Mai 1958 vereinigten sich das ehemalige Audi- mit dem Horch-Werk zum VEB Sachsenring Automobilwerke Zwickau. Nun begann die große Zeit des kleinen Trabant. Gerippe und Getriebe fertigte künftig das vormalige Horch-Werk, für Fahrwerks-Herstellung und Fahrzeugmontage zeichnete das Audi-Werk verantwortlich. Eine zusätzlich erworbene Kammgarnspinnerei diente als Kunststoff- und Karosseriewerk; die Entwicklungsabteilung bildete das sogenannte Werk IV.

Seine endgültige Form erhielt der Trabant im Jahr 1963. Bis 1990 wurde am Trabant nichts wesentliches mehr geändert, auch unter der Karosse tat sich nur noch Marginales. Unter Mitwirkung von Citroën neu enstanden war 1981 das Gelenkwellenwerk in Mosel (bei Zwickau), 1989 wurde hier noch eine Produktionsstätte für den Trabant 1.1 errichtet. Dieses neue Werk bildete letztlich den Grundstock für den sächsischen Standort von Volkswagen – wo ab sofort Golf und Passat vom Band laufen sollten. Ebenfalls zu VW gehört das Moto-

Pkw-Produktion in Zwickau (AWZ, Sachsenring)

	IFA F8	IFA F9	AWZ P70	P240	P50	P60	P601	1.1
1949	527	4						
1950	3277	239						
1951	3996	723						
1952	2139	901						
1953	4496	13						
1954	6303							
1955	5529		2208	20				
1956			8095	226				
1957			10 893	507	50			
1958			11 466	519	1780			
1959			3504	110	20 060			
1960					35 270			
1961					39 335			
1962					35 000	10 300		
1963						53 410		
1964						30 332	29 668	
1965						12 075	61 152	
1966							73 885	
1967							76 920	
1968							79 738	
1969							83 468	
1970							86 200	
1971							91 065	
1972							93 930	
1973							98 632	
1974							102 816	
1975							105 107	
1976							108 460	
1977							109 629	
1978							112 235	
1979							115 027	
1980							118 436	
1981							120 100	
1982							121 630	
1983							123 671	
1984							129 751	
1985							136 370	
1986							143 700	
1987							145 576	
1988							145 750	150
1989							144 852	722
1990							64 340	27 553
1991								9831
Summe	26 267	1880	36 796	1382	131 495	106 117	2 819 229	38 256

renwerk Chemnitz, wo der Trabant-Motor entstand und ab 1988 VW-Motoren mit 1.1 und 1.3 Liter Hubraum für Trabant (insgesamt 3 443 904 Zwei- und Viertakter allein für AWZ), Wartburg und Barkas gebaut wurden.

Von 1957 bis 1991 waren insgesamt 3 096 099 Trabant gefertigt worden, wobei die magische Schwelle von 140 000 Stück/Jahr erst Mitte der 80er Jahre überschritten wurde. Rund 900 000 Trabant, also ein knappes Drittel der Produktion, gingen in den Export (davon unter 1000 Einheiten in die Bundesrepublik). Einen nennenswerten Export in den Westen gab es nur zwischen 1960 und 1968, die letzten West-Exporte liefen 1973. Der 1millionste Trabant war am 22. November 1974 vom Band gelaufen, der 2millionste folgte am 1. Oktober 1982, und der 3millionste – nun schon ein Modell 1.1 – verließ am 21. Mai 1990 die Werkhallen.

Den Abgesang markierte der Trabant 1.1 mit VW-Viertakter, despektierlich als »Mumie mit Herzschrittmacher« bezeichnet. Der letzte »Trabi« lief am 30. April 1991 vom Band. Das »alte« Sachsenring-Werk wurde 1993 privatisiert und von den Brüdern Rittinghaus übernommen; seit 1996 firmiert es als Aktiengesellschaft.

IFA F8 (1949–1955)

Auf der Leipziger Frühjahrsmesse 1948 stellte der IFA Fahrzeugbau Chemnitz die gegenüber der Vorkriegszeit nahezu unveränderten Modelle DKW Meisterklasse Cabrio-Limousine, DKW Viersitzer Luxus-Cabriolet und DKW Kastenlieferwagen vor. Die frühere Marken- und Typenbezeichnung war ausdrücklich beibehalten worden. Erst 1949 begann die Produktion des nunmehr IFA F8 genannten Wagens im vormaligen Audi-Werk in Zwickau.

Fast unverändert wurde die Vorkriegskonstruktion weitergefertigt, es blieb auch beim alten Motor mit Graugußkopf. Erst 1953 gab es eine technische und optische Aufwertung. Die Gesamtproduktion bis 1955 betrug reichlich 26 000 Wagen, wovon ein Großteil in westliche Länder exportiert wurde.

Nur die Limousine (Holzkarosse mit Kunstlederbezug) wurde in Zwickau gebaut. Der Holzaufbau des Kombi (ab 1950) kam vom Karosseriewerk Meerane, während die Stahlkarosserien der Cabriolets der VEB IFA Karosseriewerke Dresden (früher Gläser) zusteuerte. Letztere unterschieden sich voneinander, so verfügte die Export-Ausführung (ab 1953) bereits über in die Karosse integrierte Scheinwerfer.

In den Jahren 1950/51 gelangten im Rahmen eines Interzonen-Handelsabkommens etwa 1000 IFA F 8 in die Bundesrepublik Deutschland. Die Limousine mit Holzkarosserie in Originalausführung wurde für 4900 DM angeboten. Die sogenannte Exportausführung mit

Ganzstahlaufbau der Firma Karl Baur (Stuttgart) – es wurden dort insgesamt 250 Stück karossiert – kostete als Limousine 5740 DM und als Cabriolet 6490 DM.

IFA F9 (1950–1953, 1953–1956)

Ebenfalls schon auf der Leipziger Frühjahrsmesse 1948 stellte der IFA Fahrzeugbau Chemnitz den noch von der früheren Auto-Union AG. entwickelten und für 1940 geplanten DKW F9 vor. Die gesamte deutsche Fachwelt würdigte ihn als bedeutende Neuerscheinung, wobei damals noch nicht vorauszusehen war, daß Jahre später auch in der Bundesrepublik der DKW-Dreizylinder gebaut werden würde.

Die Produktion des nunmehr IFA DKW F9 und ab 1952 IFA F9 genannten Wagens konnte das frühere Audi-Werk Zwickau in zunächst nur kleiner Serie aber auch erst im Oktober 1950 anlaufen lassen. Die F9-Karossen kamen dabei aus dem Zwickauer Horch-Werk, die Montage erfolgte bei Audi. Auf der Leipziger Frühjahrsmesse 1951 wurde zum erstenmal das Cabriolet ausgestellt, dazu die Limousine mit verschiedenen Änderungen (z. B. durchgehende statt geteilte Windschutzscheibe), die aber z. T. erst Jahre später in die Serie eingingen.

Im Sommer 1953 wurde die Produktion des F9 in das IFA Werk Eisenach verlegt. Ab Herbst 1953 (ab Wagen-Nr. 55501) höhere Motorleistung, durchgehende Windschutzscheibe, große Panorama-Heckscheibe, 40 Liter-Tank im Heck sowie Kombiwagen als weiteres Modell. Ab 1955 Lenkrad- statt Krückstockschaltung. Aufbau der Limousine und des Cabriolets stammten mittlerweile vom VEB Karosseriewerke Dresden, der Aufbau des Kombiwagens vom VEB Karosseriewerke Halle (früher Kühn).

Gesamtproduktion bis Mai 1956 knapp 30 000 Wagen, davon die ersten 1880 in Zwickau.

Preise IFA F8 und F9 (1953)

	Binnenmarkt
F8 Limousine (Holzkarosserie)	8415 DM-Ost
F8 Cabrio-Limousine (Holzkarosserie)	8695 DM-Ost
F8 Kombi (Holzkarosserie)	9400 DM-Ost
F8 Luxus-Cabriolet 4 Sitze (Stahlkarosserie)	11 325 DM-Ost
F8 Luxus-Cabriolet 4 Sitze in Sonderausführung (Stahlkarosserie)	13 420 DM-Ost
F9 Limousine, 2 Türen (Stahlkarosserie)	13 200 DM-Ost
F9 Cabrio-Limousine (Stahlkarosserie)	15 000 DM-Ost
F9 Kombi (Stahlkarosserie)	12 650 DM-Ost
F9 Cabriolet 4 Sitze (Stahlkarosserie)	14 000 DM-Ost

IFA F8 Limousine 2 Türen (Holzkarosserie), 1949–1955

IFA F8 Kombi 2 Türen (Holzkarosserie), 1950–1955

IFA F8 Luxus-Cabriolet 4 Sitze (Stahlkarosserie), 1949–1955

IFA F8 Cabriolet 2+2 Sitze (Stahlkarosserie) von Karosserie Baur, Stuttgart (1950–1951)

IFA F8 Limousine 4 Sitze (Stahlkarosserie) von Karosserie Baur, Stuttgart (1950–1951)

IFA F8 Luxus-Cabriolet 2+2 Sitze in Export-Ausführung (Stahlkarosserie) von IFA Karosseriewerke Dresden (1953–1955)

IFA F9 Limousine 2 Türen aus Zwickau, mit geteilter Frontscheibe (1950–1953)

IFA F9 Limousine 2 Türen aus Eisenach, mit durchgehender Frontscheibe und Faltschiebedach (1953–1956)

IFA F9 Cabrio-Limousine
2 Türen (1953–1956)

IFA F9 Cabriolet 4 Sitze
mit geteilter Frontscheibe
(1951–1953)

IFA F9 Cabriolet 4 Sitze mit
durchgehender Frontscheibe
(1953–1956)

IFA F9 Kombi 2 Türen
(1952–1953)

	IFA DKW F 8 **1949–1955**	**IFA F 9** **1950–1953** **1953 – 1956**
Motor		EMW 309–1
Zylinderzahl	2 (Reihe), quer hinter der Vorderachse	3 (Reihe), längs vor der Vorderachse
Bohrung x Hub	76 x 76 mm	70 x 78 mm
Hubraum	684 cm^3	900 cm^3
Leistung	20 PS (15 kW) bei 3500/min	28 PS (21 kW) bei 3600/min, ab 1953: 30 PS (22 kW) bei 3800/min
Drehmoment	5 mkg bei 2500/min	7,5 mkg bei 2500/min
Verdichtung	1:5,9	1:6,25. Ab 1953: 1:6,9
Vergaser	1 Flachstromvergaser BVF 30	1 Flachstromvergaser BVF H 32/0
Ventile	Kolbensteuerung (Zweitakter)	Kolbensteuerung (Zweitakter)
Kurbelwellenlager	3	4
Kühlung	Thermosyphon, 8 Liter Wasser	Thermosyphon, 10 Liter Wasser
Schmierung	Zweitaktgemisch 1:25	Zweitaktgemisch 1:25
Batterie	6 V 70 Ah (im Motorraum)	6 V 75 bzw. 84 Ah (im Motorraum)
Lichtmaschine	Gleichstrom/Dynastart 150 W	Gleichstrom 130 W
Anlasser		0,6 PS (0,4 kW)
Kraftübertragung	Frontantrieb	Frontantrieb
Kupplung	Mehrscheiben-Ölbadkupplung	Einscheiben-Trockenkupplung
Schaltung	Krückstockschaltung an Armaturentafel	Krückstockschaltung an Armaturentafel, ab 1955: Lenkradschaltung
Getriebe	3 Gang (alle Gänge mit Freilauf, sperrbar)	4 Gang (alle Gänge mit Freilauf, sperrbar)
Synchronisierung	Keine	Keine
Übersetzungen	I. 3,44 II. 1,69 III. 1,00 R: 4,728	I. 3,500, ab 1954: 3,273 II. 2,060, ab 1954: 2,133 III. 1,350, ab 1954: 1,368 IV. 0,985, ab 1954: 0,956 R: 4,44, ab 1954: 5,138
Antriebs-Übersetzung	6,1	4,857, Kombi: 5,67
Fahrwerk	Kastenprofilrahmen, Limousine: Sperrholz-Karosserie / Cabriolet: Ganzstahlkarosserie	Kastenprofilrahmen, Ganzstahlkarosserie
Vorderradaufhängung	Dreieckquerlenker unten, Querblattfeder oben, hydr. Kolben-Stoßdämpfer	Dreieckquerlenker unten, Querblattfeder oben, hydr. Kolben-Stoßdämpfer
Hinterradaufhängung	Starre Rohrachse mit Querblattfeder oben, hydr. Kolben-Stoßdämpfer	Starre Rohrachse mit Querblattfeder oben, hydr. Kolben-Stoßdämpfer
Lenkung	Zahnstange	Zahnstange (15:1)
Fußbremse	Mechanisch, 4 Räder, vorn/hinten Trommeln Ø = 200 mm, Gesamt-Bremsfläche 520 cm≈	Hydraulisch, 4 Räder, vorn/hinten Trommeln d= 35 mm, Ø = 230 mm, Gesamt-Bremsfläche 600 cm≈
Handbremse	Mechanisch, auf Hinterräder	Mechanisch, auf Hinterräder
Schmierung	Nippel	Chassis-Zentralschmierung (Eindruck)
Allgemeine Daten	**Limousine, Kombi, Cabrio, Cabrio-Limousine, 2 türig**	**Limousine, Kombi, Cabrio, Cabrio-Limousine, 2 türig**
Radstand	2600 mm	2350 mm
Spur	1190/1250 mm	1184/1260 mm
Gesamtmaße	4000 x 1480 x 1480 mm	Limousine: 4200 x 1600 x 1450 mm, Kombi: 4200 x 1650 x 1570 mm, Cabrio: 4200 x 1600 x 1500 mm
Reifen	5,00–16	5,00–16, Kombi: 5,50–16
Felgen		3.25D x 16
Bodenfreiheit	19 cm	20 cm
Wendekreisdurchmesser	11 m	11 m
Leermasse	Limousine: 800 kg Cabrio: 830 kg	Limousine: 900 kg Cabrio: 920 kg Kombi: 960 kg
Zuläss. Gesamtmasse	Limousine: 1140 kg Cabriolet: 1170 kg	Limousine/Cabriolet: 1250 kg Kombi: 1400 kg
Höchstgeschwindigkeit	90 km/h	Limousine/Cabrio: 110 km/h Kombi: 90 km/h
Beschleunigung 0–100 km/h		Limousine/Cabrio: 39 sec Kombi: 52 sec
Verbrauch	8,5 Liter/100 km	Limousine/Cabrio: 10 Liter/100 km Kombi: 11 Liter/100 km
Kraftstofftank	32 Liter (im Motorraum)	30 Liter (im Motorraum), ab 1953: 40 Liter (hinten)

AWZ P70 Zwickau (1955–1959)

Auch der Nachfolger des IFA F8 wurde im früheren Audi-Werk gefertigt (interne Bezeichnung F8 K). Gleiches Fahrwerk wie dieser, jedoch kürzerer Radstand und um 180 Grad gedrehter Motor vor der Vorderachse. Der Zweizylinder basierte auf dem F8-Motor, hatte aber einen Leichtmetall-Kopf mit Mittelkerze (Leistungssteigerung auf 22 PS). Es blieb auch beim unsynchronisierten Dreigang-Getriebe und der Krückstock-Schaltung, während die Lenkung vom F9 übernommen wurde. Neu war die 12 Volt-Anlage (Dynastart-Betrieb).

Der P70 hatte als erstes Automobil serienmäßig eine Karosseriebeplankung aus Duroplast-Kunststoff in Schalenbauweise.Fensterflächen und Sitzbreiten waren erheblich größer als beim F8. Die Serien-Karosse der Limousine entstand beim Karosseriewerk Dresden, übrigens auch mit großem Faltdach, aber niemals mit Heckklappe. Diese wurde später von Werkstätten nachträglich eingebaut. Die Limousine gab's ab Herbst 1955, der anfangs bei AWZ, dann ebenfalls in Dresden karossierte Kombi folgte im Frühjahr 1956. Bis zur B-Säule identisch mit der Limousine, verfügte er über eine seitlich öffnende Hecktür und ein Kunstleder-bespanntes Dach. Besonders gut ging er im Export. Sowohl Limousine als auch Kombi hatten nur Schiebefenster. Das 2+2sitzige Coupé (Aufbau ebenfalls in Dresden, meist zweifarbig lackiert) kam im Frühjahr 1957, hatte eine Kofferraumhaube ab Werk, Kurbelfenster, ein kürzeres Dach und eine sportivere Front mit einer Hutze aus poliertem Aluminium.

1956 hatte es eine Überarbeitung gegeben: Zahlreiche Teile (z.B. vordere Lenkerarme) kamen vom F9, das Armaturenbrett war neu gestaltet (Kombiinstrument mit Kühlwasserthermometer), Krümmerheizung und neuer Flachstrom-Vergaser (H321 statt H30) wurden installiert. Die äußeren Türgriffe wichen moderneren Mustern, die Dreieck-Seitenfenster ließen sich nun drehen und ausstellen. Auch stilistisch gab es einige Modifikationen (z.B. ovale Blink-Schlußleuchten für die Limousine).

1957 erhielten Limousine und Kombi parallel angeordnete Scheibenwischer (bisher gegenläufig), des Reserverad der Limousine wurde anders plaziert und das Auspuffrohr des Kombi wanderte nach hinten links. Und 1958 bekam der P70 eine »Kupplungsbremse« zur Behebung der lästigen Schaltprobleme.

Insgesamt entstanden bis zur Produktionseinstellung im Jahr 1959 knapp 37 000 P70 Zwickau-Wagen, davon nur rund 1500 Coupés.

Sachsenring P240 (1955-1959)

Vorgestellt (noch mit Markenzeichen »Horch«) auf der Leipziger Frühjahrsmesse 1956 als Luxusfahrzeug, vorrangig für Behörden gedacht. Gebaut wurde es bereits ab 1955 als erster Nachkriegs-Pkw nach Lkw und Ackerschleppern im Werk Horch (dort auch Motorenfertigung). Der 2,4 Liter-Sechszylinder war eine Eigenentwicklung der Zwickauer, die nicht auf den BMW-Konstruktionen aus Eisenach basierte.

Gebaut wurden fast 1400 Wagen, davon einige wenige als Cabriolet für Repräsentationszwecke hoher Funktionäre. Außerdem wandelte 1958/59 das VEB Karosseriewerk Halle einige P240 zu Kombiwagen um, welche für die DDR-Rundfunk- und Fernsehanstalten bestimmt waren. Geänderter Grill mit Sachsenring-S-Logo zur Leipziger Herbstmesse 1958. Wegen des überdimensional großen Anteils an Handarbeit (2500 Arbeitsstunden pro P240, beim Trabant P50 waren es »nur« 180 Stunden) war dem Luxusliner kein langes Leben beschieden.

Nachdem Horch und Audi vereinigt worden waren und die verstärkten Einfuhr des preiswerteren sowjetischen Wolga anlief, endete die Produktion des P240. Selbst die Ersatzteilfertigung wurde in Fachbetriebe in Halle und Meißen ausgelagert.

Mit leistungsmäßig reduziertem Motor wurden aber im VEB Barkas-Werke Karl-Marx-Stadt rund 800 Allrad-Kübelwagen P2M und P3 für die Armee gebaut. Auch sie mußten schließlich sowjetischen Konstruktionen weichen.

Preise IFA P70 und P240 (1958/59)

	Binnenmarkt
P70 Limousine	9250 DM-Ost
P70 Kombi	9900 DM-Ost
P70 Coupé	11 700 DM-Ost
P240 Limousine	27 000 DM-Ost

AWZ P70 Zwickau Limousine, 2 Türen (1955–1959)

AWZ P70 Kombi (1956–1959)

AWZ P70 Coupé (1957–1959)

Sachsenring P240 Limousine 4 Türen mit Horch-Logo, punktförmigen Blinkern und senkrechten Kühler-Zierstäben (1955–1958)

Sachsenring P240 Limousine 4 Türen mit Sachsenring-Logo und waagerechten Kühler-Zierstäben (1958–1959)

Sachsenring P240 Cabriolet 4 Türen (1956–1959)

Sachsenring P240 Kombi für den DDR-Fernsehfunk (1958–1959)

	AWZ P 70 Zwickau 1955–1959	Sachsenring P 240 1955–1959
Motor	P70	OM 6-42
Zylinderzahl	2 (Reihe), quer vor der Vorderachse	6 (Reihe), längs über der Vorderachse
Bohrung x Hub	76 x 76 mm	78 x 84
Hubraum	684 cm^3	2407 cm^3
Leistung	22 PS (16 kW) bei 3500/min	80 PS (59 kW) bei 4250/min
Drehmoment	5,4 mkg bei 2500/min	17 mkg bei 1400/min
Verdichtung	1:6,8	1:7,1
Vergaser	1 Flachstromvergaser BVF H 321	1 Flachstromvergaser BVF F 363
Ventile	Kolbensteuerung (Zweitakter)	Hängend (Stößel, Kipphebel) seitliche Nockenwelle (Antrieb durch Stirnräder)
Kurbelwellenlager	3	7
Kühlung	Thermosyphon/ 6 Liter Wasser	Pumpe/ 13 Liter Wasser
Schmierung	Zweitaktgemisch 1: 25	Druckumlauf/ 5,5 Liter Öl
Batterie	12 V 70 Ah (im Motorraum)	12 V 84 Ah (im Motorraum)
Lichtmaschine	Gleichstrom/Dynastart 250 W	Gleichstrom 200 W
Kraftübertragung	Frontantrieb	Antrieb auf Hinterräder
Kupplung	Mehrscheiben-Ölbadkupplung	Einscheiben-Trockenkupplung
Schaltung	Krückstockschaltung an Armaturentafel	Lenkradschaltung
Getriebe	3 Gang (alle Gänge mit Freilauf, sperrbar)	4 Gang
Synchronisierung	Keine	II–IV
Übersetzungen	I. 3,44 I. 3,34 II. 1,63 II. 1,63 III. 1,00 R: 4,73 R: 4,70	I. 3,154 II. 2,000 III. 1,304 IV. 0,862 R: 3,487
Antriebs-Übersetzung	5,8	4,556
Fahrwerk	Kastenprofilrahmen, Holzgerippe mit Duroplast-Außenverkleidung in Schalenbauweise	Kastenprofilrahmen, Ganzstahlkarosserie
Vorderradaufhängung	Dreieckquerlenker unten, Querblattfeder oben, hydr. Kolben-Stoßdämpfer	Trapez-Dreieckquerlenker, Längsfederstäbe, hydr. Teleskop-Stoßdämpfer
Hinterradaufhängung	Starre Rohrachse (Schwebeachse), Querblattfeder oben, hydr. Kolben-Stoßdämpfer	Starrachse mit Dreieckschublenker, Längsfederstäbe, hydr. Teleskop-Stoßdämper
Lenkung	Zahnstange	Schnecke und Rolle
Fußbremse	Mechanisch, 4 Räder, vorn/hinten Trommeln Ø = 200 mm, Gesamt-Bremsfläche 520 cm≈	Hydraulisch, 4 Räder, vorn/hinten Trommeln, Gesamt-Bremsfläche 960 cm≈
Handbremse	Mechanisch, auf Hinterräder	Mechanisch, auf Hinterräder
Schmierung	Nippel	Chassis-Zentralschmierung (Eindruck)
Allgemeine Daten	**Limousine, Kombi, Coupé 2 türig**	**Limousine, Kombi, Cabrio 4 türig**
Radstand	2380 mm	2800 mm
Spur	1190/1200 mm	1350/1400 mm
Gesamtmaße	3740 x 1500 x 1480 mm, Coupé: 3740 x 1500 x 1400 mm	4730 x 1780 x 1680 mm
Reifen	5,00–16	7,10–15
Bodenfreiheit	19 cm	
Wendekreisdurchmesser	10 m	12 m
Leermasse	Limousine: 800 kg, Coupé 875 kg, Kombi: 830 kg	1525 kg
Zuläss. Gesamtmasse	1150 kg	1960 kg
Höchstgeschwindigkeit	90 km/h, Coupé: 100 km/h	140 km/h
Verbrauch	Limousine: 8,5 Liter/100 km, Coupé und Kombi: 9 Liter/100 km	15 Liter/100 km
Kraftstofftank	32 Liter (im Motorraum)	60 Liter (hinten)

Trabant P50 (1957–1962), Trabant P60 (1962–1965)

Nachfolger des P70 Zwickau. Am 7. November 1957 Beginn der Nullserie, Serienproduktion des Trabant Typ P50 ab August 1958. Herstellung des neuentwickelten 500 cm^3-Motors (erstmals luftgekühlt, Drehschieber und einfaches Spülverfahren) beim VEB Barkas-Werke Karl-Marx-Stadt. Nunmehr vier (unsynchronisiert) statt drei Gänge, aber weiterhin Krückstock-Schaltung. Leistungssteigerungen 1958 (18 PS, 90 km/h, Kraftstoff 72 Oktan) und 1959 (20 PS, 95 km/h, Kraftstoff 72 Oktan).

Limousine (c_W-Wert 0,55 bis 0,60) mit Motor- und Kofferraum-Klappe, die fast bis zur Stoßstange reichten (Stoßfänger hinten grundsätzlich geteilt). Keine Lüftungsschlitze in, sondern beidseits neben der Motorhaube. Lackiertes Armaturenbrett, stets nur Schiebefenster. Ab März 1960 zusätzlich Trabant Universal (Kombi), aufgebaut vom VEB Karosseriewerk Meerane, seitlich öffnende Hecktür. 1961 kam der Kleinlieferwagen mit geschlossenen hinteren Seitenflächen hinzu, der ausschließlich in den Export ging. Im gleichen Jahr begann die Fertigung des »Camping«-Kombimodells mit weitöffnendem Faltschiebedach und Liegesitzen.

Ab Sommer 1962 vollsynchronisiertes Viergang-Getriebe (im P50/2), ab Jahresende 600 cm^3-Motor im äußerlich kaum veränderten P60 (23 PS, 100 km/h, Kraftstoff 78 Oktan), beides auch für den Kombi und den Camping. Dieser wurde bis Sommer 1965 weitergebaut, nachdem bereits die Fertigung der Nachfolger-Limousine P601 begonnen hatte.

Schritt für Schritt waren marginale Modellpflegmaßnahmen geschehen: Bessere Sitze und neues Armaturenbrett mit blendfreiem Rundinstrument und großem Handschuhfach, Lichthupe (1961), Lüfter und Kupplung neu, Radantrieb verstärkt (1962), neues Miramid-Lenkrad, Bremsen mit automatischer Nachstellung (1963).

Preise Trabant P50 und P60

	Trabant P50 Binnenmarkt/Export (1958–1963)	**Trabant P60** Binnenmarkt (1963–1965)
Limousine Standard	7450,– DM-Ost/3565,– DM-West	7850,– M
Limousine de Luxe		8300,– M
Universal Standard	8900,– DM-Ost/3965,– DM-West	9300,– M
Universal de Luxe		9775,– M
Camping	9500,– DM-Ost	—

Die Farbgebung des Trabant erfolgte übrigens von Anfang an in Pastelltönen, weil sich so Transportschäden leichter überlackieren ließen. Anfangs hatte der P50 in der Luxusausführung sogar eine Dreifarb-Lackierung gehabt, 1960 kam der breite Farb-Längsstreifen.

Der P50 entstand rund 106 000 mal (davon 11 600 Kombis), vom P50/2 wurden weitere 25 000 Exemplare gebaut. Zirka 106 000 Einheiten vom Typ P60 verließen das Werk, davon 36 000 Kombis.

**Trabant P50 Limousine
2 Türen, Standardausführung
(1958–1959)**

**Trabant P50 Limousine
2 Türen, Sonderausführung
mit Zierleiste einfarbig
(auch mehrfarbig erhältlich),
1958–1959**

**Trabant P50 Limousine
2 Türen, Sonderausführung
dreifarbig (1958–1959)**

Trabant P50 und P50/2 Limousine 2 Türen, neue Farbgebung (1960–1962)

Trabant P50 Universal, Kombi 2 Türen (1960–1962)

Trabant P60 Limousine 2 Türen, mit breitem Mittelstreifen (1963–1964)

Trabant P60 Universal, Kombi 2 Türen (1963–1965)

	Trabant P50 **1957–1959**	**Trabant P50/1 und 2** **1959–1963** **Trabant 500 Universal** **1960–1963**	**Trabant P60** **1962–1964** **Trabant 600 Universal** **1963–1965**
Motor	P 50 (10/57 – 10/58), P50/Z (10/58 – 7/59)	P 50/1 (8/59 – 4/62), P 50/2 (3/62 – 10/62)	P 60/61 (10/62 – 10/68)
Zylinderzahl	2 (Reihe), quer vor der Vorderachse	2 (Reihe), quer vor der Vorderachse	2 (Reihe), quer vor der Vorderachse
Bohrung x Hub	66 x 73 mm	66 x 73 mm	72 x 73 mm
Hubraum	499 cm³	499 cm³	595 cm³
Leistung	17 PS (12 kW) bei 3750/min, 18 PS (13 kW) bei 3750 U/min	20 PS (15 kW) bei 3900 U/min	23 PS (17 kW) bei 3900/min
Drehmoment	4,15 mkg bei 2750/min, 1960: 4,3 bei 2750/min	4,5 mkg bei 2750/min	5,2 mkg bei 2750/min
Verdichtung	1:6,7, 1960: 6,8 : 1	7,2 : 1	7,6 : 1
Vergaser	1 Flachstromvergaser BVF H 261–0	1 Flachstromvergaser BVF 28 HB	1 Flachstromvergaser BVF 28 HB
Ventile	Einlaß-Drehschieber (Zweitakter)	Einlaß-Drehschieber (Zweitakter)	Einlaß-Drehschieber (Zweitakter)
Kurbelwellenlager	3	3	3
Kühlung	Luft/Axialgebläse	Luft/Axialgebläse	Luft/Axialgebläse
Schmierung	Zweitaktgemisch 1:25, 1960: 33 : 1	Zweitaktgemisch 1:33	Zweitaktgemisch 1:33
Batterie	6 V 56 Ah (im Motorraum)	6 V 56 Ah (im Motorraum)	6 V 56 Ah (im Motorraum)
Lichtmaschine	Gleichstrom 180 W	Gleichstrom 220 W	Gleichstrom 220 W
Anlasser	0,6 PS (0,4 kW)	0,6 PS (0,4 kW)	0,6 PS (0,4 kW)
Kraftübertragung	Frontantrieb	Frontantrieb	Frontantrieb
Kupplung	Einscheiben-Trockenkupplung	Einscheiben-Trockenkupplung	Einscheiben-Trockenkupplung
Schaltung	Krückstockschaltung unter Lenkrad	Krückstockschaltung unter Lenkrad	Krückstockschaltung unter Lenkrad
Getriebe	4 Gang (alle Gänge mit Freilauf, sperrbar)	4 Gang (alle Gänge mit Freilauf, sperrbar ab 1962 nur im IV. Gang)	4 Gang (Freilauf im IV. Gang, nicht sperrbar)
Synchronisierung	Keine	Keine, ab 1962: I–IV	I–IV
Übersetzungen	I. 4,08 II. 2,38 III. 1,50 IV. 1,02 R: 5,35	I. 4,08 II. 2,38, ab 1962: 2,32 III. 1,50 1,52 IV. 1,02 1,03 R: 5,35 3,83	I. 4,08 II. 2,32 III. 1,52 IV. 1,03 R: 3,83
Antriebs-Übersetzung	4,93, ab 1962 4,33	4,93 4,33	4,33

Fahrwerk	Plattformrahmen, Selbsttragende Duroplast-Kunststoffkarosserie auf Stahlblech-Gerippe
Vorderradaufhängung	Dreieckquerlenker unten, Querblattfeder oben, hydr. Teleskop-Stoßdämpfer
Hinterradaufhängung	Pendelachse mit Dreieckquerlenker, Querblattfeder, hydr. Teleskop-Stoßdämpfer
Lenkung	Zahnstange
Fußbremse	Hydraulisch, 4 Räder vorn/hinten Trommeln Ø = 200 mm, Gesamt-Bremsfläche 462 cm≈
Handbremse	Mechanisch, auf Hinterräder

Allgemeine Daten	**Limousine, 2 türig**	**Limousine, Kombi, 2 türig**	**Limousine, Kombi, 2 türig**
Radstand	2020 mm	2020 mm	2020 mm
Spur	1200/1240 mm	1210/1260 mm	1210/1260 mm
Gesamtmaße	3375 x 1500 x 1395 mm	3360 x 1493 x 1410 mm, Kombi: 3360 x 1493 x 1460 mm	3360 x 1493 x 1460 mm Kombi: 3360 x 1493 x 1460 mm
Reifen	5,20–13	5,20–13	5,20–13
Felgen	4 J x 13	4 J x 13	4 J x 13
Bodenfreiheit	18 cm	15 cm	15 cm
Wendekreisdurchmesser	10 m	10 m	10 m
Leermasse	620 kg	Limousine: 620 kg, Kombi: 660 kg	Limousine: 620 kg, Kombi: 660 kg
Zuläss. Gesamtmasse	950 kg	Limousine: 950 kg, Kombi: 1000 kg	Limousine: 950 kg, Kombi: 1000 kg
Höchstgeschwindigkeit	90 km/h	Limousine: 90 km/h, Kombi: 90 km/h	Limousine: 100 km/h, Kombi: 95 km/h
Beschleunigung 0–80 km/h	36 sec	36 sec	24 sec
Verbrauch	8 Liter/100 km	Limousine: 8 Liter/100 km, Kombi: 8,5 Liter/100 km	Limousine: 8,5 Liter/100 km, Kombi: 9 Liter/100 km
Kraftstofftank	24 Liter (im Motorraum)	24 Liter (im Motorraum)	24 Liter (im Motorraum)

Alle Trabant-Serienmotoren (Zweitakter)

Typ	Hubraum	Leistung	Bauzeit	Stückzahl
P50	**499 cm³**	**17 PS**	**10/1957–10/1958**	**2 530**
	Graugußß-Zylinder, Verdichtung 6,6 : 1, Kurbelwelle mit Pleuellagerung, Mischung 1 : 25			
P50-Z	**499 cm³**	**18 PS**	**10/1958–7/1959**	**13 733**
	Alfer-Zylinder, Verdichtung 6,8 : 1			
P50-1	**499 cm³**	**20 PS**	**8/1959–4/1962**	**125 727**
	Kurbelwelle mit vollen Hubscheiben für größere Vorverdichtung, Verdichtung 7,0 :1, Vergaser 28 HB, Mischung 1 : 33			
P50-2	**499 cm³**	**20 PS**	**3/1962–10/1962**	**25 127**
	Pleuellager auf Kurbelwellenseite mit Lagerkäfig für Zylinderrollen			
P60/61	**595 cm³**	**23 PS**	**10/1962–10/1968**	**427 565**
	Kurbelwelle mit käfiggeführtem Nadellager, Kolbenbolzen ëx=20 mm, Fliehkraft-Zündversteller ab 11/63, Druckguß-Zylinderköpfe ab 7/64, Papierluftfilter ab 8/65, Kurbelwelle mit verbesserten Pleuellagern (Zylinderrollen) ab 4/66, Motor P61 für Hycomat-Kupplung			
P63/64	**595 cm³**	**26 PS**	**11/1968–4/1974**	**539 901**
	Zylinder mit besserer Spülung, geänderte Abgasanlage, Schmalkeilriemen ab 11/68, Kunststoff-Lüfterrad ab 4/71, 14er Zündkerzen ab 3/74			
P65/66	**595 cm³**	**26 PS**	**4/1974–6/1990**	**2 309 321**
	Kolbenbolzen-Nadellagerung, Mischung 1 : 50, Krümmerheizung ab 11/66, Kraftstoffverbrauch-Senkung von 8,0 auf 7,2 L/100 km durch geänderten Vergaser von 1/81–7/84, 12 V-Drehhstromlima ab 10/83, Kurbelwelle mit Sonderlager für Hauptlager-/Kolbenringabdichtung ab 12/84, elektronische Batterie-Zündanlage ab 9/85, weitere Kraftstoffverbrauch-Senkung auf 6,7 L/100 km durch Kolbenring-Abdichtung (Nebenluft) und elektr. Zündung; Ersatzmotorenfertigung bis 9/90			

Trabant 601 (1964–1990), Trabant 1.1 (1990/91)

Im Juli 1964 begann die Serienfertigung der Trabant 601 Limousine (vorgestellt März 1964) mit modernisierter Karosserie (VEB Sachsenring). Aus Kostengründen ansonsten gleiche Technik (Plattformrahmen, Radstand und Spurweite, Vorderkotflügel, Türaußenhäute usw.) wie

Trabant 601 Limousine 2 Türen, Sachsenring-Logo im Grill (1964–1969)

P60. Die Motorhaube rastete in einen umständlich zu handhabenden Einsteck-Kühlergrill (bis 1969 mit wuchtigem S-Logo, anschließend kleineres Logo nur noch auf Motorhaube) ein; die hintere Ladekante (Kofferraum auf 420 Liter gewachsen) lag beträchtlich höher als beim P60. Die nunmehr durchgehende hintere Stoßstange wurde im Luxusmodell sogar verchromt angeboten. Und nun gab's Kurbel- statt Schiebefenstern in den Türen. Die Betankung erfolgte aber weiterhin im Motorraum.

Ab März 1965 auf Wunsch als Trabant 601-H mit elektro-hydraulisch betätigter Kupplungsbetätigung Hycomat. Im August 1965 kam der 601 Universal (bis 1400 Liter Laderaum) mit nach oben öffnender Hecktür dazu (Karosseriewerk Meerane). Er nahm künftig einen Anteil von 20 Prozent des Gesamtproduktions-volumens ein – war aber am meisten gefragt. Ab 1966 gab's neben dem Limousinen/ Kombi-Grundtyp die Versionen S (bessere Sitze, Zündanlaß-Lenkschloß, elektromagnetischer Abblendschalter) und S de Luxe (farbig lackiertes Dach, aufgewertetes Interieur, beleuchteter Motorraum). Im Herbst 1966 begann weiterhin die Fertigung des militärisch genutzten 601 F Kübelwagens (ebenfalls Meerane) mit teilweisem Blechaufbau, Türausschnitten, Rohr-Stoßfängern und außen angebrachtem Ersatzrad. Erst 1978 wurde diese Version als 601 A/F »Tramp« auf bestimmten Exportmärkten (z.B. Griechenland) angeboten, insgesamt wurde sie als Zweitakter 11 000 mal hergestellt. Ebenfalls nicht in der

DDR zu haben war der von 1967 bis 1973 in 1300 Exemplaren gebaute Lieferwagen.

Juli 1965 rechteckiges Kombiinstrument (1968 wieder Rundinstrument), Schmutzfänger für die Hinterräder, neuer Ansauggeräuschdämpfer; 1966 Armaturenbrett mattschwarz lackiert. 1967 wartungsfreie Spurstangen-Gelenke ohne Schmiernippel, Licht/Scheibenwischer-Betätigung über Dreh- statt Druckschalter. Im September 67 Duplexbremsen vorn, ab Februar 1969 überarbeiteter 600 cm^3-Motor mit 26 PS Leistung (Kraftstoff 88 Oktan, 105 km/h). Mitte 69 Innenraum-Zwangsentlüftung durch Schlitze in der C-Säule, dreiteilige Abgasanlage. 1972/73 Interieur, Heizung und Belüftung weiter verbessert, 26- statt 24 Liter-Tank, Zündkerzen M14 statt bisher M18, Scheibenwischer-Intervallschaltung. Ab April 1974 Zweitaktmischung 1:50 (Kraftstoff 79 oder 88 Oktan, 108 km/h) durch Nadellagerung der Kolbenbolzen, ab Oktober 1974 Übersetzung IV. Gang und Antrieb (3,95 statt 4,33) geändert, neues kunstlederbezogenes Armaturenbrett, Warnblinkanlage, durchgehende Nadelfilzablage unter dem Armaturenbrett. 1975 Gurtpeitschen statt loser Gurtenden; November 1976 Krümmerheizung, mechanische Heckklappen-Stütze für den Universal. 1977 Fondablage für Universal S de Luxe, Plastikradkappen (statt Aluminium), 1978 Fensterkurbeln vom Eisenacher Wartburg 353.

Ab Januar 1980 Bremsen mit Zweikreis-Hydraulik, U-Profil-Stoßstangen mit Plastik-Ecken, elektrische Scheibenwaschanlage, Nebelschlußleuchte/Rückscheinwerfer; 1981/82 Kraftstoffhahn-Fernbedienung, Wischwasch-Anlage für Heckscheibe des Kombis, erstmals Benzinuhr, neues Vierspeichen-PUR-Lenkrad. Ab September 1982 Automatikgurte bei 12 mm breiteren Mittelsäulen, Gasdruckfedern für Universal-Heckklappe. Ab Mai 1984 Drehstrom-Lichtmaschine und 12 Volt-Bordnetz, heizbare Heckscheibe, ausstellbare Fondfenster und Halogen-H4-Lampen; Kopfstützen aus PUR-Schaumstoff, Kraftstoffverbrauchs-Momentan-Anzeige (KVMA). Außerdem Gleichlauf-Gelenk-

Trabant 601 Universal, Kombi 2 Türen, mit mechanischer Stütze der Heckklappe (1965–1969)

wellen statt Scharniergelenke zum Antrieb der Vorderräder aus dem neuen Werk Mosel. 1985 wälzgelagerte Kurbelwelle, elektronische Zündung; 1986 Zweikreisblinkgeber und Spurstangen vom Wartburg 353. 1988 kamen – als Vorgriff auf den Viertakt-Trabant – hintere Schraubenfedern statt der bisherigen Querblattfeder und neue Spurstangengelenke außen, dazu Frontscheibe aus Verbundglas.

Die letzte zweitaktende Trabant-Limousine lief am 29. Juni 1990 vom Band; der Kombi folgte am 23. Juli 1990. Im Mai 1990 hatte bereits die Serienproduktion des Viertakt-1.1 begonnen. Dieser besaß den von Barkas Karl-Marx-Stadt in Lizenz gefertigten, quereingebauten 40 PS-VW-Vierzylinder sowie erstmals McPherson-Federbeine und Scheibenbremsen vorn. Die Karosserie (Interieur: neues Armaturenbrett) war nur unwesentlich verändert worden, der Tank (einschließlich von außen zugänglichem Tankverschluß) saß nun hinten, größere Plastik-Stoßfänger wurden verbaut, Motor- und Kofferraumhaube gerieten kantiger. Obwohl die Werkleitung die Produktion umgestellt hatte – nunmehr sollten 80 Prozent Kombis entstehen – stockte der Absatz. Am 30. April 1991 ging der letzte Trabant 1.1 übers Band.

Ironie des Schicksals: 444 jungfräuliche Universal mit Viertakt-Motor kamen 1994 aus der Türkei zurück, wo sie nicht verkauft werden konnten. Für rund 20 000 DM gingen sie als limitierte Sammleredition an Liebhaber des einstigen DDR-Volkswagens.

Preise Trabant P601 und 1.1

Binnenmarkt

P601 S de Luxe Limousine (1982)	10 952 M
P601 Limousine (1989)	13 000 M
P601 Universal (1989)	15 000 M
1.1 Limousine (1990)	19 865 M
P601 Limousine (9/1990)	10 887 DM
P601 Universal (9/1990)	11 947 DM
P601 Tramp (9/1990)	13 144 DM

Export

	(1964/65)	(1966/67)	(1968/69)
P601 Limousine	3330,- DM	3450,- DM	3600,- DM
P601 Universal	3810,- DM	3810,- DM	4100,- DM

Trabant 601 Limousine
2 Türen (1969–1980)

Trabant 601 Universal,
Kombi 2 Türen, mit
Sachsenring-Logo auf der
Motorhaube (1969–1980)

Trabant 601 F Kübel-Wagen
(teilweise Stahlaufbau)
4 Sitze, Rohrstoßstangen
(1966–1990)

Trabant 601 Limousine
2 Türen, Luxusausführung mit verchromten Stoßstangen (Plastikecken), Nebelscheinwerfern, Kopfstützen und Glashubdach (1980–1990)

Trabant 1.1 Limousine
2 Türen, erneuerte Außengestaltung, Tankstutzen hinten rechts (1990–1991)

Trabant 1.1 Tramp 4 Sitze
(1990–1991)

Trabant 601
1963 – 1990
Trabant 601 Universal
1965 – 1990

Motor	P 60/61 (10/62 – 10/68)	P 63/64 (10/68 – 4/74) / P 65/66 (4/74 – 6/90)
Zylinderzahl	2 (Reihe), quer vor der Vorderachse	2 (Reihe), quer vor der Vorderachse
Bohrung x Hub	72 x 73 mm	72 x 73 mm
Hubraum	595 cm^3	595 cm^3
Leistung	23 PS (17 kW) bei 4000/min	26 PS (19 kW) bei 4000/min
Drehmoment	5,2 mkg bei 2750/min	5,4 mkg bei 3000/min
Verdichtung	1:7,6	1:7,6
Vergaser	1 Flachstromvergaser BVF 28 HB	1 Flachstromvergaser BVF 28 HB
Ventile	Einlaß-Drehschieber (Zweitakter)	Einlaß-Drehschieber (Zweitakter)
Kurbelwellenlager	3	3
Kühlung	Luft/Axialgebläse	Luft/Axialgebläse
Schmierung	Zweitaktgemisch 1:33	P 63/64: Zweitaktgemisch 1:33 / P 65/66: Zweitaktgemisch 1:50
Batterie	6 V 56 Ah (im Motorraum), Kübelwagen: 6 V 84 Ah	6 V 56 Ah (im Motorraum), Kübelwagen: 6 V 84 Ah, ab 1983 P66: 12 V 38 Ah
Lichtmaschine	Gleichstrom 220 W	Gleichstrom 220 W, ab 1983 P66: Drehstrom 580 W
Anlasser	0,6 PS (0,4 kW)	0,6 PS (0,4 kW)
Kraftübertragung	Frontantrieb	
Kupplung	Einscheiben-Trockenkupplung, a.W. Hycomat-Halbautomatik	
Schaltung	Krückstockschaltung unter Lenkrad	
Getriebe	4 Gang (Freilauf im IV. Gang, nicht sperrbar)	
Synchronisierung	I–IV	
Übersetzungen	I. 4,08, II. 2,32, III. 1,52, IV. 1,03 bzw. 1,103 (ab Oktober 1974), R: 3,94 bzw. 3,83	
Antriebs-Übersetzung	4,33 bzw. 3,95 (ab Oktober 1974)	
Fahrwerk	Plattformrahmen, Selbsttragende Duroplast-Kunststoffkarosserie auf Stahlblech-Gerippe, Kübelwagen: Duroplast-Stahl-Mischbauweise auf Stahlblech-Gerippe	
Vorderradaufhängung	Dreieckquerlenker unten, Querblattfeder oben, hydr. Teleskop-Stoßdämpfer	
Hinterradaufhängung	Pendelachse mit Dreieckqulenker, Querblattfeder (ab 1988: Schraubenfedern), hydr. Teleskop-Stoßdämper	
Lenkung	Zahnstange	
Fußbremse	Hydraulisch, 4 Räder, vorn/hinten Trommeln Ø = 200 mm, Gesamt-Bremsfläche 462 cm≈ bzw. 471 cm≈ (ab März 1966) Mechanisch, auf Hinterräder	
Allgemeine Daten	**Limousine, Kombi, Kübelwagen, 2 türig**	
Radstand	2020 mm	
Spur	1206/1255 mm	
Gesamtmaße	Limousine: 3555 x 1504 x 1437 mm, Kombi: 3560 x 1510 x 1467 mm, Kübelwagen: 3500 x 1600 x 1500 mm	
Reifen	5,20–13 bzw. 145 SR 13 (a.W. ab 1973)	
Felgen	4 J x 13	
Bodenfreiheit	15,5 cm	
Wendekreisdurchmesser	10 m	
Leermasse	Limousine: 620 kg, Kombi: 660 kg, Kübelwagen: 645 kg	
Zuläss. Gesamtmasse	Limousine: 1000 kg, Kombi: 1040 kg, Kübelwagen: 1020 kg	
Höchstgeschwindigkeit	Limousine: 100, Kombi 95 km/h	105 km/h bzw. 108 km/h (ab Oktober 1974)
Beschleunigung 0–80 km/h	24 sec	21 sec bzw. 20 sec (ab Oktober 1974)
Verbrauch	Limousine: 8,5/100 km, Kombi/ Kübelwagen: 9 Liter/100 km	Limousine: 8,5/100 km, Kombi/ Kübelwagen: 9 Liter/100 km
Kraftstofftank	24 Liter (im Motorraum)	24 Liter (im Motorraum), ab Herbst 1972: 26 Liter (im Motorraum)

	Trabant 1.1 1990–1991
Motor	Barkas B820
Zylinderzahl	4 (Reihe), quer vor der Vorderachse
Bohrung x Hub	75 x 59 mm
Hubraum	1043 cm³
Leistung	40 PS (30 kW) bei 5300/min
Drehmoment	7,4 mkg bei 3000/min
Verdichtung	9,5 : 1
Vergaser	1 Fallstromvergaser Solex 32 TLA
Ventile	Hängend (Stößel, Kipphebel), 1 obenliegende Nockenwelle (Antrieb durch Zahnriemen)
Kurbelwellenlager	5
Kühlung	Pumpe/7 Liter Wasser
Schmierung	Druckumlauf/ 3,5 Liter Öl
Batterie	12 V 44 Ah (im Motorraum)
Lichtmaschine	Drehstrom 53 A
Kraftübertragung	Frontantrieb
Kupplung	Einscheiben-Trockenkupplung
Schaltung	Knüppel in Wagenmitte
Getriebe	4 Gang
Synchronisierung	I–IV
Übersetzungen	I. 3,250 II. 2,053 III. 1,342 IV. 0,955 R:.3,08
Antriebs-Übersetzung	4,267
Fahrwerk	Plattformrahmen, Selbsttragende Duroplast-Kunststoffkarosserie auf Stahlblech-Gerippe
Vorderradaufhängung	Federbeine, Schraubenfedern, Dreieckquerlenker unten
Hinterradaufhängung	Schräglenkerachse mit Schraubenfedern, hydr. Teleskop-Stoßdämpfer
Lenkung	Zahnstange (16,5 : 1)
Fußbremse	Hydraulisch, 4 Räder (Zweikreis), vorn Scheiben, hinten Trommeln
Handbremse	Mechanisch, auf Hinterräder
Allgemeine Daten	**Limousine, Kombi, Kübelwagen, 2 türig**
Radstand	2020 mm
Spur	1284/1255 mm
Gesamtmaße	Limousine: 3410 x 1515 x 1440 mm, Kombi: 3560 x 1510 x 1470 mm, Kübelwagen: 3500 x 1510 x 1500 mm
Reifen	145 R 13, 155/70 SR 13
Felgen	4J x 13
Bodenfreiheit	15 cm
Wendekreisdurchmesser	10 m
Leermasse	Limousine: 700 kg, Kombi 740 kg, Kübelwagen: 725 kg
Zuläss. Gesamtmasse	Limousine: 1085 kg, Kombi: 1125 kg, Kübelwagen: 1100 kg
Höchstgeschwindigkeit	125 km/h
Beschleunigung 0 – 100 km/h	22 sec
Verbrauch	8 Liter/100 km
Kraftstofftank	28 Liter (hinten)

Pkw aus dem Automobilwerk Eisenach

Erst durch den Erwerb des thüringischen Dixi-Werks war die Münchner Motorrad- und Flugmotoren-Firma BMW 1929 zum Pkw-Hersteller avanciert. Grundsätzlich alle Automobile mit weiß-blauem Markenzeichen entstanden in der Eisenacher Depandance.

Noch im Jahr 1945 wurde dort die Produktion wiederaufgenommen, numehr als sowjetische Aktiengesellschaft (Awtowelo), aber weiterhin unter dem zugkräftigen Namen »BMW«. Neben dem Motorrad R35 entstanden bald darauf der 321 und 326, der aus dem 326 abgeleitete 340 und schließlich der 327-Sportwagen.Die Typen 321, 340 und 327 wurden etwa 19 000 mal exportiert – vor allem nach Benelux und Skandinavien.

Erst im Juni 1952 ging der Betrieb wieder in deutsche Hände über – unter der neuen Bezeichnung VEB IFA Automobilwerk EMW Eisenach. Denn inzwischen hatte BMW München einen Prozeß gegen den Düsseldorfer Importeur der Ost-Wagen angestrengt und gewonnen: Alter Name und altes Logo durften von den Eisenachern nicht mehr verwendet werden. Zwar lief die Produktion der großen Sechszylinder noch bis 1955 (ab dann neuer Werksname: VEB Automobilwerk Eisenach – AWE), doch war ihre Zeit abgelaufen: Schon 1953 war die Fertigung des IFA F9 von Zwickau nach Eisenach verlagert worden.

Dem zweitaktenden Dreizylinder-F9 folgte der sehr ähnlich gestrickte Wartburg 311, der 1965 zum Wartburg 312/1 und dann zum 353 mutierte. Fast unverändert blieb er bis 1988/89 im Programm, trotz aller Versuche, den Zweitakter durch eine modernere Konstruktion abzulösen. Erst das Modell 1.3 brachte den angestrebten Fortschr`tt. Dessen Antrieb besorgte ebenfalls ein VW-Viertakter. Alles in allem wurde die Hälfte aller je hergestellten Wartburg 311, 353 und 1.3 exportiert.

Stets einbezogen in die Fertigung des Wartburg waren die Karosseriewerke Halle und Dresden, wo Versionen des Kombimodells »Tourist« aufgebaut wurden. 1977 bis 1980 entstand darüber hinaus ein neuer Werksteil in Eisenach-West. Ab 1984 wurde auch enger mit dem Kraftfahrzeugwerk Gotha (nunmehr Chassisproduktion) und dem Möve-Werk Mühlhausen (Wartburg-Sitzfertigung) kooperiert. Gleichzeitig begann die Zusammenarbeit mit Volkswagen zum Aufbau einer neuen Zylinderkopf-Fertigung in Eisenach West.

Ende 1989/Anfang 1990 wurde mit Volkswagen, BMW, Mitsubishi und Opel über ein Joint-venture verhandelt. Noch im Früjahr 1990 fiel die Entscheidung, mit Opel zusammenzuarbeiten – Ende dieses Jahres lief der erste Vectra vom Band. Die Wartburg-Produktion endete im April 1991; im September 1992 wurde das neue Eisenacher Opel-Werk in Eisenach-West eröffnet.

BMW/EMW- und F9-Produktion in Eisenach

	BMW 321	BMW 326	BMW/EMW 340	BMW/EMW 327	IFA F9 309
1945	68				
1946	1439	16			
1947	2035				
1948	2398			17	
1949	ca. 1800				
1950	ca. 1200				
1951					
1952			8770*	141	
1953			1360		9200**
1954			482	107	12 865
1955				180	13 294
1956					3423
Summe	8996	16	21 249	505	38 782

* incl. 166 E. Kübelwagen 325/3, 31 Kombi 340-7, 355 Sanitätswagen 340-4, 400 Chassis 340-5, 664 Lieferwagen 340-3 und 6 Rechtslenker-Limousinen 340-2

** incl. 800 Limousinen 309-1, 500 Cabrios 309-2, 500 Cabriolimousinen und 200 Chassis 309-5

Wartburg-Produktion in Eisenach

	311/313	311/1000	312/1	353/353/1	353 W	1.3
1955	162					
1956	14 223					
1957	23 285					
1958	24 326					
1959	29 020					
1960	28 801					
1961	30 232					
1962		26 209				
1963		30 003				
1964		31 998				
1965		20 669				
1966			11 035	14 005		
1967			18 570	30 438		
1968			4 142	34 873		
1969				37 447		
1970				40 411		
1971				43 200		
1972				45 676		
1973				48 470		
1974				51 813		
1975				9 997	44 043	
1976					55 510	
1977					57 565	
1978					58 732	
1979					56 318	
1980					58 325	
1981					60 133	
1982					61 300	
1983					64 000	
1984					72 000	
1985					74 000	
1986					74 231	
1987					71 520	
1988					59 992	12 303
1989					1 191	70 204
1990						63 068
1991						7 200
Summe*	150 049	108 879	33 759	356 333	868 860	152 775

*Die teilweise höheren Summen beinhalten zusätzliche Kapazitäten, die außerhalb von AWE und den Karosseriewerken Halle/Dresden entstanden sind.

Awtowelo BMW 321 (1945-1950)

Mit noch existierenden Werkzeugen konnten die Eisenacher Techniker bereits Ende 1945 mit der Fertigung des absolut unveränderten Vorkriegs-321 beginnen. Er entstand ausschließlich in der zweitürigen Limousinenversion und behielt den Zweiliter-Sechszylinder, der hier 45 PS leistete. 1946 wurde für ihn ein Preis von 7600 Mark kalkuliert, allerding kam er nie auf den ostdeutschen Binnenmarkt, sondern ging ausschließlich ins Ausland. In sehr kleiner Stückzahl wurden 1946 auch einige viertürige BMW 326-Reiselimousinen für sowjetische Funktionäre gebaut.
Die Gesamtproduktion des BMW 321 betrug 8996 Stück.

Awtowelo BMW 321 Limousine 2 Türen (1945–1949)

Preise BMW/EMW 321, 327 und 340

	Binnenmarkt	Export
321 Limousine (1948)	–	13 600,- sF
327 Cabrio (1950)	17 740,- DM-Ost	
327 Coupé (1952)	18 590,- DM-Ost	
340-2 Limousine (1952)	15 000,- bis 15 350,- DM-Ost	
340-2 Kombi (1952)	14 835,- DM-Ost	

Awtowelo BMW 340 (1949-1951), EMW 340/2 (1952-1955)

Abgeleitet aus dem Vorkriegsmodell BMW 326, Vorderwagen bis zur A-Säule neu, Heckpartie überarbeitet. Produktionsmöglichkeit, weil die Karosseriewerkzeuge der Berlin-Johannisthaler Firma Ambi-Budd übernommen werden konnten. Die Limousine kam grundsätzlich viertürig und mit geteilter Frontscheibe daher, ursprünglich hatte sie sogar eine ausstellbare Windschutzscheibe. Gegenüber dem 326 wurde das Interieur verändert.

Vorgestellt wurde der BMW 340 auf dem Brüsseler Salon und der Leipziger Frühjahrsmesse 1949. Die Auslieferung der 55 PS-Limousine BMW 340-2 begann im Oktober 1949. Dazu kamen ab 1951 mit Aufbauten der IFA-Karosserie-Werke Halle (vorm. Kathe & Sohn) der Kombiwagen 340-7, der Sanitätskraftwagen 340-4 und der Kastenlieferwagen 340-3 (Nutzmasse 500 kg).

Offizielle Typenbezeichnung ab Januar 1952: EMW 340 (EMW = Eisenacher Motoren Werke) mit weiß-rotem Logo (vorher weiß-blau).

EMW 340-2 Limousine 4 Türen (1952 – 1955)

BMW 340-2 Limousine 4 Türen (1949 – 1951)

EMW 340-4 Sanitätswagen 3 Türen (1951–1955)

EMW 340-3 Kastenlieferwagen 2 Türen (1951–1955)

EMW 340-7 Kombiwagen 2 Türen (1951–1955)

Der nunmehrige EMW 340/2 war auf 57 PS erstarkt, hatte Warmwasserheizung, durchgehende vordere Sitzbank und eine bessere Innenausstattung. In der DDR liefen die EMW 340-Limousinen hauptsächlich als Dienstwagen in Verwaltung und Industrie; außerdem blieben sie bis Mitte der 60er Jahre in den Städten der DDR die meistgefahrenen Taxis.

Bis zur Produktionseinstellung 1955 wurden über 21 000 Wagen hergestellt (eingerechnet 166 Armee-Kübelwagen 325-3).

Awtowelo BMW 327 (1948-1951), EMW 327 (1952-1956)

Weiterbau des Vorkriegsmodells BMW 327 (zunächst nur als Cabrio), jedoch mit zahlreichen Modifikationen und nie als 80 PS-Modell, sondern stets mit 55 PS-Motor (wie der BMW/EMW 340 mit zwei Vergasern). Die Motorhaube öffnete nun nicht mehr zusammen mit den Seitenteilen – diese blieben stehen, nur der Deckel schwenkte hoch (»Aligatorhaube«). Mit Hörnern versehen waren die nunmehr durchgehenden Stoßfänger. Beim 2+2sitzigen Cabrio blieb's beim vorderen Anschlag der Türen, allerdings saßen die weiterhin obligatorischen Winker jetzt in der B-Säule (vorher A-Säule). Bei den Lämpchen unter den Scheinwerfer handelte es sich um Standlichter.

Die Serienproduktion des Cabrios 327/1 begann 1950 in Eisenach, wo der komplette Werkzeugsatz den Krieg überdauert hatte, wurde aber 1952 ans VEB IFA Karosseriewerk Dresden (vorm. Gläser) weitergegeben. Der nunmehrige EMW 327/2 Cabrio wurde – wie der EMW 340 – auf 57 PS gebracht. Statt hängender Solex gab's jetzt stehende BVF-Vergaser. Das anfällige Hurth-Getriebe wurde ersetzt; der Innenraum wurde aufgefrischt und erhielt u.a. eckigere Instrumente. Erst ab Ende 1952 wurde das 327/3 Coupé gefertigt. Es hatte nun auch vorn angeschlagene Türen.

Insgesamt entstanden rund 500 Sportwagen, der größte Teil davon Cabriolets.

EMW 327-3 Coupé, vorn angeschlagene Türen (1952 – 1955)

EMW 327-2 Cabriolet, Winker in der B-Säule (1948 – 1955)

	Awtowelo BMW 321 1945–1951	**Awtowelo BMW 327 1948–1951 EMW 327-2/-3 1952–1955**	**Awtowelo BMW 340 1949–1951 EMW 340-2 1952 – 1955**
Motor			
Zylinderzahl	6 (Reihe), längs hinter der Vorderachse	6 (Reihe), längs hinter der Vorderachse	6 (Reihe), längs hinter der Vorderachse
Bohrung x Hub	66 x 96 mm	66 x 96 mm	66 x 96 mm
Hubraum	1971 cm^3	1971 cm^3	1971 cm^3
Leistung	45 PS (33 kW) bei 3750/min	55 PS (40 kW) bei 3750/min, ab 1952: 57 PS (42 kW)	55 PS (40 kW) bei 3750/min, ab 1952: 57 PS (42 kW)
Drehmoment		11,2 mkg bei 2500/min	11,2 mkg bei 2500/min
Verdichtung	6,0 : 1	6,1 : 1	6,1 : 1
Vergaser	1 Steigstromvergaser Solex 30 BLVS oder Pallas SAR2	2 Fallstromvergaser Solex 32 PBI oder BVF F 323-1	2 Fallstromvergaser Solex 32 PBI oder BVF F 323-1
Ventile	Hängend (Stößel, Kipphebel), seitliche Nockenwelle (Antrieb durch Kette)	Hängend (Stößel, Kipphebel), seitliche Nockenwelle (Antrieb durch Kette)	Hängend (Stößel, Kipphebel), seitliche Nockenwelle (Antrieb durch Kette)
Kurbelwellenlager	4	4	4
Kühlung	Pumpe / 9 Liter Wasser	Pumpe / 9 Liter Wasser	Pumpe / 9 Liter Wasser
Schmierung	Druckumlauf / 4,0 Liter Öl	Druckumlauf / 4,5 Liter Öl	Druckumlauf / 4,5 Liter Öl
Batterie	6 V 75 Ah (im Motorraum)	6 V 75 Ah oder 84 Ah (im Motorraum)	6 V 75 Ah oder 84 Ah (im Motorraum)
Lichtmaschine	Gleichstrom 130 W	Gleichstrom 130 W	Gleichstrom 130 W
Kraftübertragung	Antrieb auf Hinterräder	Antrieb auf Hinterräder	Antrieb auf Hinterräder
Kupplung	Einscheiben-Trockenkupplung	Einscheiben-Trockenkupplung	Einscheiben-Trockenkupplung
Schaltung	Knüppel in Wagenmitte	Knüppel in Wagenmitte	Lenkradschaltung
Getriebe	4 Gang	4 Gang (Freilauf, nicht sperrbar)	4 Gang (Freilauf, nicht sperrbar)
Synchronisierung	III–IV	II–IV	II–IV
Übersetzungen:	I. 3,70 II. 2,22 III. 1,51 IV. 1,00 R: 3,7	I. 3,85 II. 2,38 III. 1,54 IV. 1,00 R: 3,438	I. 3,85 II. 2,38 III. 1,54 IV. 1,00 R: 3,438
Hinterachs-Übersetzung	4,55	3,90	4,55
Fahrwerk	Kastenrahmen, Ganzstahlkarosserie	Kastenrahmen, Ganzstahlkarosserie	Kastenrahmen, Ganzstahlkarosserie
Vorderradaufhängung	Dreieckquerlenker oben, Querblattfeder unten, Hebel-Stoßdämpfer (doppeltwirkend)	Dreieckquerlenker oben, Querblattfeder unten, Hebel-Stoßdämpfer (doppeltwirkend)	Dreieckquerlenker oben, Querblattfeder unten, Hebel-Stoßdämpfer Hebel-Stoßdämpfer (doppeltwirkend)
Hinterradaufhängung	Starrachse mit Längsblattfedern Hebel-Stoßdämpfer (doppeltwirkend)	Starrachse mit Längsblattfedern Hebel-Stoßdämpfer (doppeltwirkend)	Starrachse mit Dreieckschublenker, Längsfederstäbe, Hebel-Stoßdämpfer (doppeltwirkend)
Lenkung	Zahnstange (14,6:1)	Zahnstange (14,6:1)	Zahnstange (15,5:1)
Fußbremse	Hydraulisch, 4 Räder, vorn/hinten Trommeln d = 50 mm, Ø = 280 mm, Gesamt-Bremsfläche 1056 cm≈	Hydraulisch, 4 Räder, vorn/hinten Trommeln d = 50 mm, Ø = 280 mm, Gesamt-Bremsfläche 1056 cm≈	Hydraulisch, 4 Räder, vorn/hinten Trommeln d = 50 mm, Ø = 280 mm, Gesamt-Bremsfläche 1056 cm≈
Handbremse	Mechanisch, auf Hinterräder	Mechanisch, auf Hinterräder	Mechanisch, auf Hinterräder
Schmierung	Zentralchassis-Schmierung (Eindruck)	Zentralchassis-Schmierung (Eindruck)	Zentralchassis-Schmierung (Eindruck)
Allgemeine Daten	**Limousine, 2 türig**	**Cabriolet, Coupé, 2 türig**	**Limousine, 4 türig**
Radstand	2750 mm	2750 mm	2870 mm
Spur	1300/1300 mm	1300/1300 mm	1300/1400 mm
Gesamtmaße	4470 x 1570 x 1650 mm	4500 x 1600 x 1420 mm	4600 x 1730 x 1630 mm
Reifen	5,25-16 oder 5,50–16	5,50-16 oder 5,75–16	5,50-16 oder 5,75–16
Felgen	3D x 16	3D x 16	3.50D x 16
Bodenfreiheit		20 cm	20 cm
Wendekreisdurchmesser	11 m	11 m	12 m
Leermasse	1000 kg	1110 kg	1280 kg
Zuläss. Gesamtmasse	1450 kg	1400 kg	1700 kg
Höchstgeschwindigkeit	115 km/h	125 km/h	120 km/h
Verbrauch	11,5 Liter/100 km	12 Liter/100 km	13 Liter/100 km
Kraftstofftank	50 Liter (hinten)	50 Liter (hinten)	65 Liter (hinten)

Awtowelo BMW 340
1951–1952
EMW 340-2
1952 – 1955

6 (Reihe),
längs hinter der Vorderachse
66 x 96 mm
1971 cm³
55 PS (40 kW)
bei 3750/min,
ab 1952: 57 PS (42 kW)
11,2 mkg bei 2500/min
6,1 : 1
2 Fallstromvergaser
Solex 32 PBI oder BVF F 323-1
Hängend (Stößel, Kipphebel),
seitliche Nockenwelle
(Antrieb durch Kette)
4
Pumpe / 9 Liter Wasser
Druckumlauf / 4,5 Liter Öl
6 V 75 Ah oder 84 Ah
(im Motorraum)
Gleichstrom 130 W

Antrieb auf Hinterräder
Einscheiben-Trockenkupplung
Lenkradschaltung
4 Gang
(Freilauf, nicht sperrbar)
II–IV
I. 3,85
II. 2,38
III. 1,54
IV. 1,00
R: 3,438
3,90

Kastenrahmen,
Kombi- und Sanitätswagen:
Holz-Stahl-Bauweise,
Lieferwagen:
Kastenrahmen aus Holz
Dreieckquerlenker oben,
Querblattfeder unten,
Hebel-Stoßdämpfer
(doppeltwirkend)
Starrachse mit Dreieckschublenker,
ängsfederstäbe, Hebel-Stoßdämpfer
(doppeltwirkend)
Zahnstange (15,5:1)
Hydraulisch, 4 Räder,
vorn/hinten Trommeln
d = 50 mm, Ø = 280 mm,
Gesamt-Bremsfläche 1056 cm≈
Mechanisch, auf Hinterräder
Zentralchassis-Schmierung
(Eindruck)

ombi- und Lieferwagen, 2 türig,
Sanitätswagen, 3 türig
2884 mm
1300/1400 mm
Kombi-/Sanitätswagen:
4850 x 1825 x 1660 mm,
Lieferwagen:
4630 x 1780 x 1700 mm,
Kombi-/Sanitätswagen:
6,00–16 Extra
4.00 x 16 Tiefbett
20 cm
12,5 m
1350, Sanitätswagen: 1400 kg
1750 kg
120 km/h
14 Liter/100 km
65 Liter (hinten)

IFA F9/309 (1953–1956)

Weiterführung der in Zwickau begonnenen Konstruktion ab Sommer 1953, zunächst Limousine, dann Cabrio (Karosseriewerk Dresden), Kombi (Karosseriewerk Halle) mit seitlich öffnender Hecktür, Cabriolimousine, Lieferwagen. Bis zu sieben Karosserie-Ausführungen waren zeitweise in Produktion. In Eisenach diverse technische und optische Veränderungen von der steglosen Front/Heckscheibe über die neue Heizungs/Defrosteranlage, die Lenkradschaltung und die Dreihebelzündanlage bis zum neuen Zylinderkopf (Leistungssteigerung). Mit dem nach hinten verlegten Tank wurde eine Unterdruck-Kraftstoffpumpe erforderlich. Eine viertürige Version des F9 gab es jedoch nie.

Insgesamt entstanden unter Eisenach Ägide fast 39 000 F9 (technische Daten siehe unter Automobilwerk Zwickau, Seite 43 ff).

Wartburg P311/313-1 (1956-1961)

Der Wartburg basierte auf dem IFA F9 und übernahm im wesentlichen dessen Motor und Fahrwerk, hatte aber eine neue Karosserie. Beginn der Vorserie Oktober 1955. Vorgestellt wurden Limousine 311-0 und 311-1, Cabriolet 311-2 und Kombi 311-9 (seitlich öffnende Hecktür) auf der Leipziger Frühjahrsmesse 1956. Produktionsserie ab Mitte

Wartburg 311-7 Lieferwagen 2 Türen und Ladefläche, Leipziger Frühjahrsmesse 1956

Wartburg 311 Prototyp
(noch als F9/P bezeichnet),
1954

Wartburg 311-1 Limousine
4 Türen, zweifarbig
(1956 – 1958)

Wartburg 311-0 Limousine
4 Türen, frühes Kühlergrill
(1956 – 1958)

Wartburg 311-2 Cabrio mit frühem Ziergitter 2+2 Sitze (1956 – 1958)

Wartburg 311-3 Reise-Coupé 2+2 Sitze mit neuem Kühlergrill (1958 – 1961)

Wartburg 311-5 Camping-Limousine (1958 – 1961)

Wartburg Sport 313-1 mit geöffnetem Dach (1957 – 1959)

Wartburg Sport 313-1 mit Hardtop (1957–1959)

Wartburg 311-9 Kombi 2 Türen, rundliches Heck und seitlich öffnende Hecktür (1958 – 1961)

Wartburg 311-7 Schnelltransporter 2 Türen mit 500 kg Nutzmasse und kantiger Ladefläche (1962 – 1965)

1956. Das Reise-Coupé 311-3 (mit großer Panorama-Heckscheibe und vollversenkbaren Seitenfenstern) und die Camping-Limousine 311-5 (tatsächliche eine Art Luxuskombi mit hinterem Faltschiebedach) gab's nach der Leipziger Frühjahrsmesse 1957. Speziell für die Polizei baute AWE den viertürigen, offenen Einsatzwagen 311-4; Nur in kleiner Stückzahl produziert wurde der Pickup-Schnelltransporter 311-7 für 500 kg Nutzmasse.

Form und Farbgestaltung aller zivilen Wartburg-Modelle waren überraschend elegant und zeitgemäß. Ab der Leipziger Frühjahrsmesse 1959 neuer Chrom-Grill (ähnlich Wartburg Sport 313-1) für alle Typen, bessere Bremsen und parallel angeordnete Scheibenwischer. 1958 waren die Bremsbeläge verbreitert worden, überdies kamen vorn Duplex-Bremsen zum Einsatz. Dadurch mußten auch die Antriebswellen (ein Schwachpunkt von F9 und 311) geändert werden. Später erhielt der Wartburg sogar einen Druckbegrenzer für die hinteren Bremsen (unter dem Sitz), der ein Ausbrechen des Hecks bei Vollbremsung verhindern sollte.

Gebaut wurden bis 1961 insgesamt 150 000 Wagen mit 900 cm^3-Motor (1961 Leistungssteigerung von 37 auf 40 PS), davon 469 zweisitzige Wartburg Sport 313-1 mit 50 PS-Doppelvergaser-Motor und abnehmbarem Hardtop. Jener Zweisitzer (mit Ablagemöglichkeit hinter dem vorderen Gestühl) mit aufwendiger Lederausstattung und langer Motorhaube (mit drei funktionslosen »Entlüftungsschlitzen«) war das unbestritten attraktivste Wartburg-Modell aller Zeiten. Das 2+2sitzige Cabriolet (Karosseriewerke Dresden und AWE) war nur bis nur bis 1960 im Programm, wurde erst 1965 vom Wartburg HT 1000 (Karosseriewerke Dresden) abgelöst. Der Kombi lief indes weiter (Karosseriewerke Halle). Den Aufbau der Camping-Limousine erledigten die Karosseriewerke Dresden.

Wartburg P311/1000 (1962-1965) und P312 (1965-1967)

1962 erhielt der Wartburg einen Einliter-Motor mit 45 PS, der auch dem nachfolgenden Zwischentyp 312 und schließlich anfangs dem Nachfolger 353 erhalten bleiben sollte. Die viertürige Camping-Limousine mit seitlichen in den Dachbereich ragenden Plexiglasscheiben lief bis 1963, das Reise-Coupé bis 1965. Der Kombi kam Anfang 1964 mit modernisierter Heckpartie und nach oben klappender Hecktür. Eine teilweise neue Karosserie erhielt das Hardtop-Coupé 311-300 HT (Roadster mit abnehmbarem Coupédach, auch als HT 1000 bezeichnet), im März 1965 präsentiert, ab Juli 1965 bei den Karosseriewerken Dresden produziert.

Fast 109 000 Einheiten des Typs 311 mit Einliter-Maschine entstanden.

Im September 1965 debütierte der Typ 312/1 mit Fahrwerk und weiteren Merkmalen des 353 (Schraubenfeder-Radaufhängungen vorn und hinten, 13 statt 15 Zoll-Räder, keine Schmierstellen mehr, Zweispeichen-Lenkrad). Karosserie und Motor blieben die gleiche. Der

Wartburg 311-9/1000 Kombi 2 Türen mit modernisierter Heckpartie (1964 – 1965)

Wartburg 311-1 Luxus-Limousine 4 Türen (1962 – 1965)

Wartburg 311-1/1000 Luxus-Limousine 4 Türen (1962 – 1965)

Wartburg 311-300 HT Roadster 2+2 Sitze mit abnehmbarem Hardtop, hier noch mit 311er Fahrgestell mit 15er Rädern (1965)

Roadster – nunmehr 312-300 HT – erhielt nun ebenfalls das 353-Fahrwerk. Der größte Teil dieser 4000 bedarfsweise offenen Fahrzeuge bekam jenen neuen Unterbau (und ein zusätzliches, vollversenkbares Klappverdeck mit genähtem Heckfenster). Seine kantige Frontpartie (neuer Grill, nach vorn verlängerte Motorhaube) und das gestrecktere Heck bereiteten stilistisch den Übergang zum 353.

Vom 312-Zwischenmodell entstanden bis zur Produktionseinstellung 1966/67 knapp 34 000 Exemplare.

Preise F9, Wartburg 311 bis 313

	Binnenmarkt	Export (1958 – 1961)
F9 Limousine (1955)	13 200 bis 14 000 DM-Ost	
311-0 Limousine	14 700,- DM-Ost	5300,- DM, ab '59: 5100,- DM
311-1 Luxus-Limousine		6120,- DM, ab '59: 5780,- DM
311-9 Kombi 2 Türen	15 200,- DM-Ost	6300,- DM
311-5 Camping-Limousine 4 Türen	16 200,- DM-Ost	6900,- DM
311-2 Cabriolet 2+2Sitze	16 370,- DM-Ost	7100,- DM
311-3 Reise-Coupé 2+2Sitze	16 700,- DM-Ost	7100,- DM
313-1 Sport-Wagen	19 800,- DM-Ost	9620,- DM, ab '59: 8625,- DM
311/1000 Limousine (1962)	15 200,- DM-Ost	5300,- DM, ab '63: 4640,- DM, ab '65: 4860,- DM
311/1000 Limousine de Luxe	16 800,- DM-Ost	5930,- DM, ab '63: 4950,- DM, ab '65: 5150,- DM
311/1000 Kombi	15 700,- DM-Ost	6435,- DM, ab '65: 6710,- DM
311/1000 Kombi de Luxe	16 800,- DM-Ost	
311/1000 Camping-Limousine	16 700,- DM-Ost	7060.- DM
311/1000 Reise-Coupé	17 200,- DM-Ost	7290,- DM
312/1 Limousine (1965)	15 970,- DM-Ost	4860,- DM
312/1 Limousine de Luxe	17 570,- DM-Ost	5150,- DM

	Wartburg 311 **1956–1961**	**Wartburg Sport 313-1** **1957–1959**
Motor		
Zylinderzahl	3 (Reihe), längs vor der Vorderachse	3 (Reihe), längs vor der Vorderachse
Bohrung x Hub	70 x 78 mm	70 x 78 mm
Hubraum	900 cm^3	900 cm^3
Leistung	37 PS (27 kW) bei 4000/min, ab 1961: 40 PS (29 kW) bei 4000/min	50 PS (37 kW) bei 4500/min
Drehmoment	8,3 mkg bei 2200/min	9 mkg bei 3750/min
Verdichtung	6,7 : 1 bzw. 7,4 : 1 (ab 1961)	7,9 : 1
Vergaser	1 Flachstromvergaser BVF H 362	2 Flachstromvergaser BVF H 362
Ventile	Kolbensteuerung (Zweitakter)	Kolbensteuerung (Zweitakter)
Kurbelwellenlager	4	4
Kühlung	Thermosyphon/ 10 Liter Wasser	Thermosyphon/ 10 Liter Wasser
Schmierung	Zweitaktgemisch 1:25, ab 1958: Zweitaktgemisch 1:33	Zweitaktgemisch 1:25
Batterie	6 V 84 Ah (im Motorraum)	6 V 84 Ah (im Motorraum)
Lichtmaschine	Gleichstrom 130 W, ab 1961: 180 W	Gleichstrom 130 W
Kraftübertragung	Frontantrieb	Frontantrieb
Kupplung	Einscheiben-Trockenkupplung	Einscheiben-Trockenkupplung
Schaltung	Lenkradschaltung	Lenkradschaltung
Getriebe	4 Gang	4 Gang
Synchronisierung	Keine, ab 1958: II–IV (Freilauf, abschaltbar)	Keine, ab 1958: II–IV (Freilauf, sperrbar)
Übersetzungen	I. 3,273 II. 2,133 III. 1,368 IV. 0,956 R: 4,438	I. 3,273 II. 2,133 III. 1,238 IV. 0,826 R: 4,438
Antriebs-Übersetzung	4,857, Kombi: 5,67	4,857
Fahrwerk	Kastenprofilrahmen, Ganzstahl-Karosserie	Kastenprofilrahmen, Ganzstahl-Karosserie
Vorderradaufhängung	Dreieckquerlenker unten, Querblattfeder oben, hydr. Teleskop-Stoßdämpfer,	Dreieckquerlenker unten, Querblattfeder oben, hydr. Teleskop-Stoßdämper,
Hinterradaufhängung	Starre Schwebeachse, mit Querblattfeder oben, hydr. Teleskop-Stoßdämpfer, beidseits Längslenker	Starre Schwebeachse mit Querblattfeder oben, hydr. Teleskop-Stoßdämpfer, beidseits Längslenker
Lenkung	Zahnstange (15:1)	Zahnstange (15:1)
Fußbremse	Hydraulisch, 4 Räder vorn/hinten Trommeln, Ø = 230 mm, Gesamt-Bremsfläche 600 cm≈, ab Herbst 1957: 920 cm≈	Hydraulisch, 4 Räder vorn/hinten Trommeln, Ø = 230 mm, Gesamt-Bremsfläche 920 cm≈
Allgemeine Daten	**Limousine, Camping-Limousine, 4 türig, Cabrio, Coupé, Kombi, 2 türig**	**Roadster (mit Hardtop), 2 türig**
Radstand	2450 mm	2450 mm
Spur	1190/1260 mm	1190/1260 mm
Gesamtmaße	Limousine: 4300 x 1570 x 1450 mm, Cabrio: 4300 x 1570 x 1450 mm, Reise-Coupé: 4210 x 1570 x 1450 mm, Camping-Lim.: 4210 x 1570 x 1450 mm, Kombi: 4250 x 1570 x 1475 mm	4360 x 1610 x 1350 mm
Reifen	5,90-15, Kombi: 6,50-15	5,90-15
Felgen	4 J x 15	4 J x 15
Bodenfreiheit	19 cm	19 cm
Wendekreisdurchmesser	12,5 m	12,5 m
Leermasse / Zul. Gesamtmasse	Limousine: 960/1330 kg, Cabrio: 1010/1350 kg, Reise-Coupé: 1010/1350 kg, Camping-Lim.: 1040/1420 kg, Kombi: 1070/1470 kg	970/1270 kg
Höchstgeschwindigkeit	115, Kombi: 100 km/h	140 km/h
Beschleunigung 0–100 km/h	35 sec	27 sec
Verbrauch	10, Kombi: 10,5 Liter/100 km	11 Liter/100 km
Kraftstofftank	40 Liter. Ab 1961: 44 Liter (hinten)	40 Liter (hinten)

Wartburg 311/1000 (Wartburg 1000) 1962–1965	**Wartburg 312 (Wartburg 1000) 1965–1967**
3 (Reihe), längs vor der Vorderachse	3 (Reihe), längs vor der Vorderachse
73,5 x 78 mm	73,5 x 78 mm
992 cm^3	992 cm^3
45 PS (32 kW) bei 4250/min	45 PS (32 kW) bei 4250/min
9,3 mkg bei 3000/min	9,3 mkg bei 3000/min
7,4 : 1	7,6 : 1
1 Flachstromvergaser BVF H 362	1 Fallstromvergaser BVF 36-F1
Kolbensteuerung (Zweitakter)	Kolbensteuerung (Zweitakter)
4	4
Pumpe/ 8 Liter Wasser	Pumpe/ 8 Liter Wasser
Zweitaktgemisch 1:33	Zweitaktgemisch 1:33
6 V 84 Ah (im Motorraum)	6 V 84 Ah (im Motorraum)
Gleichstrom 220 W	Gleichstrom 220 W
Frontantrieb	Frontantrieb
Einscheiben-Trockenkupplung	Einscheiben-Trockenkupplung
Lenkradschaltung	Lenkradschaltung
4 Gang	4 Gang
II–IV (Freilauf, sperrbar)	II–IV (Freilauf, sperrbar)
I. 3,273 II. 2,133 III. 1,368 IV. 0,956 R: 4,438	I. 3, 273 II. 2,133 III. 1,368 IV. 0,956 R: 4,438
4,857, Kombi: 5,67	4,429, Kombi: 4,857
Kastenprofilrahmen, Ganzstahl-Karosserie	Kastenprofilrahmen, Ganzstahl-Karosserie
Dreieckquerlenker unten, Querblattfeder oben, hydr. Teleskop-Stoßdämper,	Doppel-Dreieckquerlenker, Schraubenfedern, hydr. Teleskop-Stoßdämper,
Starre Schwebeachse mit Querblattfeder oben hydr. Teleskop-Stoßdämpfer, beidseits Längslenker	Schrägpendelachse mit Schraubenfedern, hydr. Teleskop-Stoßdämpfer, Drehstab-Querstabilisator
Zahnstange	Zahnstange (19,9–17:1)
Hydraulisch, 4 Räder	Hydraulisch, 4 Räder
vorn/hinten Trommeln Ø = 230 mm, Gesamt-Bremsfläche 920 cm≈	vorn/hinten Trommeln Ø = 230 mm, Gesamt-Bremsfläche 920 cm≈
Limousine, Camping-Limousine, 4 türig, Coupé, Kombi, 2 türig	**Limousine, 4 türig, Camping-Limousine, Pick-up, Kombi, Cabrio 311/1000-300 HT, ab 9/65: 312/1000-300 HT**
2450 mm	2450 mm
1190/1260 mm	1260/1300 mm
Limousine: 4300 x 1570 x 1450 mm Reise-Coupé: 4210 x 1570 x 1450 mm Coupé (2 Sitze): 4300 x 1570 x 1390 mm Camping-Limous.: 4210 x 1570 x 1450 mm Kombi: 4250 x 1570 x 1475 mm	Limousine: 4300 x 1590 x 1520 mm Camping-Lim.: 4210 x 1570 x 1450 mm Kombi: 4350 x 1570 x 1500 mm Cabrio: 4370 x 1570 x 1440 mm
5,90-15, Kombi: 6,40-15	6,00-13
4,5 J x 13	
19 cm	19 cm
12,5 m	11,5 m
Limousine: 930/1300 kg, Reise-Coupé: 970/1325 kg, Coupé (2 Sitze): 905/1325 kg, Camping-Lim.: 1000/1390 kg, Kombi: 1070/1450 kg	Limousine: 935/1305 kg, Cabrio: 905/1325 kg, Kombi: 1050/1445 kg
122, Kombi: 105 km/h	122, Kombi: 105 km/h
29 sec	29 sec
10,5, Kombi: 10,5 Liter/100 km	10, Kombi: 10,5 Liter/100 km
44 Liter (hinten)	44 Liter (hinten)

Wartburg 353 (1966–1989) und 1.3 (1988–1991)

Nachfolger des Typs 312 mit gleichem Motor und den im Herbst 1965 eingeführten Schraubenfeder-Radaufhängungen. Völlig neue, sehr sachlich gestaltete Karosserie (c_W-Wert 0,49). Hauptmerkmale blieben nach wie vor Frontantrieb und Zweitaktmotor. Offizielle Vorstellung der Limousine mit Beginn der Serienfertigung im Juli 1966. Das tragende Chassis hätte problemlos zahlreiche andere Karosserieversionen ermöglicht. Einstiegsoberkante und Sitzfläche waren höher als bei anderen Autos – was Senioren freute, aber Langgewachsene wegen des daraus resultierenden geringen Abstands zum Dach eher einengte.

Vollsynchronisiertes Getriebe ab Juli 1967. Kombiwagen Wartburg »Tourist« ab Oktober 1967 (Entwicklung und Herstellung des Standard-Modells: VEB IFA-Karosseriewerke Halle, Herstellung Luxus-Modell: Karosseriewerke Dresden). Ab 1968 Limousine auf Wunsch mit Stahlschiebedach (Aufpreis 400,- M). Mai 1969 im Modell 353/1 dank neuen 40er Fallstromvergasers (bisher 36er) von 45 auf 50 PS gesteigerte Motorleistung sowie leichter zu bedienende Tellerfeder- statt Randfederkupplung. Tourist auf Wunsch mit hinterer Wisch-Wasch-Anlage ab August 1969. Rundinstrumente statt Breitskalen ab Juli 1970. Als Sonderausstattung Schalensitze, Knüppelschaltung (nur aus modischen Gründen, technisch eher unsinnig und zum Hakeln neigend), Gürtelreifen 165 SR 13 sowie Halogen-Nebelscheinwerfer und Nebelschlußleuchte ab 1972.

Im April 1975 Fertigung des äußerlich fast unveränderten Wartburg 353 W (Vorstellung auf der Leipziger Herbstmesse 1974). Wichtigste Merkmale: Scheibenbremsen vorn und Zweikreis-Hydraulik, Drehstrom-Lichtmaschine, Halogen-Scheinwerfer, auf Wunsch Scheinwerfer-Wischer, schwarzes Kühlergrill (vorher verchromtes Ziergitter), Sicherheits-Lenksäule, Sitzgurte, Armaturenbrett numehr mit zwei

Wartburg 353 Limousine 4 Türen, mit üppigem Chromschmuck (1966 -1975)

Wartburg 353 Tourist
4 Türen (1968 – 1975)

Wartburg 353 W Limousine
4 Türen, in Wagenfarbe
lackierte Frontpartie,
PUR-Kopfstützen
(1985 – 1989)

Wartburg 353 W Trans
2 Türen, Nutzmasse 400 kg
(1982 – 1989)

	Wartburg 353 (Wartburg 1000) 1966 – 1967	Wartburg 353 Wartburg 353 Tourist 1967–1969
Motor	AWE 353	AWE 353
Zylinderzahl	3 (Reihe), längs vor der Vorderachse	3 (Reihe), längs vor der Vorderachse
Bohrung x Hub	73,5 x 78 mm	73,5 x 78 mm
Hubraum	992 cm³	992 cm³
Leistung	45 PS (33 kW) bei 4250 U/min	45 PS (33 kW) bei 4250 U/min
Drehmoment	9,3 mkg bei 3000 U/min	9,3 mkg bei 3000 U/min
Verdichtung	1:7,6 (OZ 88)	1:7,6 (OZ 88)
Vergaser	1 Fallstromvergaser BVF 36 F 1-11	1 Fallstromvergaser BVF 36 F 1-11 BVF 36 F 1-11
Ventile	Kolbensteuerung (Zweitakter)	Kolbensteuerung (Zweitakter)
Kurbelwellenlager	4	4
Kühlung	Pumpe/ 8 Liter Wasser	Pumpe/ 8 Liter Wasser
Schmierung	Zweitaktgemisch 1: 33	Zweitaktgemisch 1: 33, ab 1973: 1: 50
Batterie	12 V 42 Ah (Motorraum)	12 V 42 Ah, ab 1982: 12 V 38 Ah (im Motorraum)
Lichtmaschine	Gleichstrom 220 W	Gleichstrom 220 W
Anlasser	0,8 PS (0,6 kW)	0,8 PS (0,6 kW)
Kraftübertragung	Frontantrieb Motor vor, Getriebe hinter der Vorderachse	Frontantrieb Motor vor, Getriebe hinter der Vorderachse
Kupplung	Einscheiben-Trockenkupplung	Einscheiben-Trockenkupplung
Schaltung	Lenkradschaltung	Lenkradschaltung
Getriebe	4 Gang (Freilauf, sperrbar)	4 Gang (Freilauf, sperrbar)
Synchronisierung	II–IV	II–IV
Übersetzungen	I. 3,273 II. 2,133 III. 1,368 IV. 0,956 R: 4,44	I. 3,769 II. 2,160 III. 1,347 IV. 0,968 R: 3,385
Antriebs-Übersetzung	4,429	4,222
Fahrwerk	Kastenprofilrahmen, Ganzstahl-Karosserie	Kastenprofilrahmen, Ganzstahl-Karosserie
Vorderradaufhängung	Doppel-Dreieckquerlenker, Schraubenfedern, hydr. Teleskop-Stoßdämpfer	Doppel-Dreieckquerlenker, Schraubenfedern, hydr. Teleskop-Stoßdämpfer
Hinterradaufhängung	Schräglenkerachse mit Schraubenfedern, Querstabilisator, hydr. Teleskop-Stoßdämpfer	Schräglenkerachse mit Schraubenfedern, Querstabilisator, hydr. Teleskop-Stoßdämpfer
Lenkung	Zahnstange (19,9 bis 17:1)	Zahnstange (19,9 bis 17:1)
Fußbremse	Hydraulisch, 4 Räder, vorn/hinten Trommeln Ø = 230 mm, Bremsfläche 820 cm≈	Hydraulisch, 4 Räder, vorn/hinten Trommeln Ø = 230 mm, Bremsfläche 820 cm≈
Handbremse	Mechanisch, auf Hinterräder	Mechanisch, auf Hinterräder
Allgemeine Daten	**Limousine, 4 türig**	**Limousine, Kombi, 4 türig**
Radstand	2450 mm	2450 mm
Spur	1260/1300 mm	1260/1300 mm
Gesamtmaße	4220 x 1642 x 1495 mm	4220 x 1642 x 1495 mm, Kombi: 4380 x 1642 x 1495 mm
Reifen	Limousine: 6,00-13	6,00-13
Felgen	4,5 J x 13	4,5 J x 13
Wendekreisdurchmesser	10,5 m	10,5 m
Leermasse	910 kg	Limousine: 910 kg, Kombi: 970 kg
Zuläss. Gesamtmasset	1300 kg	Limousine: 1300 kg, Kombi: 1410 kg
Höchstgeschwindigkeit	125 km/h	125 km/h
Beschleunigung 0–100 km/h	27 sec	27 sec
Verbrauch/100 km	10 Liter	10, Kombi: 10,5 Liter
Kraftstofftank	44 Liter (hinten)	44 Liter (hinten)

Wartburg 353/1 **Wartburg 353/1 Tourist** **1969–1974**	**Wartburg 353 W** **Wartburg 353 W Tourist, Trans** **1975–1989**	**Wartburg 1.3** **Wartburg 1.3 Tourist, Trans** **1988–1991**
AWE 353/1	AWE 353/1	Barkas B 860
3 (Reihe),	3 (Reihe),	4 (Reihe),
längs vor der Vorderachse	längs vor der Vorderachse	quer vor der Vorderachse
73,5 x 78 mm	73,5 x 78 mm	75 x 72 mm
992 cm^3	992 cm^3	1272 cm^3
50 PS (37 kW) bei 4250 U/min	50 PS (37 kW) bei 4250 U/min	58 PS (43 kW) bei 5400/min
10 mkg bei 3000 U/min	10 mkg bei 3000 U/min	9,6 mkg bei 3300/min
1:7,5 (OZ 88)		9,5 : 1
1 Fallstrom-Registervergaser BVF 40 F1-11	1 Fallstrom-Registervergaser BVF 40 F1-11/Jikov 32 SEDR	1 Fallstromvergaser BVF 34 F, Weber 34 F1-2, oder 34 TLA
Kolbensteuerung (Zweitakter)	Kolbensteuerung (Zweitakter)	Hängend (Stößel, Kipphebel), 1 obenliegende Nockenwelle (Antrieb durch Zahnriemen)
4	4	5
Pumpe/ 8 Liter Wasser	Pumpe/ 8 Liter Wasser	Pumpe/6,5 Liter Wasser
Zweitaktgemisch 1: 33, ab 1973: 1: 50	Zweitaktgemisch 1: 33, ab 1973: 1: 50	Druckumlauf/ 3 Liter Öl
12 V 42 Ah, ab 1982: 12 V 38 Ah (im Motorraum)	12 V 42 Ah, ab 1982: 12 V 38 Ah (im Motorraum)	12 V 44 Ah (im Motorraum)
Gleichstrom 220 W	Drehstrom 12 V 42 A	Drehstrom 54 A 740 W
0,8 PS (0,6 kW)	0,8 PS (0,6 kW)	0,8 PS (0,6 kW)
Frontantrieb	Frontantrieb	Frontantrieb
Motor vor, Getriebe hinter der Vorderachse	Motor vor, Getriebe hinter der Vorderachse	
Einscheiben-Trockenkupplung	Einscheiben-Trockenkupplung	Einscheiben-Trockenkupplung
Lenkradschaltung Ab 1972 auf Wunsch: Knüppelschaltung	Lenkradschaltung Ab 1972 auf Wunsch: Knüppelschaltung	Knüppel in Wagenmitte
4 Gang (Freilauf, sperrbar)	4 Gang (Freilauf, sperrbar)	4 Gang
I–IV	I–IV	I–IV
I. 3,769	I. 3,769	I. 3,250
II. 2,160	II. 2,160	II. 2,053
III. 1,347	III. 1,347	III. 1,342
IV. 0,906	IV. 0,906	IV. 0,955
R: 3,385	R: 3,385	R:.3,077
4,222	4,222	4,267
Kastenprofilrahmen, Ganzstahl-Karosserie	Kastenprofilrahmen, Ganzstahl-Karosserie	Kastenprofilrahmen, Ganzstahl-Karosserie
Doppel-Dreieckquerlenker, Schraubenfedern, hydr. Teleskop-Stoßdämpfer	Doppel-Dreieckquerlenker, Schraubenfedern, hydr. Teleskop-Stoßdämpfer	Doppel-Dreieckquerlenker, Schraubenfedern,
Schräglenkerachse mit Schraubenfedern, Querstabilisator, hydr. Teleskop-Stoßdämpfer	Schräglenkerachse mit Schraubenfedern, Querstabilisator, hydr. Teleskop-Stoßdämpfer	Schräglenkerachse mit Schraubenfedern, hydr. Teleskop-Stoßdämpfer, Querstabilisator
Zahnstange (19,9 bis 17:1)	Zahnstange (19,9 bis 17:1)	Zahnstange (19,9 bis 17 : 1)
Hydraulisch, 4 Räder (Zweikreis), vorn/hinten Trommeln Ø = 230 mm	Hydraulisch, 4 Räder (Zweikreis), vorn Scheibenbremsen Ø = 238 mm, hinten Trommeln	Hydraulisch, 4 Räder (Zweikreis), vorn Scheiben Ø = 238 mm, hinten Trommeln
Gesamt-Bremsfläche 524 cm≈	Gesamt-Bremsfläche 524 cm≈	
Mechanisch, auf Hinterräder	Mechanisch, auf Hinterräder	Mechanisch, auf Hinterräder
Limousine, Kombi, 4 türig	**Limousine, Kombi, 4 türig, Pick-up**	**Limousine, Kombi 4 türig, Pick-up**
2450 mm	2450 mm	2450 mm
1260/1300 mm	1280/1300 mm	1382/1360 mm
4220 x 1642 x 1495 mm, Kombi: 4380 x 1642 x 1496 mm	4220 x 1642 x 1495 mm, Kombi: 4380 x 1642 x 1496 mm Trans: 4195 x 1642 x 1485 mm	Limousine: 4216 x 1642 x 1495 mm, Kombi: 4276 x 1642 x 1495 mm Trans: 4195 x 1642 x 1485 mm
Kombi: 6,00-13, mousine / Kombi: ab 1971 a.W.: 165 SR 13	Kombi 6,00-13, Limousine / Kombi: ab 1971 a.W.: 165 SR 13	165/80 R 13, 175/70 R 13
4,5 J x 13	4,5 J x 13	4,5 J x 13
		15,5 cm
10,5 m	10,5 m	10,8 m
Limousine: 910 kg, Kombi: 970 kg	Limousine: 910 kg, Kombi: 970 kg, Trans: 840 kg	Limousine: 900 kg, Kombi: 950 kg
Limousine: 1300 kg, Kombi: 1410 kg	Limousine: 1300 kg, Kombi: 1410 kg	Limousine: 1320 kg, Kombi: 1400 kg
130 km/h	130 km/h / Trans 120 km/h	140 / 135 km/h
21 sec	21 sec	20 sec
10,5, Kombi: 11 Liter	10,5, Kombi: 11 Liter	8 Liter/100 km
44 Liter (hinten)	44 Liter (hinten)	42 Liter (hinten)

Wartburg 1.3 Limousine 4 Türen (1988 – 1991)

Wartburg 1.3 Tourist 4 Türen (1989 – 1991)

Wartburg 1.3 Limousine »New Line 1« im Irmscher-Look (1990)

Preise Wartburg 353, 353 W und 1.3

	Binnenmarkt	Export (Bundesrepublik bis 1969)
353 Limousine Standard (1967)	16 950,- M	5500,- DM
353 Limousine Luxus (1967)	17 950,- M	5965,- DM
353 Tourist Standard Kombi (1967)	17 700,- M	
353 Tourist Luxus Kombi (1967)	18 800,- M	6035,- DM
353 W Limousine (1986)	16 950,- M	
353 W Tourist S (1986)	20 770,- M	
1.3 Limousine (1989)	30 200,- M	
1.3 Limousine S (1989)	31 580,- M	
1.3 Tourist (1989)	33 775,- M	
1.3 Tourist S (1989)	35 190,- M	
1.3 Limousine (1990)	13 540,- DM	
1.3 Limousine S (1990)	14 450,- DM	
1.3 Tourist (1990)	15 590,- DM	
1.3 Tourist S (1990)	16 490,- DM	
1.3 Trans (1990)	16 160,- DM	
1.3 Limousine (Ende 1990)	10 300,- DM	

Rundinstrumenten. Ab September 1978 als Extra beheizte Heckscheibe, ab September 1980 Vordersitze mit Kopfstützen. Verbrauchsreduzierung ab 1982 durch Jikov-Registervergaser, 1984 schwarzer Kühlergrill. Oktober 1982 neues Modell Wartburg 353 Trans (mit Ladefläche, Plane und Spriegel), Nutzmasse 400 kg.

Juni 1985 erneuerte, in Wagenfarbe lackierte Frontpartie mit vier horizontalen Schlitzen (statt Gitter) sowie mit verlegtem Kühler und elektrischem, thermostatisch gesteuertem Kühlgebläse. Das Karosseriewerk Halle entwickelte 1982 einen Notarztwagen, der in kleiner Stückzahl an medizinische Einrichtungen ging.

Ab September 1988 Wartburg 1.3 mit Viertakt-1,3 Liter nach VW-Lizenz, zahlreiche Änderungen an Fahrwerk und Karosserie (mittlerer Bereich von A bis B-Säule unverändert, Front nunmehr mit drei Horizontalschlitzen und Scheinwerfern mit integrierten Blinkern, vergrößtere Rückleuchten mit Nebelschlußleuchten), neues Interieur. Spurweite um 10 bzw. 6 cm verbreitert, für 1990 geplanter Übergang auf Fünfgang-Getriebe fand nicht mehr statt. Zur Serienausstattung des 1.3 gehörten Automatikgurte, vordere Kopfstützen, 165 SR-Radialreifen und heizbare Heckscheibe; die S-Version hatte weiterhin Schiebedach mit Windabweiser und 175/70 R 13-Stahlgürtelreifen. Noch im Laufe des Jahrs 1989 erschien auch der neue Kombi.

1989 liefen noch über 1000 preiswertere Rest-Zweitakter vom Band. Offiziell durften die Grundpreise eingeführter Produkte in der DDR übrigens nicht erhöht werden – dies geschah vielmehr mittels einer gepfefferten Aufpreispolitik. Schon Anfang der 80er Jahre kostete eine vernünftig ausgestattete Wartburg-Limousine über 22 000 Mark.

Kurz vor Einstellung der Wartburg Produktion sollte nochmals versucht werden, mittels optischer Retuschen Kaufanreize zu bieten: AWE und der schwäbische Tuner Günter Irmscher zeigten 1990 das stark verspoilerte Modell »New Line 1«. Aber zu diesem Zeitpunkt war das Interesse an den Eisenacher Zweitaktern angesichts anderer Alternativen bereits erloschen.

Am 10. April 1991 wurde in Eisenach der letzte Wartburg 1.3 produziert. Insgesamt entstanden rund 356 000 353, knapp 870 000 353 W und 153 000 Viertakt-1.3. Statistiker haben errechnet, daß damit in neuen Jahrzehnten Thüringer Automobilgeschichte 1 837 708 Autos gebaut wurden.

Versuchsträger, Modelle und Studien für Eisenach und Zwickau

Die Situation war in beiden DDR-Automobilwerken gleich: Es entstanden zahlreiche Entwicklungen, denen stets von den staatlichen Bedenkenträgern der Garaus gemacht wurde. Das Automobilwerk Eisenach hatte schon in der ersten Hälfte der 50er Jahre, lange vor den Kooperationsbemühungen mit AWZ, den zweitaktenden F9 aus Zwickau übernehmen müssen. Vorher war mit Biegen und Brechen versucht worden, die BMW-Vorkriegskonstruktionen zu aktualisieren. So entstand bereits 1949 der zweisitzige 340-1 Sportwagen. Ihm folgten die Limousinen-Modelle 342 und 343. Sie basierten auf dem alten 326-Sechszylinder, leisteten 55 PS bei 2 Liter Hubraum – sollten aber auf 65 PS gebracht werden. Auch beim Fahrwerk hatte moderne Technik (Teleskop- statt Kolben-Stoßdämpfer) Einzug gehalten. Aber es blieb bei einigen wenigen Ausstellungsfahrzeugen. Immerhin 166 Einheiten entstanden jedoch vom allradgetriebenen BMW 325/3-Kübelwagen, der 1952 an die kasernierte Volkspolizei geliefert wurde. Versuchsweise wurden damals auch Kleinbusse in Eisenach aufgebaut.

Parallel zu den verworfenen 342/343-Funktionsmustern entwickelte das Wissenschaftliche Büro für Automobilbau der UdSSR (WTB) in Chemnitz das Modell 351, dessen Form sehr viel sachlicher

BMW 342-1 mit BMW-Kühlergrill (1949)

BMW 342-2 mit Kühlerpartie à la 340 (1949)

BMW 342 mit 340-Stoßfängern (1949)

BMW 343 auf der Leipziger Frühjahrsmesse 1951

BMW 343 mit kleinem Heckfenster (1951)

geraten war. Eine Serienchance erhielt es nicht. 1953/54 begannen in Eisenach die Arbeiten am Nachfolgemodell des ungeliebten F9. Wieder mischte sich das nunmehr in FEW (später ZEK) umbenannte Institut in Chemnitz (Karl-Marx-Stadt) ein und präsentierte eine Limousine, deren Form irgendwo zwischen Borgward und Glas angesiedelt zu sein schien. Auch aus dieser Idee wurde nichts.

Sowohl vom F9 als auch später vom Wartburg 311 wurden in den Karosseriewerken Dresden (ehemals Gläser) viertürige, offene Einsatzwagen für die Polizei gebaut. Immer mit Blick auf eventuelle Exportgeschäfte gab es sogar holzbeplankte F9-Kombis (»Woodys«), ein Sport-Roadster und Ganzstahl-Lieferwagen. Der eigentliche Wartburg 311 entstand als Prototyp F9/P im Jahr 1954, die Nullserie lief ein Jahr später an. 1957 zeigte AWE das umfangreichste Wartburg-Programm aller Zeiten – darunter eine Landaulet-Version namens Bellevue mit Plexiglasdach vorn und Cabrioverdeck über den rückwärtigen Sitzen. Versuchsweise wurde in der ersten Hälfte der 60er Jahre ein 311 Kombi mit Heckflossen und seitlichen Schiebetüren versehen. Ausgesprochen attraktiv war zuvor der 313-2 geraten, ein offener Sport-

IFA F9 Polizei-Einsatzwagen 4 Türen (1950 – 1956)

IFA F9 Sport-Roadster, vorgestellt auf der Leipziger Frühjahrsmesse 1950

wagen (mit Hardtop) ähnlich dem Renault Floride. Besonderheiten waren die selbsttragende Bauweise und der 60 PS-Mittelmotor.

Von vornherein eine andere Zielgruppe hatte das Automobilwerk Zwickau. Das Lastenheft für den DDR-Volkswagen Trabant stammte aus dem Jahr 1954 und hatte bis zum geplanten Serienstart Ende 1955 gefordert:

— Fahrzeug-Maximalgewicht 600 kg,
— zwei Haupt- und zwei Kindersitze,
— Kraftstoffverbrauch 5,5 Liter/100 km,
— Jahresproduktion 12 000 Einheiten,
— Werkspreis 4000 DDR-Mark.

Insgesamt entstanden vier P50-Prototypen – drei Limousinen und ein Kombi. Äußerlich ähnelten sie dem zeitgleich produzierten P70. Genau wie bei ihm sollte die selbsttragende Stahlrohr-Karosse mit gefalzten Preßstoffteilen beplankt werden. Allen Trabant-Urmustern gemein war der luftgekühlte 500 cm^3-Zweizylinder-Zweitakter mit 16 PS, der die Wagen bis 80 km/h schnell werden ließ. Sechs weitere Funktionsmuster mit überarbeiteter Karosserie, verbesserter hydraulischer Bremsanlage und aufgewertetem Interieur folgten 1956. Sie verfügten über 18 PS, waren 620 Kilo schwer und 85 km/h schnell – kosteten aber bereits 5000 Mark ab Werk. Nebenbei prüften die Zwickauer Techniker damals bereits den Einsatz von Viertaktmotoren. Experimentiert wurde aber auch stilistisch – u.a. mit einem Heck mit eingezogener Panorama-Scheibe (P 504), ähnlich dem des späteren Citroën Ami 6. Allein dieses Projekt verschlang 321 000 Mark.

Der P50 war keineswegs nur als Interimstyp gedacht – darum wurde davon sogar ein Coupé-Modell geformt. 1961 wurde der P100 im

Wartburg 311 Bellevue, Landaulett 2 Türen (1957)

Wartburg 311 Kombi mit seitlicher Schiebetür (1964)

Wartburg 313-2 Sportwagen, selbstragender Aufbau (1961)

Funktionsmuster P50 (1954)

Maßstab 1 : 1 auf die Räder gestellt – ein Gemeinschaftsprojekt mit dem Automobilwerk Eisenach. Ganzstahlaufbau im Trapezformstil und 995 cm^3 großen Dreizylinder-Zweitakter (48 PS, 130 km/h, 7,5 Liter/100 km) sollten beiden Modellen zugute kommen. Vollsynchronisiertes Vierganggetriebe sowie Scheibenbremsen und Schraubenfedern vorn versprachen technischen Fortschritt. Während das AWZ-Modell mit Frontmotor und Frontantrieb auf der Höhe der Zeit war, sollte beim AWE-Derivat 314 der Motor unter den Füßen der Hinterbänkler vor der Hinterachse plaziert werden. Je ein Funktionsmuster entstand, die Gesamtkosten beliefen sich auf 784 000 Mark. Zwickau sollte übrigens Leitwerk des P100 werden, als Serienbeginn war 1964 ins Auge gefaßt. Mangels Werkzeugmaschinen wurde das vielversprechende Projekt nicht weitergeführt.

Inzwischen hatten die Eisenacher Techniker einen 1088 cm^3-Vierzylinder-Viertakt-Boxer mit 45 PS bis zur Serienreife entwickelt – der keine Chance bekam. Zwischen 1961 und 1969 liefen bei AWE und AWZ die erwähnten Bemühungen, den Kreiskolbenmotor zu adaptieren. Dies scheiterte allerdings an technischen und technologischen Problemen – genau wie der tollkühne Versuch von AWE-Ingenieuren im Jahr 1968, den von Audi verworfenen V6-Zweitakter (6=12) des Konstruktionsbüros Müller/Andernach salonfähig zu machen. Der 1280 cm^3-Motor hätte 80 PS gebracht.

Den AWZ-Entwicklern schwante unterdessen längst, daß sie doch für längere Zeit beim Trabant bleiben würden. Im Bemühen, den »Anschluß zum internationalen Stand zu halten« (so ein internes IFA-Papier), schufen sie Mitte der 60er Jahre eine Reihe von Modellen – u.a. mit schraubengefederter Vorderachse (P 602) sowie mit Schrägheck-

Karosse und 32 Liter-Tank im Heck (P 602 V). Teilweise wurde der Einsatz von Kreiskolbenmotoren erprobt, auch ein 28 PS-Zweitakter war im Gespräch. Die 602-Expertisen kosteten 1 779 000 Mark, das 602 V-Projekt schlug mit 736 000 Mark zu Buche, ohne daß sich Serienchancen herauskristallisierten.

Nächster ernsthafter Versuch war der P603 mit einem dreitürigen Kombilimousinen-Aufbau aus Kunststoff, mit dem nochmals Bezug auf den 602 V genommen wurde. Vorgesehen waren vordere Federbeine sowie Querlenker und Schraubenfedern hinten. Der 720 Kilo schwere Wagen hatte einen Radstand von 2330 mm und kam auf mindestens 130 km/h. Insgesamt entstanden neun Musterfahrzeuge: einer mit Wartburg-Zweitakter, sechs mit vorn quereingebauten, wassergekühlten 1000 cm^3-Viertaktern von Skoda, zwei mit Kreiskolbenmotor. Den Serienstart erhofften sich die Entwickler für 1970. Stattdessen kam im Dezember 1968 die Weisung aus Berlin, das Projekt zu beenden. 5 451 000 Mark waren bis dahin ausgegeben worden.

Parallel arbeiteten die Techniker weiter an der Verbesserung und Nachfolge des Zweitakt-Trabant 601 (und des Wartburg). Das Projekt »Prognose-Pkw« beschäftigte sich Ende der 60er konkret mit dem nächstfolgenden Modell. Funktionsmuster im Maßstab 1 : 1 entstanden zwar nicht, wohl aber Pläne für das weitere technologische Vorgehen: AWZ sollte Fahrwerk und Karosserie fertigen – und AWE hätte Motor und Getriebe verantwortet. Immerhin 1 835 000 Mark war dieses Projekt teuer – und führte dennoch nicht zum konkreten Ergebnis.

Der P100 war ein Gemeinschaftsprojekt zwischen AWZ und AWE (hier die Eisenacher Mittelmotor-Version 1961)

Trabant 602V-Schrägheck-Limousine (1968)

1969 war es den Eisenacher Designern gelungen, auf Basis des 353 eine sehr formschöne Schrägheck-Limousine mit großer Heckklappe auf die Räder zu stellen: Daß Volkswagen erst viel später mit dem ähnlich gestrickten Passat herauskam, haben die AWE-Designer immer wieder gern betont. Das in sechs Exemplaren gebaute Modell 355 verfügte über einen Aufbau aus glasfaserverstärktem Kunststoff und hockte auf dem bewährten Kastenprofilrahmen (Wartburg- bzw. Renault-Motor). Bedauerlicherweise bekam dieses Auto keine Serienchance – genauso wenig wie zuvor der Entwurf eines Steilheck-Coupés, den die Designer Clauss Dietl und Lutz Rudolph 1966/67 zusammen mit dem Karosseriewerk Halle geschaffen hatten. Sehr eigenständig gab sich der Kübelwagen

Wartburg 355 Schrägheck-Limousine mit Kunststoff-Aufbau (1969)

Wartburg 353-Modell mit breiter C-Säule von Dietl/Rudolph (1967)

Wartburg 400 Jagdwagen, schwimmfähig durch Kunststoff-Bodenwanne (1970)

P760 »Hängebauchschwein« (1970)

Wartburg 400 mit Kunststoff-Aufbau, der 1970 erprobt wurde (sieben Exemplare). Er sollte als Jagdwagen auf Kundenfang gehen. Mit einigen geringfügigen Modifikationen erwies er sich als schwimmfähig. Vergeblich – auch dieses Projekt starb, genau wie eine neue vierzylindrige Viertaktmotoren-Entwicklung von AWE mit 1592 cm^3 und 83 PS.

Mit einigen Seitenblicken auf den verworfenen P 603 machten sich derweil die Zwickauer und Eisenacher Entwickler 1970 an das RGW-Auto P760 (»Nachfolge-Pkw«). In Zusammenarbeit mit AWE und Skoda sollte ein neues Modell entstehen, grundsätzlich frontangetrieben von Skoda-Viertaktern und verzögert via Scheibenbremsen. Die für AWZ vorgesehene zweitürige Schrägheck-Limousinenversion (Ganzstahlaufbau) sollte einen 1100 cm^3-Vierzylinder mit 50 PS erhalten. Das 4,1 m lange und 1,6 m breite Auto besaß einen Radstand von 2450 mm, wog 820 Kilo und war für 400 Kilo Zuladung ausgelegt. Vorn saßen McPherson-Federbeine, die Querlenker/Dämpfer-Hinterachse hing an einer Querblattfeder.

Wegen ihrer ungewöhnliche Form wurde die AWZ-Version später mit dem Namen »Hängebauchschwein« belegt. Bis zum ersten Quartal 1970 entstanden insgesamt vier 760-Prototypen in Zwickau (Kosten: 23 568 000 Mark). Die viertürige AWE-Version mit quereingebautem 60 PS-Skoda-Motor (1300 cm^3) und Stufenheck kam eleganter daher als die sächsische Variante: Sie ähnelte dem späteren Skoda S 105/120 (und wurde 1974 nochmals als Typ 360 präsentiert und verworfen).

Geplant waren davon insgesamt 360 000 Fahrzeuge pro Jahr, die künftig sowohl in der Tschechoslowakei als auch in der DDR hergestellt werden sollten. Am 3. April 1973 mußte dieses Projekt ebenfalls abgeblasen werden – obwohl sich Eisenach und Zwickau auf

Wartburg P360 (1974)

Wartburg P610 M (1979)

eine Billiglösung verständigt hatten: Statt getrennter Herstellung modifizierter Typen (Grundtyp in Sachsen, Sondertyp in Thüringen) an beiden Standorten hätte AWZ die komplette Montage leisten und AWE nur zuliefern sollen. Statt 7,2 Milliarden Mark hätte dies »nur« 4,5 Milliarden gekostet.

Aber noch im Juni 1973 eröffnete das weisungsbefugte SED-Politbüro die Alternative, daß die Werke in Zwickau und Eisenach das Gemeinschaftsauto P610 entwickeln dürften. Skoda sollte nicht mehr als Entwicklungspartner einbezogen werden, sondern nur die Motoren liefern (genau wie später auch der rumänische Renault-Lizenznehmer Dacia). Die VVB Automobilbau in Karl-Marx-Stadt erklärte dazu: » Unter Beachtung der zur Zeit gegebenen technischen Erkenntnisse wird für die zukünftigen Pkw der DDR die Verwendung eines Viertakt-Ottomotors mit berücksichtigt.« Quereingebaut, mit 1100 (P1100) oder 1300 cm^3 Hubraum (P 1300), sollten die Vierzylinder hochmoderne Fahrzeuge antreiben. Deren stilistische und technische Verwandtschaft zum P760 blieb zumindest bei der AWZ-Version unübersehbar. Für AWE war ein viertüriger Stufenheck-Viertürer 610 G/M, für AWZ eine zweitürige Schrägheck-Limousine mit 2380 mm Radstand vorgesehen. Das 45 PS-Trabant-Modell sollte 3595 mm lang und 1570 mm breit sein, der c_W-Wert wurde mit 0,36 ermittelt. 730 Kilo schwer, war eine Nutzmasse von 410 Kilo vorgesehen.

Exakt 20 Funktionsmuster (FM1 bis FM20) für AWZ und AWE entstanden bis 1979. Der Trabant-Hersteller wollte künftig immerhin 150 000 Einheiten pro Jahr fertigen, AWE plante 80 000 Stück. 1983 sollte die Serienproduktion des AWZ P610 C beginnen, ein Jahr später wäre der Viertakt-Wartburg 610 G/M angelaufen. Doch am 15. November 1979 beendeten die staatlichen Entscheidungsträger auch dieses Projekt – trotz verbindlicher Absprachen mit der CSSR (die daraufhin die Entwicklung des Skoda Favorit vorantrieben). Der Verlust betrug stolze 35 Millionen Mark. Kurz zuvor war nach ermutigenden Tests

Trabant P610, Entwicklungsstufe 3 (1979)

Trabant 1.1 Pick-up, Wiederaufnahme eines Versuchsmusters von 1980 (1990)

Trabant 1.1 Typ E (1989)

Trabant Caro Pick-up, entstanden in Zusammenarbeit mit IVM Engineering (1990)

noch ernsthaft überlegt worden, den äußerlich kaum veränderten Wartburg 1300 mit Dacia-Triebwerk herauszubringen. Auch Hubraumerweiterungen bis 1800 cm³ waren im Gespräch.

Unbeirrt wurden daneben am immer noch aktuellen Trabant diverse Modifikationen vorgenommen. So wurde eine elektronische Benzineinspritzung erprobt, auch Versuchsmuster mit einem vierzylindrigen 1050 cm³-Viertakter (40 PS) liefen bereits. Ein quereingebauter Dreizylinder-Dieselmotor wurde 1984 im Trabant getestet (in Eisenach arbeitete man derweil an einem 60 PS-Dreizylinder-Viertakter mit 1,2 Liter Hubraum). Und mit dem Code P 601 Z entstand Anfang der 80er Jahre ein Funktionsmuster mit neuer Karosse und längerem Radstand – Kostenpunkt: 1 068 000 Mark. Nebenbei entwickelte man ein Szenario für die schrittweise Ablösung des »alten« Trabant: Zunächst sollte er einen neuen Schrägheck-Aufbau bekommen (445 000 Mark Projektkosten), erst später wären Motor und Fahrwerk erneuert worden. Sehr viel realistischer war der 1980 kreierte Trabant Pick-up (Umbaukosten 220 000 Mark) , für den in Griechenland – wo schon der Trabant Kübelwagen lief – ein Absatzmarkt gefunden worden war. Aber mit dem Eintritt Griechenlands in die EG galten dort neue, ungünstigere Einfuhrzoll-Bestimmungen.

Inzwischen hatte die Berliner Regierung ein Lizenzgeschäft mit Volkswagen eingefädelt: Gekauft wurde eine komplette Fertigungsstraße für 1100- und 1300 cm³-Vierzylinder (Alpha-Baureihe), wie sie im Polo verwendet wurden. Sie kam nach Karl-Marx-Stadt, verschlang aber infolge diverser Nachvereinbarungen und zusätzlicher Investitionen letztlich 9,7 Milliarden Mark statt der ursprünglich vorgesehenen 3,6 Milliarden.

AWZ-Projekte

Zeitraum	Code	Erklärung
10/1953 – 9/1954	P50	Limousine, Kombi, 4 Funktionsmuster 1 : 1
1955/56	P50	Modifizierte Ausführung, 2 Modelle 1 : 5, 6 Funktionsmuster 1 : 1
1/1959 – 4/1960	P504	Neues P50-Heck, 2 Holzmodelle 1 : 1
2/1961 – 8/1961	P100	Je 1 Funktionsmuster AWZ und AWE
4/1962 – 12/1967	P602	P601-Überarbeitung, 6 Modelle
10/1965 – 6/1966	P602 V	601-Schrägheck-Limousine, 1 Funktionsmuster, 5 KKM-Modelle 1 : 5
9/1963 – 3/1969	KKM 550	Kreiskolbenprojekt, insgesamt 66 Pkw-Funktionsmuster, 100 Motoren
7/1966 – 12/1968	P603	601-Nachfolger, versuchsweise Dreizylinder-Zweitakter, KKM und Skoda-Viertakter
7/1968 – 4/1969	Prognose-Pkw	601-Nachfolger, technische Konzeption
1/1970 – 9/1973	P760	601-Nachfolger mit Viertaktmotor, 4 Funktionsmuster
9/1973 – 12/1979	P610	601-Nachfolger mit Viertkatmotor, 1100 cm^3 als P1100, 1300 cm^3 als P 1300, insgesamt 20 Funktionsmuster (FM 1 bis 20)
1/1980 – 10/1980	P601 Pick-up	1 Funktionsmuster
1/1980 – 5/1981	P601 Z	601 mit neuer Karosse und größerem Radstand, 1 Funktionsmuster
6/1981 – 10/1984	P601 N und 601 C	Stufenplan für 601-Nachfolge, N(eue) Schrägheck-Karosse, danach C= neues Fahr- und Triebwerk
1986	P601 M	601 mit Viertaktmotor, 1 Funktionsmuster, 1 Modell 1 : 1
7/1988 – 12/1988	1.1	601 mit Viertaktmotor und strömungsoptimierter Ganzstahlkarosse, Modelle 1 : 5
2/1988 – 12/1988	1.1 E	601 mit Viertaktmotor und Bug-/Heck-Facelift, 1 Funktionsmuster
5/1989 – 11/1989	X03	1.1-Nachfolger auf VW-Bodengruppe, Modelle
1990	P601 C	601-Nachfolger mit Zweizylinder-Viertakter auf Zastava-Basis
1990/91	Caro	1.1-Funcars, Funktionsmuster

Melkus RS 1000 (1970 – 1980)

Heinz Melkus, Konstrukteur und Rennfahrer mit dem DDR-Titel »Meister des Sports«, fertigte in seinem Dresdner Betrieb seit 1959 Rennwagen der kleinen Formeln und unterhielt die zweitgrößte private Fahrschule der DDR. Gleich nach der Wende baute er den ersten BMW-Händlerbetrieb in der DDR auf. Zwischen 1970 und 1980 stellte die H. Melkus KG. exakt 101 Sportcoupés des Typs Melkus RS 1000 auf die Räder. Andere Quellen sprechen von 104 Exemparen. Der nach FIA-Reglement der Gruppe 4 entsprechende Zweisitzer war für Rundstrecken- und Bergrennen konzipiert, ließ sich aber auch im normalen Straßenverkehr einsetzen.

Speziell für dieses Auto war eine Arbeitsgemeinschaft gegründet worden – mit Vertretern des ADMV (Sport), der Berliner Hochschule für bildende Kunst (Design), des AWE (mechanische Hauptbaugruppen), des VEB Blechverformungswerks Leipzig (Ansaug- und Abgasanlage), der Dresdner Firma König (Getriebe) sowie natürlich der H. Melkus KG (Chassisbau, Endmontage). Rahmen, Radaufhängungen, einige Karosserieteile und der leistungsgesteigerte Zweitaktmotor stammten vom Wartburg 353. Die Herstellung der Plastikkarosserie mit Flügeltüren und komplett hochklappbarem Heck besorgte der VEB Robur-Werke Zittau.

Der Dreizylinder – mit angeflanschtem Fünfgang-Getriebe (basierend auf einem Wartburg-Getriebe) – saß in Mittelmotorlage vor der Hinterachse. Davor – unter der flachen Heckscheibe – war der vorgeschriebene Kofferraum (60 x 40 x 20 cm) untergebracht. Im Wagenbug befanden sich Batterie und Elektrik, Waben-Flachkühler, Gebläse, Heizung, Scheibenwaschanlage und ein weiterer kleiner Stauraum. Den Innenraum dominierten ein winziges Holzlenkrad, über-

Melkus RS Sportcoupé
2 Sitze, zwei verschiedene Tankklappen-Ausführungen
(1970 – 1980)

sichtliche Rundinstrumente, Schalensitze und ein knackig-kurzer Schaltknüppel. Windlauf (leicht geändert) und Frontscheibe stammten vom Wartburg 353, alle anderen Fenster bestanden aus Piacryl-Kunststoff. Vorder- und Hinterteil des RS1000 bestanden aus glasfaserverstärktem Polyester, Bodenwanne und Mittelzelle waren aus Metall gefertigt.

Dank diverser Windkanaluntersuchungen der 1 : 5 Modelle erreichte der RS einen c_W-Wert von 0,29. Die Achslastverteilung vorn/hinten lag bei 45 : 55. Statt Einkreis- kam hier eine Zweikreis-Bremsanlage zum Einsatz, an den Rädern saßen stark verrippte Bremstrommeln aus einer Magnesium-Legierung. Auf Wunsch wurden vorn die Scheibenbremsen des Polski-Fiat 125 p installiert. Die drei Vergaser taten üblicherweise Dienst in MZ-Motorrädern (BVF, später auch Jikov), zusammen mit dem Doppelauspuff verhalfen sie dem Motor zu 70 PS. Mittels einfacher Umrüstung mit Rennvergaser und Rennauspuff wurden für den Wettbewerbseinsatz 90 bis 100 PS erreicht.

Speziell für Wettbewerbsfahrzeuge bohrte Melkus 1972 den Motor auf, der damit 1119 bzw. 1250 cm^3 erreichte. Gleichzeitig wurde die Verdichtung erhöht. Damit wurde mehr Drehmoment bei gleichbleibender oder nur wenig erhöhter Maximalleistung erreicht. Einige wenige Exemplare wurden auf besonderen Kundenwunsch mit Motoren von Lada und Moskwitsch ausgerüstet, ein RS1000 erhielt sogar einen BMW 2002-Triebwerk.

Exportiert wurden die Fahrzeuge, die in der DDR 28 600 Mark kosteten, übrigens niemals. Vertrieben wurden sie jedoch nicht über den IFA-Vertrieb, sondern »direkt ab Werk«: Kaufberechtigt waren nur Sportfahrer mit entsprechender Fahrerlizenz, die dem ADMV eine Freigabebescheinigung entlocken konnten. Die Lieferzeit war mit rund zwei Jahren DDR-untypisch kurz.

Antriebseinheit des RS1000, zugänglich durch oben angeschlagenes, komplett schwenkbares Heck

	Melkus RS 1000 1970–1972	Melkus RS 1000 1972 – 1980
Motor	AWE 353/1 (leistungsgesteigert)	AWE 353/2 (leistungsgesteigert)
Zylinderzahl	3 (Reihe), längs vor der Hinterachse	3 (Reihe), längs vor der Hinterachse
Bohrung x Hub	73,5 x 78 mm	78 x 78 mm
Hubraum	992 cm^3	1119 und 1250 cm^3
Leistung	70 PS (52 kW) bei 4500/min	70 PS (52 kW) bei 4750/min, Rennausführung 90 – 100 PS (66 kW) bei 5250/min
Drehmoment	12 mkg bei 3500/min	13 mkg bei 3500/min
Verdichtung^	8,3 : 1	9,5 : 1
Vergaser	3 Zentralschwimmervergaser BVF 28 N1/3	3 Zentralschwimmervergaser BVF 28 N1/3, BVF M6/36 oder Jikov 36
Ventile	Kolbensteuerung (Zweitakter)	Kolbensteuerung (Zweitakt)
Kurbelwellenlager	4	4
Kühlung	Pumpe/8 Liter Wasser Kühler vorn	Pumpe/10 Wasser, Kühler vorn
Schmierung	Zwweitaktgemisch 1:33	Zweitaktgemisch 1:33
Batterie	12 V 44 Ah (vorn)	12 V 44 Ah (vorn)
Lichtmaschine	Gleichstrom 220 W	Gleichstrom 220 W

Kraftübertragung	Antrieb auf Hinterräder
Kupplung	Einscheiben-Trockenkupplung
Schaltung	Knüppel in Wagenmitte
Getriebe	5 Gang
Synchronisierung	I–V (Freilauf, sperrbar)
Übersetzungen	I. 3,769, II. 2,160, III. 1,347, IV. 0,906, V. 0,794, R: 4,44
Antriebs-Übersetzung	4,222
Fahrwerk	Kastenrahmen, Leichtmetall-Kunststoff-Karosserie
Vorderradaufhängung	Doppel-Dreieckquerlenker unten, Schraubenfedern oben, Teleskop-Stoßdämpfer
Hinterradaufhängung	Schräglenkerachse mit Schraubenfedern, Querstabilisator
Lenkung	Zahnstange
Fußbremse	Hydraulisch, 4 Räder (Zweikreis), vorn/hinten Trommeln, a.W. Scheibenbremsen vorn
Handbremse	Mechanisch, auf Hinterräder

Allgemeine Daten	**Sportcoupé, 2-türig**	**Sportcoupé, 2-türig**
Radstand	2540 mm	2450 mm
Spur	1340/1380 mm	1340/1380 mm
Gesamtmaße	4000 x 1700 x 1070 mm	4000 x 1700 x 1070 mm
Reifen	4.50 bis 6.50-13, 155 bis 175 SR 13	175 SR 13
Felgen	5 J x 13 bis 6 J x 13	7 J x 13 bis 9 J x 13
Wendekreisdurchmesser	10,5 m	10,5 m
Bodenfreiheit	150 mm	150 mm
Leermasse	690 kg	700 kg
Zuläss. Gesamtmasse	940 kg	
Höchstgeschwindigkeit	165 km/h	158 km/h, Rennausführung: 170 – 200 km/h
Beschleunigung 0–100 km/h	14 sec	13,4 sec
Verbrauch/100 km	12 Liter/100 km	12 Liter /100 km
Kraftstofftank	2 x 30 Liter (beidseits unterhalb der Türen)	2 x 30 Liter (beidseits unterhalb der Türen)

Wartburg-Mercedes 170 Schwarze (1956 – 1960)

Noch in den 70er Jahren waren sie im ostsächsischen Görlitz in Betrieb: Schwarzlackierte, karogestreifte Taxis mit Wartburg-Karosserie und Mercedes-Kühler. Weil die Versorgungslage mit Pkw einheimischer Fertigung schon in den 50er Jahren unbefriedigend war, sah ein privater Handwerksbetrieb seine Chance. Die kleine Firma Schwarze, die normalerweise Reparaturaufträge ausführte, steckte mindestens zwei Dutzend Vorkriegs-Pkw in moderne Gewänder. Private Taxifahrer, die – wie ihre westlichen Kollegen – hinterm Mercedes-Stern thronen wollten, griffen begeistert zu.

Auf Basis des Mercedes-Benz 170 V von 1938/39 entstanden rund 15 Zwitter-Fahrzeuge mit der Karosserie des plötzlich nicht mehr zweitaktenden Wartburg 311. Wegen des längeren Radstands verlängerte Schwarze den Vorbau des Eisenacher Gefährts und paßte die Kühlerattrappe in die Motorhaube ein. Unverändert blieb die Leistung des 1700er Viertakters bei 38 PS – sie entsprach damit der des 900 cm^3-Wartburg. Aus Eisenach stammten auch die Innenausstattung und Teile der Bremsanlage. Aber anders als der Wartburg (mit Lenkradschaltung) verfügte der Schwarze-Wagen über einen Mittelschalthebel auf dem Kardantunnel. Der 46 Liter-Tank war vor der vorderen Spritzwand plaziert.

Ende der 50er Jahre baute Schwarze auch einen 170 V als Cabriolet mit Wartburg-Karosserie auf. Außerdem setzte der Meister Käfer-Wartburg- bzw. F9-Aufbauten auf alte Käfer-Unterbauten. Als sich Anfang der 60er Jahre die meisten Handwerker in Genossenschaften zusammenschließen mußten, endete die Zeit privaten Unternehmertums in Görlitz und anderswo, wo ähnliche »Kleinserien« entstanden.

Wartburg-Mercedes 170 Limousine 4 Türen mit Schwarze-Aufbau (1956 – 1960)

Wartburg-Mercedes 170 Schwarze 1956 – 1960

Motor	M 136
Zylinderzahl	4 (Reihe), vorn längs
Bohrung x Hub	73,5 x 100 mm
Hubraum	1697 cm^3
Leistung	38 PS (28 kW) bei 3200 U/min
Drehmoment	10,2 mkg bei 1800 U/min
Verdichtung^	6,0 : 1
Vergaser	1 Steigstromvergaser Solex 30 BFLVS
Ventile	Stehend, seitliche Nockenwelle (Antrieb durch Zahnräder)
Kurbelwellenlager	3
Kühlung	Pumpe/ 9 Liter Wasser
Schmierung	Druckumlauf / 5 Liter Öl
Batterie	6 V 100 Ah (unter Fahrersitz)
Lichtmaschine	Gleichstrom 90 W
Kraftübertragung	Antrieb auf Hinterräder
Kupplung	Einscheiben-Trockenkupplung
Schaltung	Knüppel in Wagenmitte
Getriebe	4 Gang
Synchronisierung	I–IV
Übersetzungen	I. 4,025, II. 2,28, III. 1,42, IV. 1,0
Antriebs-Übersetzung	4,125
Fahrwerk	Ovalrohrrahmen (X-Form), Ganzstahl-Karosserie
Vorderradaufhängung	2 Querblattfedern
Hinterradaufhängung	Pendelachse mit Schraubenfedern,
Lenkung	Schnecke und Rolle
Fußbremse	Hydraulisch, 4 Räder (Einkreis), vorn/hinten Trommeln, Ø = 240 mm, Gesamt-Bremsfläche 546 cm≈
Handbremse	Mechanisch, auf Hinterräder
Schmierung	Chassis-Zentralschmierung (Eindruck)
Allgemeine Daten	**Limousine, 4-türig**
Radstand	2845 mm
Gesamtmaße	4500 x 1570 x 1500 mm
Reifen	5.50-16
Felgen	3,25 D 16
Bodenfreiheit	20,5 cm
Wendekreisdurchmesser	11,5 m
Leermasse	1150 kg
Zuläss. Gesamtmasse	1525 kg
Höchstgeschwindigkeit	100 km/h
Beschleunigung 0–100 km/h	35 sec
Verbrauch/100 km	11 Liter/100 km
Kraftstofftank	46 Liter (im Motorraum)

Verlängerte Front des Wartburg-Derivats

Pkw-Importe in die DDR

Trotz Planwirtschaft war das Pkw-Import/Export-Geschäft der DDR nicht frei von spontanen Entscheidungen. Dies hing mit der Außenhandelsbilanz zusammen, die eben auch über Konsumgüter ausgeglichen wurde. Die zur Verfügung stehenden Kontinente wurden in oftmals harten Verhandlungen zwischen den Geschäftspartnern innerhalb des Ostblocks ausgereizt. Ambivalenter war die Situation bei westlichen Partnern: Einerseits mußten dringend Devisen ins Land (weshalb auch Pkw zum Dumpingpreis abgegeben wurden), andererseits mußten Außenhandelsdefizite ausgeglichen werden, auch von der jeweils anderen Seite. Die sogenannte Kompensation – also beispielsweise Citroën- und Volkswagen-Pkw für Teilezulieferungen aus der DDR – hatte Hochkunjunktur.

Größter Importeur war zweifelsohne die UdSSR – vor allem nach Serienanlauf des Lada/Shiguli. Andererseits gelangten niemals Zweitakt-Pkw aus der DDR in die Sowjetunion. Anders das Geschäft mit der CSSR. Hier wurden Skoda (und vereinzelt Tatra) gegen Trabant und Wartburg getauscht. Vor allem die Hycomat-Versionen für Behinderte erfreuten sich hier und in den anderen Ostblockstaaten großer Beliebtheit.

Polen, Rumänien und Jugoslawien schickten nur kleine Kontingente in die DDR. Aber gerade Autos aus diesen Ländern waren überaus begehrt – weil es sich sämtlichst um Lizenzfabrikate renommierter westlicher Hersteller handelte. Mit dem Ende der DDR brachen die Handelsbeziehungen schlagartig zusammen. Beispielsweise Lada hatte im vereinten Deutschland kaum noch Chancen – anders als Skoda, das von Volkswagen übernommen und entsprechend positiv umstrukturiert wurde.

Wartburg-Pkw auf dem Weg in die CSSR, die Verrechnung erfolgte gegen Skoda-Pkw

Personenkraftwagen der Tschechoslowakei

Die tschechische Kraftfahrzeugindustrie hat uralte Wurzeln. Bis zum Zweiten Weltkrieg waren hier fast 30 Pkw-Hersteller tätig, einige von ihnen erlangten Weltruhm. Nach 1945 bauten nur noch Tatra, Skoda, Praga und Aero Personenkraftwagen, die beiden letzteren aber nur für kurze Zeit. Ende der 50er Jahre kam Velorex in Nordböhmen hinzu: Hier wurden zweisitzige Behindertenfahrzeuge (ähnlich dem ostdeutschen Krause-Duo) mit zweitaktendem Jawa-Motor gefertigt. In die DDR gelangten ab den 50er Jahren ausschließlich Tatra- und Skoda-Pkw.

Skoda

Der Markenname Skoda steht sowohl für Personenkraftwagen, als auch für Werkzeugmaschinen und Waffen. Die in Pilsen ansässige Mutter-Gesellschaft hatte nach dem Ersten Weltkrieg den kränkelnden Automobilhersteller Laurin & Klement (Jungbunzlau/Mlada Boleslav) übernommen. Hier waren seit 1905 Automobile entstanden, 1913 hatte dieses Unternehmen den Wettbewerber RAF (Reichenberg/Liberec) geschluckt. Unter dem Skoda-Label entstanden auch Sechs- und Achtzylinder-Luxuswagen. In Lizenz wurde hier sogar der Hispano-Suiza gefertigt. Erster Großserientyp war der ab 1933 gebaute Einlitertyp Skoda 420 Popular, der später einen 1,1 Liter-Motor erhielt.

Skoda 1200 Limousine 2 Türen

Skoda 1202 STW, nach oben öffnende Heckklappe, 2 Türen

Nach dem Zweiten Weltkrieg feierte er als Skoda 1101/1102 Popular in Mlada Boleslav fröhliche Urständ. Gleichzeitig wurde hier auch – in kleiner Stückzahl – der Tatra T600 Tatraplan gebaut. Der Popular wurde jedoch nicht in die DDR exportiert.

Erste Neuentwicklung der Nachkriegszeit war der modernisierte, geräumigere und stärkere Skoda 1200 aus dem Jahr 1952, basierend auf dem früheren 1102. In immer weiter modifizierter Form, aber stets auf der gleichen Grundkonstruktion basierend, wurde dieses Modell bis 1973 gefertigt – zum Schluß nur noch als Kombiwagen 1202 mit seitlich öffnender Heckklappe und Knüppelschaltung. Der in den Werken Mlada Boleslav, Kvasiny und Vrchlabi gebaute Viertürer entstand insgesamt 127 000 mal, die Hälfte davon entfiel auf den 1202 Combi. In der DDR waren die 1200er die ersten Importfahrzeuge neben

Skoda 440 Limousine 2 Türen, äußerlich wie Skoda Octavia (aber noch mit Stummelflossen)

den sowjetischen Pobjeda. Etwa 2000 Limousinen und 6000 Kombiwagen dürften ins Land gekommen sein.

Parallel dazu gab's den etwas kleineren Schwestertyp: Der nur zweitürige 440 bzw. 445 (westliche Exportbezeichnung »Orlik«) und sein unmittelbarer Nachfolger, der Octavia. Äußerlich unterschieden sich 440/445 und Octavia nur durch den Kühlergrill, der tatsächliche Fortschritt lag im Fahrwerk, wo nunmehr vordere Schraubenfedern statt der bisherigen Blattfedern ihren Dienst versahen.

Beim 440/Octavia handelte es sich um 1,1 Liter-Wagen, die es schon bald alternativ mit dem 1,2 Liter der größeren Baureihe gab. Nur in kleiner Stückzahl kamen die Cabrio-Ableitungen (450 bzw. Felicia) in den ostdeutschen Verkauf. Für den DDR-Markt wurde jedoch wegen der miserablen Benzinqualität die Verdichtung und damit die Leistung des 1,2 Liters zurückgenommen. Anfang bis Mitte der 60er Jahre erhielten Octavia und Felicia modische Heckflossen. Für den Felicia wurde übrigens auch ein Fiberglas-Hardtop offeriert. Insgesamt entstanden 396 000 Limousinen, 16 000 Cabrios und 54 000 Kombiwagen auf Octavia-Basis. Folgende Stückzahlen gelangten in die DDR: 6000 Skoda 440/445, 500 Skoda 450/Felicia und über 70 000 Octavia (Statistik nur bis 1969).

Mitte der 60er Jahre kam das ebenfalls importierte Heckmotor-Modell 1000 MB heraus, preislich etwas oberhalb des bisherigen Octavia. 349 000 Exemplare des neuen Viertürers entstanden, über 60 000 gingen in die DDR. Anfangs gab's den MB 1000 mit großer Panorama-Heckscheibe und durchlaufender, mittiger Sicke über die gesamte Fahrzeuglänge, später wurde seine Form versachlicht. Weder die 1100er Version noch das schicke 1000 MBX Coupé (zusammen weitere produzierte 100 000 Einheiten) wurden in der DDR angeboten. Und bis Anfang der 90er Jahre sollte es bei Skoda nie wieder ein neues Kombimodell geben. Fertigung und Export des Octavia Combi

Skoda 450 Roadster 2 Türen (mit großem Kühlergrill)

Skoda Octavia Limousine 2 Türen (mit Heckflossen)

Skoda Felicia Roadster 2 Türen (mit kleinem Kühlergrill)

Skoda Octavia Combi 2 Türen (mit Heckflossen)

Skoda Octavia Combi
2 Türen, mittig geteilte Heckklappe
(geglättetes Heck)

Skoda MB1000 Limousine
4 Türen

Skoda S100 Limousine
4 Türen

Skoda S110 R Coupé 2 Türen

mit der horizontal mittig geteilten Heckklappe liefen darum weiter. In der DDR mußte dafür genauso viel angelegt werden, wie für einen zweitaktenden Wartburg Kombi.

Nur geringfügig überarbeitet erschien im Jahr 1969 der 602 000 mal gebaute S 100, der mindestens 142 000 mal eingeführt wurde. Die davon abgeleitete 1,1 Liter-Version (S 100 Luxus und S 110 rund 500 000 Einheiten) wurde allerdings nicht in die DDR exportiert – wohl aber bis zirka 1975 das 110 R Sportcoupé (57 000 produzierte Einheiten, davon etwa 400 in die DDR). Während der S 100 preislich unterhalb des Wartburg 353 lag, mußte für den von 1970 bis 1980 gebauten Zweitürer erheblich mehr bezahlt werden. Auf die Nachfrage hatte dies keinen Einfluß – schließlich gab es zu diesem Zeitpunkt kein anderes Großserien-Coupé in Ostdeutschland: Das in der DDR entwickelte Wartburg-Schrägheckmodell 355 wurde übrigens auch im Hinblick auf den 110 R-Import nicht in die Serie überführt. Dennoch erlangten die Skoda-Modelle mit Heckmotor bald einen negativen Ruf wegen ihrer starken Rostanfälligkeit – die ihnen im Volksmund den Beinamen »Böhmisch-mährischer Schnell-Roster (BMSR)« einbrachten. Auch ihre antiquierte Pendelachse wurde immer wieder kritisiert.

1976 folgte die neue, ebenfalls mit Heckmotoren bestückte S-Reihe, die als S 105 (erkennbar an den Solo-Rundscheinwerfern) und S 120 (mit Doppel-Rundscheinwerfern) in Ostdeutschland bestellt werden konnten. Nur in geringen Stückzahlen wurden der luxuriöse und stärkere S 120 LS/GLS eingeführt. 1983 erfuhren die Skoda-Modelle ein Facelift – fortan verfügten sie über Rechteck-Scheinwerfer und tief heruntergezogene Frontschürzen. Insgesamt wurden von 841 000 Skoda S 105 und 1 071 000 Skoda S 120/120 LS ausgeliefert. Der S 130 mit 1,3 Liter-Motor und Fünfgang-Schaltung war zwar als neues Importmodell für 1989 angekündigt, kam aber nicht mehr auf den ostdeutschen Markt. Auch das Coupé-Modell S 135 Rapid war in der DDR nicht erhältlich.

Skoda S105 Limousine
4 Türen, frühe Ausführung

Skoda S120 Limousine
4 Türen
mit Doppelscheinwerfer

Skoda S105/120 Limousine
4 Türen, mit Rechteck-Schein-werfern und integrierten Blin-kern, tiefergezogene Schürze, neues Heck-Design

Mit den Triebwerken der Heckmotor-Reihe versehen wurde schließlich das letzte Skoda-Modell vor dem politischen Niedergang des Ostblocks – der S 136 Favorit. Seine Fertigung (insgesamt 783 000 Stück) lief bis 1995. Das modern konzipierte Frontantriebs-Auto (Bertone-Design) mit schräger Heckpartie, aber dem alten Motor kam 1989 in nur kleiner Stückzahl in die DDR. Preislich bewegte es sich deutlich oberhalb des Wartburg 353 mit Zweitakt-Motor.

Noch Mitte der 70er Jahre hatten die verantwortlichen Funktionäre eine enge Zusammenarbeit der beiden Automobilwerke in der DDR mit Skoda angestrebt. Es entstanden einige unterschiedlich motorisierte Versuchsmuster, die äußerlich der letzten S-Reihe ähnelten. Zu einer Serienfertigung kam es indes nie.

In Westdeutschland wurden sämtliche Skoda-Baureihen in allen Versionen angeboten. Aber trotz ihres günstigen Preises erreichten sie nicht die Absatzzahlen der Lada-Importe – die immerhin über moderne ohc-Motoren verfügten. Andererseits blieben sie bis zuletzt im Angebot, anders als etwa Polski-Fiat oder Zastava. Denn als Devisenbringer lohnten sie allemal. Etwas günstiger gestaltete sich der Absatz in Österreich.

Anfang der 90er Jahre endete die Eigenständigkeit des Automobilherstellers Skoda. Anfangs beteiligte sich, später übernahm der VW-Konzern das angeschlagenen Unternehmen. Während der S 136 Favorit peu à peu modifiziert wurde und mittlerweile als Felicia (Limousine und Kombi) weiterangeboten wird, wurde auf Basis des VW Golf der neue Octavia geschaffen. Sowohl Limousine als auch Kombi erfreuen sich größten Zuspruchs – dies längst auch in der Bundesrepublik Deutschland. Inzwischen werden die Skoda-Typen auch im polnischen VW-Werk in Posen/Poznan montiert.

Skoda S136 Favorit Schrägheck-Limousine 4 Türen

Tatra

Die Marke Tatra zählte zu den traditionsreichsten Herstellern Europas. Gegründet im früheren Nesselsdorf/Mähren (Koprivnice), wurden hier ab 1897 Automobile hergestellt. Prägend für die weitere Entwicklung war ab 1905 Konstrukteur Hans Ledwinka. Ihm sind der Zentralrohrrahmen, die konsequente Nutzung der Luftkühlung und die prägnante Formgestaltung zu verdanken. Den großen Vorkriegs-Typen 77, 87 und 97 folgte der T600 Tatraplan mit Vierzylindermotor. Er wurde bis 1952 6300 mal gefertigt – ein Drittel davon bei Skoda. Der Tatraplan gelangte in sehr kleiner Stückzahl (unter 100) auch in die DDR, währenddessen der bis 1950 parallel gebaute V8-Wagen Typ 87 nicht nach Ostdeutschland kam.

Tatraplan T600 Limousine 4 Türen

Mit dem neuen V8-Boxer-Modell 603 (ab 1956) stellten die Tschechen ein repräsentatives Oberklasse-Automobil auf die Räder, das ausschließlich für Funktionäre in Politik und Wirtschaft bestimmt war. Für diesen Personenkreis wurde der 603 und der davon abgeleitete 2-603 auch in die DDR importiert. Von den 20 422 Einheiten gelangten etwa 3000 Stück nach Ostdeutschland, zu Preisen oberhalb von 33 000 Mark. In Westdeutschland kostete das fünf- bis sechssitzige Auto vergleichsweise günstige 16 000 Mark. Äußerlich unterscheiden lassen sich die drei Karosserie-Versionen des 603 an den Scheinwerfern: Anfangs waren es drei, dann vier – wobei die Leuchten bei den späteren Ausführungen weiter von der Mitte wegrückten. 1963 kam ein neuer, stärkerer Motor; 1968 wich die durchgehende vordere Sitzbank plüschigen Einzelsesseln. Insgesamt wurden etwas mehr als 20 000 Tatra 603 fertiggestellt.

Ab 1973 entstand der von Vignale gestylte Tatra 613. Er sollte dem gleichen illustren Kundenkreis vorbehalten bleiben. Bis Ende der 80er

Tatra 603 Limousine 4 Türen, mit drei Scheinwerfern (vorn der Skoda Felicia)

Tatra 2-603 Limousine 4 Türen (vier Scheinwerfer)

Tatra 613 Limousine 4 Türen

Tatra 613-3 Limousine 4 Türen

Jahre wurden lediglich 5200 Einheiten gefertigt, höchstens 300 gingen zu Stückpreisen über 50 000 Ost-Mark in die DDR. Vom Vorgänger unterschied sich der 613 durch die glattere Karosserieform, die größere Fensterfläche und den um 25 Prozent Hubraum vergrößerten Motor, der weiter nach vorn gerückt wurde. Im Rahmen eines Facelifts wurde in den 80er Jahren eine etwas modernere Frontpartie geschaffen, für bestimmte Märkte gab es überdies eine Version mit längerem Radstand und Rechteck-Scheinwerfern statt der runden Doppelleuchten. Bis 1990 verließen rund 10 000 Tatra 613 die Werkhalle. In Westdeutschland wurden die beiden Tatra-Baureihen ebenfalls angeboten, allerdings mit wenig Erfolg. Besser war auch hier die Situation in Österreich.

Nach dem Ende der sozialistischen Tschechoslowakei versuchte Tatra, mit einem renovierten Modell – dem T 700 mit elektronischem Einspritzermotor (als Einzelstück sogar als Cabriolet vorgestellt) – an die erfolgreicheren alten Zeiten anzuknüpfen. Dies scheiterte, 1997 verließen nur noch 35 Stück die Fertigungsstätte in Koprivnice.

Preise Skoda S 105/120 in West-Deutschland (in DM)

	Skoda S 105 S	Skoda S 105 L	Skoda S 120 L	Skoda S 120 LS	Skoda S 120 GLS
1977	6998	7295	7597	7996	
1978	6998	7400	7597	8200	
1979	6950	7400	7895	8400	
1980	7200	7850	8150	8650	
1981	7490	8090	8390	8890	9390
1982	7490	8090	8390	8890	9390
1983	7050	7760	8060	8440	8970
1984	7190	7870	8190	9190	9400
1985	7450	8290	8590		9600
1986	7450	8290	8590		9600
1987	7890	8390	8990		
1988			8990		
1989			8390		

Preise Skoda Ocatavia/ S 100 in West-Deutschland (in DM)

	Skoda Octavia/S	Skoda Octavia Combi	Skoda 1202 Combi	Skoda Felicia/S	Skoda 1000 MB/ L	Skoda S 100/ L	Skoda S 110 R
1959	4895/5060			6795			
1960	5045			6950			
1961	4900	6145	6350	6840			
1962	4193	6190	6595	6885			
1963	4193	6190	6595	6885			
1966		5325			4780		
1967		5050			4780/5180		
1968		5250			4980/5380		
1969					4338/5341	4885/5346	
1970						4885/5346	
1971						4985/5450	6930
1972						4985/5450	6930
1973						5095/5475	7175
1974						5095/5475	7175
1975						5795/6190	7545
1976						5998/6438	7965
1977						5998/6438	8195
1978							8195
1979							8350

Preise Skoda-Pkw in der DDR (in Mark)

	Skoda Octavia/S	Skoda Octavia Combi	Skoda Felicia/S	Skoda 1000 MB	Skoda S 100	Skoda S 110 R	Skoda S 105 S	Skoda S 105 L	Skoda S 120 L	Skoda S 120 GLS
1959	14 500									
1960	14 500		18 900							
1962			18 700							
1965				14 950						
1966		15 500		14 900						
1970					15 840					
1972					15 750					
1974					15 750	23 138				
1975					15 870					
1978							15 915	17 450		
1979									18 200	
1980										21 935
1982								18 415		

	Skoda 1200 / 1201 1952–1956 / 1955 – 1961	Skoda 1202 1961 – 1973
Motor	Typ 955 / Typ 980	Typ 981
Zylinderzahl	4 (Reihe), längs hinter der Vorderachse	4 (Reihe), längs hinter der Vorderachse
Bohrung x Hub	72 x 75 mm	72 x 75
Hubraum	1221 cm^3	1221 cm^3
Leistung	36 PS (27 kW) bei 4000/min / 45 PS (33 kW) bei 4200/min	45 PS (35 kW) bei 4500/min, ab 1969: 48 PS (35 kW)
Drehmoment	7,5 mkg bei 2500/min / 8,6 mkg bei 2500/min	8,3 mkg bei 3000/min, ab 1969: 8,7 mkg
Verdichtung	6,6 : 1 / 7,0 : 1	7,5 : 1, ab 1969: 8,7 : 1
Vergaser	1 Fallstromvergaser Solex 26 UHAD / 1 Fallstromvergaser Jikov 32 SOP	1 Fallstromvergaser Jikov 32 SOPc, später Jikov 32 BS 21
Ventile	Hängend (Stößel und Kipphebel), seitliche Nockenwelle (Antrieb durch Kette)	Hängend (Stößel und Kipphebel), seitliche Nockenwelle (Antrieb durch Kette)
Kurbelwellenlager	3	3
Kühlung	Pumpe/ 6,5 Liter Wasser	Pumpe/ 6,5 Liter Wasser
Schmierung	Druckumlauf/ 3,8 bzw. 3 Liter Öl	Druckumlauf/ 3 Liter Öl
Batterie	12 V 75 Ah/ 12 V 45 Ah (im Motorraum)	12 V 50 Ah (im .Motorraum)
Lichtmaschine	Gleichstrom 200 W	Gleichstrom 200 W, ab 1969: 300 W, ab 1974: Drehstrom 490 W
Kraftübertragung	Antrieb auf Hinterräder	Antrieb auf Hinterräder
Kupplung	Einscheiben-Trockenkupplung	Einscheiben-Trockenkupplung
Schaltung	Lenkradschaltung	Lenkradschaltung
Getriebe	4 Gang	4 Gang
Synchronisierung	III–IV / II – IV	II–IV, später I-IV
Übersetzungen	I. 4,267 II. 2,460 III. 1,59 IV. 1,0 R: 5,608	I. 4,267 II. 2,460 III. 1,59, ab 1969: 1,51 IV. 1,0 R: 5,608
Antriebs-Übersetzung	4,78 / 5,25	5,25
Fahrwerk	Zentralrohrrahmen, Ganzstahl-Karosserie	Zentralrohrrahmen, Ganzstahl-Karosserie
Vorderradaufhängung	Trapez-Dreieckquerlenker, Querblattfeder unten, hydr. Teleskop-Stoßdämpfer	Trapez-Dreieckquerlenker, Querblattfeder unten, hydr. Teleskop-Stoßdämpfer
Hinterradaufhängung	Pendelachse mit Querblattfeder oben, hydr. Teleskop-Stoßdämpfer	Pendelachse mit Querblattfeder oben, hydr. Teleskop-Stoßdämpfer
Lenkung	Schraube und Mutter	Schraube und Mutter
Fußbremse	Hydraulisch, 4 Räder, Trommeln vorn/hinten, Gesamt-Bremsfläche 670 cm≈	Hydraulisch, 4 Räder, ab 1974: Servo, Trommeln vorn/hinten, Gesamt-Bremsfläche 672 cm≈
Handbremse	Mechanisch, auf Hinterräder	Mechanisch, auf Hinterräder
Schmierung	Chassis-Zentralschmierung	anfangs Chassis-Zentralschmierung
Allgemeine Daten	**Limousine, 4 türig, Kombi, 3 türig**	**Kombi, 3 türig**
Radstand	2685 mm	2685 mm
Spur	1250/1320 mm	1250/1320 mm
Gesamtmaße	4500 x 1680 x 1520 mm, Kombi: 4500 x 1680 x 1650 mm	4485 x 1700 x 1580 mm
Reifen	5.50-16 / 6.00-15	6.00-16
Bodenfreiheit	19 cm	19 cm
Wendekreisdurchmesser	11 m	12 m
Leermasse	975 kg / 1010 kg	1105 kg
Zuläss. Gesamtmasse		1750 kg
Höchstgeschwindigkeit	105 km/h / 120 km/h Kombi: 90 km/h	100 km/h
Verbrauch	9,5 / 10 Liter/100 km	9,4 Liter/100 km
Kraftstofftank	35 / 38 Liter (hinten)	40 Liter (hinten)

	Skoda 440 / 445 **1955–1959 / 1957 – 1959**	**Skoda 450** **1958 – 1959**
Motor	Typ 970 / Typ 983	Typ 984
Zylinderzahl	4 (Reihe), längs hinter der Vorderachse	4 (Reihe), längs hinter der Vorderachse
Bohrung x Hub	68 x 75 mm / 72 x 75 mm	68 x 75
Hubraum	1089 / 1221 cm^3	1089 cm^3
Leistung	39 PS (29 kW) bei 4200/min / 45 PS (33 kW) bei 4200/min	50 PS (37 kW) bei 4500/min
Drehmoment	7,5 mkg bei 2800/min / 8,6 mkg bei 2500/min	7,5 mkg bei 3500/min
Verdichtung	7,0 : 1	8,4 : 1
Vergaser	1 Fallstromvergaser Jikov 32 SOP	2 Fallstromvergaser Jikov 32 SOPb
Ventile	Hängend (Stößel und Kipphebel), seitliche Nockenwelle (Antrieb durch Kette)	Hängend (Stößel und Kipphebel), seitliche Nockenwelle (Antrieb durch Kette)
Kurbelwellenlager	3	3
Kühlung	Pumpe/ 6,5 Liter Wasser	Pumpe/ 6,5 Liter Wasser
Schmierung	Druckumlauf/ 3 Liter Öl	Druckumlauf/ 3 Liter Öl
Batterie	12 V 40 Ah (im Motorraum)	12 V 40 Ah (im Motorraum)
Lichtmaschine	Gleichstrom 200 W	Gleichstrom 200 W
Kraftübertragung	Antrieb auf Hinterräder	Antrieb auf Hinterräder
Kupplung	Einscheiben-Trockenkupplung	Einscheiben-Trockenkupplung
Schaltung	Lenkradschaltung	Lenkradschaltung
Getriebe	4 Gang	4 Gang
Synchronisierung	II–IV	II–IV
Übersetzungen	I. 4,267 II. 2,460 III. 1,59 IV. 1,0 R: 5,608	I. 4,267 II. 2,460 III. 1,59 IV. 1,0 R: 5,608
Antriebs-Übersetzung	4,78 / 5,25	4,78
Fahrwerk	Zentralrohrrahmen, Ganzstahl-Karosserie	Zentralrohrrahmen, Ganzstahl-Karosserie
Vorderradaufhängung	Dreiecksquerlenker oben, Querblattfeder unten, hydr. Teleskop-Stoßdämpfer	Dreiecksquerlenker oben Querblattfeder unten, hydr. Teleskop-Stoßdämpfer
Hinterradaufhängung	Pendelachse mit Querblattfeder oben, hydr. Teleskop-Stoßdämpfer	Pendelachse mit Querblattfeder oben, hydr. Teleskop-Stoßdämpfer
Lenkung	Schraube und Mutter (15,1 : 1)	Schraube und Mutter (15,1 : 1)
Fußbremse	Hydraulisch, 4 Räder, Trommeln vorn/hinten, Gesamt-Bremsfläche 672 cm≈	Hydraulisch, 4 Räder, Trommeln vorn/hinten, Gesamt-Bremsfläche 672 cm≈
Handbremse	Mechanisch, auf Hinterräder	Mechanisch, auf Hinterräder
Schmierung	Chassis-Zentralschmierung	Chassis-Zentralschmierung
Allgemeine Daten	**Limousine, 2 türig**	**Cabrio, 2 türig**
Radstand	2400 mm	2400 mm
Spur	1210/1250 mm	1210/1250 mm
Gesamtmaße	4065 x 1600 x 1430 mm	4065 x 1600 x 1380 mm
Reifen	5.50-15, 165 x 380	5.50-15
Bodenfreiheit	18 cm	18 cm
Wendekreisdurchmesser	10 m	10 m
Leermasse	920 kg / 930 kg	930 kg
Zuläss. Gesamtmasse	1270 / 1280 kg	1230 kg
Höchstgeschwindigkeit	110 km/h / 115 km/h	128 km/h
Verbrauch	8,0 / 8,5 Liter/100 km	9,0 Liter/100 km
Kraftstofftank	32 Liter (hinten)	32 Liter (hinten)

	Skoda Octavia / Octavia Super 1959–1964	Skoda Octavia Combi (Super) 1961 – 1971	Skoda Felicia / Felicia Super 1959–1964 / 1961 – 1964
Motor	Typ 985-702 / Typ 993-703	Typ 993 C, später 703 C/704	Typ 994 / Typ 996
Zylinderzahl	4 (Reihe), längs hinter der Vorderachse	4 (Reihe), längs hinter der Vorderachse	4 (Reihe), längs vor der Vorderachse
Bohrung x Hub	68 x 75 mm / 72 x 75 mm	72 x 75 mm	68 x 75 mm / 72 x 75 mm
Hubraum	1089 / 1221 cm^3	1221 cm^3	1089 / 1221 cm^3
Leistung	39 PS (29 kW) bei 4200/min / 45 PS (33 kW) bei 4200/min / ab 1961: 42 PS (31 kW) bei 4500/min / 47 PS (35 kW) bei 4500/min	45 PS (33 kW) bei 4500/min ab 1969: 48 PS (35 kW) bei 4500/min	50 PS (37 kW) bei 5500/min / 55 PS (40 kW) bei 5100/min (DDR S-Ausführung: 43 PS (32 kW) bei 4200/min)
Drehmoment	7,0 mkg bei 2800/min / 8,0 mkg bei 2500/min / ab 1961: 7,5 mkg bei 3000/min 8,7 mkg bei 3000/min	8,3 mkg bei 3000/min, ab 1969: 8,7 mkg bei 3000/min	7,5 mkg bei 3500/min / 8,8 mkg bei 3500/min (DDR: 8,6 mkg bei 2500/min)
Verdichtung	7,0 : 1, ab 1961: 7,5 : 1	7,5 : 1, ab 1969: 7,8 : 1	8,4 : 1 / 7,5 : 1
Vergaser	1 Fallstromvergaser Jikov 32 SOPb/c	1 Fallstromvergaser Jikov 32 SOPc, später Jikov 32 BS 21	Fallstrom-Doppelvergaser Jikov 32 SOPb, Jikov 32 SOPc
Ventile	Hängend (Stößel und Kipphebel), seitliche Nockenwelle (Antrieb durch Kette)	Hängend (Stößel und Kipphebel), seitliche Nockenwelle (Antrieb durch Kette)	Hängend (Stößel und Kipphebel), seitliche Nockenwelle (Antrieb durch Kette)
Kurbelwellenlager	3	3	3
Kühlung	Pumpe/ 6,5 Liter Wasser	Pumpe/ 6 Liter Wasser	Pumpe/ 6,5 Liter Wasser
Schmierung	Druckumlauf/ 3 Liter Öl	Druckumlauf/ 3 Liter Öl	Druckumlauf/ 3,5 Liter Öl
Batterie	12 V 35 Ah / 40 Ah (im Motorraum)	12 V 50 Ah (im Motorraum)	12 V 50 Ah (im Motorraum)
Lichtmaschine	Gleichstrom 200 W	Gleichstrom 200 W, ab 1969: 300 W, ab 1974: Drehstrom 490 W	Gleichstrom 200 W 0,8 PS (0,6 kW)
Kraftübertragung	Antrieb auf Hinterräder	Antrieb auf Hinterräder	Antrieb auf Hinterräder
Kupplung	Einscheiben-Trockenkupplung	Einscheiben-Trockenkupplung	Einscheiben-Trockenkupplung
Schaltung	Lenkradschaltung	Lenkradschaltung, ab 1968 Knüppelschaltung	Lenkradschaltung, ab 1961 Knüppel in Wagenmitte
Getriebe	4 Gang	4 Gang	4 Gang
Synchronisierung	II–IV	II–IV	II–IV
Übersetzungen	I. 4,267 II. 2,460 III. 1,59, ab 1961: 1,51 IV. 1,0 R: 5,608	I. 4,267 II. 2,460 III. 1,59, ab 1961: 1,51 IV. 1,0 R: 5,608	I. 4,267 II. 2,460 III. 1,59, ab 1961: 1,51 IV. 1,0 R: 5,608
Antriebs-Übersetzung	4,78	4,78	4,78
Fahrwerk	Zentralrohrrahmen, Ganzstahl-Karosserie	Zentralrohrrahmen, Ganzstahl-Karosserie	Zentralrohrrahmen, Ganzstahl-Karosserie
Vorderradaufhängung	Trapez-Dreieckquerlenker, Schraubenfedern, innenliegende hydr. Teleskop-Stoßdämpfer, Querstabilisator	Trapez-Dreieckquerlenker Schraubenfedern, innenliegende hydr. Teleskop-Stoßdämpfer, Querstabilisator	Trapez-Dreieckquerlenker, Schraubenfedern, innenliegende hydr. Teleskop-Stoßdämpfer, Querstabilisator
Hinterradaufhängung	Pendelachse mit Querblattfeder oben, hydr. Teleskop-Stoßdämpfer	Pendelachse mit Querblattfeder oben, hydr. Teleskop-Stoßdämpfer	Pendelachse mit Querblattfeder oben hydr. Teleskop-Stoßdämpfer
Lenkung	Spindel und Mutter (15,1 : 1)	Spindel und Mutter (15,1 : 1)	Schraube und Mutter (15,1 : 1)
Fußbremse	Hydraulisch, 4 Räder, Trommeln vorn/hinten, d=35 mm, Ø =282 mm Gesamt-Bremsfläche 672 cm≈	Hydraulisch, 4 Räder, ab 1974: Servo, Trommeln vorn/hinten, Gesamt-Bremsfläche 674 cm≈	Hydraulisch, 4 Räder, Trommeln vorn/hinten, d=35 mm, Ø =282 mm, Gesamt-Bremsfläche 672 cm≈
Handbremse	Mechanisch, auf Hinterräder	Mechanisch, auf Hinterräder	Mechanisch, auf Hinterräder
Schmierung	15 Schmiernippel		
Allgemeine Daten	**Limousine, 2 türig**	**Kombi, 2 türig**	**Cabriolet (a.W. mit Hardtop), 2 tü**
Radstand	2390 mm	2390 mm	2390 mm
Spur	1200/1250 mm	1200/1250 mm	1210/1250 mm
Gesamtmaße	4065 x 1600 x 1430 mm	4065 x 1600 x 1430 mm, später 4005 x 1600 x 1430 mm	4065 x 1600 x 1380 mm
Reifen	5.50-15, ab 1961: 5.90-15	5.90-15	5.50-15, ab 1961: 5.90-15
Bodenfreiheit	18 cm	18 cm	18 cm
Wendekreisdurchmesser	10,6 m	10,6 m	10,6 m
Leermasse	920 kg	970 kg	890 / 900 kg
Zuläss. Gesamtmasse	1270 kg	1365 kg	1200 / 1230 kg
Höchstgeschwindigkeit	110 km/h / 115 km/h, ab 1961: 115 / 118 km/h	115 km/h	128 / 130 km/h
Beschleunigung 0–100 km/h	28 / 25 sec	25 sec	23 sec
Verbrauch	8,0 / 8,5 Liter/100 km	8,7 Liter/100 km	9,0 / 9,5 Liter/100 km
Kraftstofftank	30/32 Liter (hinten)	30 Liter (hinten)	30 Liter (hinten)

Skoda MB 1000 1964–1969	**Skoda S 100 1969 – 1977**	**Skoda S 110 R 1970–1980**
Typ 990-721	Typ 722	Typ 718-K
4 (Reihe), längs hinter der Hinterachse	4 (Reihe), längs hinter der Hinterachse	4 (Reihe), längs hinter der Hinterachse
68 x 68 mm	68 x 68 mm	72 x 68 mm
988 cm^3	988 cm^3	1107 cm^3
40 PS (29 kW) bei 4650/min ab 1966: 43 PS (31 kW) bei 4750/min	43 PS (32 kW) bei 4750/min	52 PS (38 kW) bei 4650/min
6,7 mkg bei 3000/min, ab 1966: 7,2 mkg bei 3000/min	7,2 mkg bei 3000/min	8,1 mkg bei 3500/min
8,3 : 1	8,3 : 1	9,5 : 1
1 Fallstromvergaser Jikov 32 BST	1 Fallstromvergaser Jikov 32 BS 3170 ab 1976: Jikov 32 EDSR	1 Fallstrom-Registervergaser Jikov 32 DDSR, ab 1976: Jikov 32 EDSR
Hängend (Stößel und Kipphebel), seitliche Nockenwelle (Antrieb durch Kette)	Hängend (Stößel und Kipphebel), seitliche Nockenwelle (Antrieb durch Kette)	Hängend (Stößel und Kipphebel), seitliche Nockenwelle (Antrieb durch Kette)
3	3	3
Pumpe/ 6,2 Liter Wasser	Pumpe/ 6,8 Liter Wasser	Pumpe/ 6,8 Liter Wasser
Druckumlauf/ 3,5 Liter Öl	Druckumlauf/ 4,0 Liter Öl	Druckumlauf/ 4,6 Liter Öl, 1 Ölkühler
12 V 35 Ah (hinten)	12 V 35 Ah (hinten)	12 V 35 Ah (hinten)
Gleichstrom 300 W	Gleichstrom 300 W, ab 1973: Drehstrom 490 W	Drehstrom 490 W
Antrieb auf Hinterräder	Antrieb auf Hinterräder	Antrieb auf Hinterräder
Einscheiben-Trockenkupplung	Einscheiben-Trockenkupplung	Einscheiben-Trockenkupplung
Knüppel in Wagenmitte	Knüppel in Wagenmitte,	Knüppel in Wagenmitte
4 Gang	4 Gang	4 Gang
I–IV	I–IV	I–IV
I. 3,8	I. 3,8	I. 3,8
II. 2,12	II. 2,12	II. 2,12
III. 1,41	III. 1,41	III. 1,41
IV. 0,96	IV. 0,96	IV. 0,96
R: 3,27	R: 3,27	R: 3,27
4,444	4,444	4,444, ab 1977: 4,22
Selbsttragend, Ganzstahl-Karosserie	Selbsttragend, Ganzstahl-Karosserie	Selbsttragend, Ganzstahl-Karosserie
Trapez-Dreieckquerlenker, Schraubenfedern, innenlieg. hydr. Teleskop-Stoßdämpfer, Querstabilisator	Trapez-Dreieckquerlenker, Schraubenfedern, innenlieg. hydr. Teleskop-Stoßdämpfer, Querstabilisator	Trapez-Dreieckquerlenker, Schraubenfedern, innenlieg. hydr. Teleskop-Stoßdämpfer, Querstabilisator
Pendelachse mit Längsschubstreben, Schraubenfedern, hydr. Teleskop-Stoßdämpfer	Pendelachse mit Längsschubstreben, Schraubenfedern, hydr. Teleskop-Stoßdämpfer	Pendelachse mit Längsschubstreben, Schraubenfedern, innenliegende hydr. Teleskop-Stoßdämpfer
Spindel und Mutter	Spindel und Mutter	Spindel und Mutter
Hydraulisch, 4 Räder, Trommeln vorn/hinten: d=40 mm, Ø =230 mm Gesamt-Bremsfläche 770 cm≈	Hydraulisch, 4 Räder (Zweikreis), Scheiben vorn: Ø =252 mm, Belagfläche 152 cm≈, Trommeln hinten: Belag 385 cm≈, Gesamt-Bremsfläche 537 cm≈	Hydraulisch, 4 Räder (Zweikreis, Servo), Scheiben vorn: Ø = 252 mm, Belagfläche 152 cm≈, Trommeln hinten: Belag 385 cm≈, Gesamt-Bremsfläche 537 cm≈
Mechanisch, auf Hinterräder	Mechanisch, auf Hinterräder	Mechanisch, auf Hinterräder
Limousine, 4 türig	**Limousine, 4 türig**	**Coupé, 2 türig**
2400 mm	2400 mm	2400 mm
1280/1250 mm	1280/1250 mm	1280/1250 mm
4170 x 1620 x 1390 mm	4155 x 1620 x 1380 mm,	4155 x 1620 x 1340 mm
155-14	155-14	155 SR 14
	4,5 J x 14	4,5 J x 14
18 cm	18 cm	18 cm
10,6 m	10,6 m	10,2 m
775 kg	805 kg	880 kg
1180 kg	1180 kg	1200 kg
120 km/h, ab 1966: 125 km/h	130 km/h	140 km/h
27 sec	24 sec	18,5 sec
7,5 Liter/100 km	7,6 Liter/100 km	9,5 Liter/100 km
32 Liter (vorn)	32 Liter (vorn)	32 Liter (vorn)

	Skoda S 105 S / L 1976–1987	**Skoda S 120 L / 120 LS / 120 GLS 1976 – 1989 / 1976 – 1987**	**Skoda Favorit 136 1988–1995**
Motor	Typ 742	Typ 742	Typ 781
Zylinderzahl	4 (Reihe), längs hinter der Hinterachse	4 (Reihe), längs hinter der Hinterachse	4 (Reihe), quer über der Vorderachse
Bohrung x Hub	68 x 72 mm	72 x 72 mm	75,5 x 72 mm
Hubraum	1046 cm^3	1174 cm^3	1289 cm^3
Leistung	46 PS (34 kW) bei 4800/min	52 PS (38 kW) bei 5000/min / 58 PS (43 kW) bei 5200/min	58 PS (43 kW) bei 5000/min
Drehmoment	7,6 mkg bei 3000/min	8,7 mkg bei 3000/min / 9,2 mkg bei 3250/min	9,6 mkg bei 3000/min
Verdichtung	8,5 : 1	8,5 : 1 / 9,5 : 1	8,8 : 1
Vergaser	1 Fallstrom-Registervergaser Jikov 32 EDSR, ab 1981 Jikov 32 SEDR	1 Fallstrom-Registervergaser Jikov 32 EDSR, ab 1981 Jikov 32 SEDR	1 Fallstromvergaser Jikov 28-30 LEKR, ab 1993 Bosch-Einspritzur
Ventile	Hängend (Stößel und Kipphebel), seitliche Nockenwelle (Antrieb durch Kette)	Hängend (Stößel und Kipphebel), seitliche Nockenwelle (Antrieb durch Kette)	Hängend (Stößel und Kipphebel), seitliche Nockenwelle (Antrieb durch Kette)
Kurbelwellenlager	3	3	3
Kühlung	Wasser/ 12,5 Liter Wasser	Pumpe/ 12,5 Liter Wasser	Pumpe/ 6 Liter Wasser
Schmierung	Druckumlauf/ 4 Liter Öl	Druckumlauf/ 4 Liter Öl / 4,6 Liter Öl, 1 Ölkühler	Druckumlauf/ 4 Liter Öl
Batterie	12 V 35 Ah (hinten)	12 V 35 Ah (hinten)	12 V 40 Ah (im Motorraum)
Lichtmaschine	Drehstrom 35 A, später 55 A	Drehstrom 35 A, später 55 A	Drehstrom 55 A
Kraftübertragung	Antrieb auf Hinterräder	Antrieb auf Hinterräder	Frontantrieb
Kupplung	Einscheiben-Trockenkupplung	Einscheiben-Trockenkupplung	Einscheiben-Trockenkupplung
Schaltung	Knüppel in Wagenmitte	Knüppel in Wagenmitte,	Knüppel in Wagenmitte
Getriebe	4 Gang	4 Gang	5 Gang
Synchronisierung	I–IV	I–IV	I–V
Übersetzungen	I. 3,8 II. 2,12 III. 1,41 IV. 0,96 R: 3,27	I. 3,8 II. 2,12 III. 1,41 IV. 0,96 R: 3,27	I. 3,308 II. 1,913 III. 1,267 IV. 0,927 V. 0,717 R: 2,923
Antriebs-Übersetzung	4,222	4,222	3,895
Fahrwerk	Selbsttragend, Ganzstahlkarosserie	Selbsttragend, Ganzstahlkarosserie	Selbsttragend, Ganzstahl-Karosserie
Vorderradaufhängung	Trapez-Dreieckquerlenker, Schraubenfedern, hydr. Teleskop-Stoßdämpfer, Querstabilisator	Trapez-Dreieckquerlenker, Schraubenfedern, hydr. Teleskop-Stoßdämpfer, Querstabilisator	Dreieckquerlenker und Federbeine
Hinterradaufhängung	Pendelachse mit Längsschubstreben und Schräglenkern, Schraubenfedern, hydr. Teleskop-Stoßdämpfer	Pendelachse mit Längsschubstreben und Schräglenkern, Schraubenfedern, hydr. Teleskop-Stoßdämpfer	Verbundlenkerachse mit gezogenen Längslenkern, Schraubenfedern, hydr. Teleskop-Stoßdämpfer
Lenkung	Spindel und Mutter	Spindel und Mutter, später Zahnstange (GLS 58 PS immer mit Zahnstange)	Zahnstange
Fußbremse	Hydraulisch, 4 Räder (Zweikreis), Scheiben vorn: Ø = 252 mm, Belagfläche 76 cm≈ Trommeln hinten: Belag 385 cm≈, Gesamt-Bremsfläche 461 cm≈	Hydraulisch, 4 Räder (Zweikreis, Servo), Scheiben vorn: Ø =252 mm, Belagfläche 116 cm≈, Trommeln hinten: Belag 385 cm≈	Hydraulisch, 4 Räder (Zweikreis, Servo), Scheiben vorn: Ø = 236 mm, Trommeln hinten
Handbremse	Mechanisch, auf Hinterräder	Mechanisch, auf Hinterräder	Mechanisch, auf Hinterräder
Allgemeine Daten	**Limousine, 4 türig**	**Limousine, 4 türig**	**Schrägheck-Limousine, 4 türig**
Radstand	2400 mm	2400 mm	2450 mm
Spur	1300/1270 mm, ab 1983: 1390/1350 mm	1300/1270 mm, ab 1983: 1390/1350 mm	1400/1365 mm
Gesamtmaße	4160 x 1595 x 1400 mm, ab 1983:4200 x 1610 x 1400 mm	4160 x 1595 x 1400 mm, ab 1983: 4200 x 1610 x 1400 mm	3815 x 1620 x 1415 mm
Reifen	155 SR 14, ab 1983 165 SR 13	155 SR 14, ab 1983 165 SR 13	165/70 R 13
Felgen	4,5 J x 14, ab 1983 4,5 J x 13	4,5 J x 14, ab 1983 4,5 J x 13	4,5 J x 13
Bodenfreiheit	12 cm	12 cm	12 cm
Wendekreisdurchmesser	11 m	11 m	11 m
Leermasse	875 kg	875 / 890 kg	840 kg
Zuläss. Gesamtmasse	1275 kg	1275 /1285 kg	1290 kg
Höchstgeschwindigkeit	130 km/h	140 / 150 km/h	150 km/h
Beschleunigung 0–100 km/h	24 sec	20 / 18 sec	14 sec
Verbrauch	7,5 Liter/100 km	8,0 / 8,6 Liter/100 km	7,0 Liter/100 km
Kraftstofftank	37 Liter (hinten)	37 Liter (hinten)	47 Liter (hinten)

	Tatra 600 (Tatraplan) 1947 – 1952	Tatra 603 1956 – 1963	Tatra 2-603 1963 – 1975
Motor		603 F	603 G, ab 1968 603 H
Zylinderzahl	4 (Boxer) längs hinter der Hinterachse	V8 (90 Grad), längs hinter der Hinterachse	V8(90 Grad), längs hinter der Hinterachse
Bohrung x Hub	85 x 86 mm	75 x 72 mm	75 x 70
Hubraum	1952 cm^3	2545 cm^3	2472 cm^3
Leistung	52 PS (38 kW) bei 4000/min	95 PS (70 kW) bei 4800/min	100 PS (74 kW) bei 4800/min / 105 PS (77 kW) bei 4800/min
Drehmoment	12 mkg bei 2000/min	15,8 mkg bei 3000/min	16,5 mkg bei 3000/min / 17mkg bei 3500/min
Verdichtung	6,0 : 1	6,5 : 1	8,2 : 1
Vergaser	1 Fallstrom-Doppelvergaser Solex 32 PBI oder 32 UBIP oder Zenith 32 JN	2 Fallstrom-Doppelvergaser Jikov/Motopal 30 SSOP	2 Fallstrom-Doppelvergaser Jikov 30 SSOP
Ventile	Hängend (Stößel, Kipphebel), zentrale Nockenwelle (Antrieb durch Zahnräder)	Hängend (Stößel, Kipphebel), zentrale Nockenwelle (Antrieb durch Kette)	Hängend (Stößel, Kipphebel), zentrale Nockenwelle (Antrieb durch Kette)
Kurbelwellenlager	4	5	5
Kühlung	Luft/Axialgebläse	Luft/2 Axialgebläse	Luft/ 2 Axialgebläse
Schmierung	Druckumlauf/ 5,5 Liter Öl, 1 Ölkühler	Druckumlauf/ 8,5 Liter Öl, 2 Ölkühler	Druckumlauf/ 6,5 Liter Öl 2 Ölkühler
Batterie	12 V 75 Ah (hinten)	2 x 6 V 75 Ah (vorn)	2 x 6 V 75 Ah (vorn)
Lichtmaschine	Gleichstrom 150 W	Gleichstrom 160 W	Gleichstrom 300 W
Kraftübertragung	Antrieb auf Hinterräder	Antrieb auf Hinterräder	Antrieb auf Hinterräder
Kupplung	Einscheiben-Trockenkupplung	Einscheiben-Trockenkupplung	Einscheiben-Tockenkupplung
Schaltung	Lenkradschaltung,	Lenkradschaltung,	Lenkradschaltung,
Getriebe	4 Gang	4 Gang	4 Gang
Synchronisierung	II–IV	I–IV	I–IV
Übersetzungen	I. 3,55 II. 2,26 III. 1,44 IV. 0,96 R: 4,755	I. 3,545 II. 2,265 III. 1,45 IV. 0,96 R: 3,428	I. 3,545 II. 2,265 III. 1,45 IV. 0,96 R: 3,428
Antriebs-Übersetzung	4,09	4,1	4,1
Fahrwerk	Selbsttragende Ganzstahl-Karosserie mit Zentralträger	Selbsttragende Ganzstahl-Karosserie	Selbsttragende Ganzstahl-Karosserie
Vorderradaufhängung	Querblattfeder oben/unten, hydr. Teleskop-Stoßdämpfer	Gezogene Kurbelarme, Schraubenfedern, Querstabilisator, hydr. Teleskop-Stoßdämpfer	Gezogene Kurbelarme, Schraubenfedern, Querstabilisator hydr. Teleskop-Stoßdämpfer
Hinterradaufhängung	Pendelachse mit Längsschubstreben, Torsionsstabfedern, hydr. Teleskop-Stoßdämpfer	Pendelachse mit Längsschubstreben, Schraubenfedern, hydr. Teleskop-Stoßdämpfer	Pendelachse mit Längsschubstreben, Schraubenfedern hydr. Teleskop-Stoßdämpfer
Lenkung	Zahnstange	Zahnstange	Zahnstange
Fußbremse	Hydraulisch, 4 Räder (Einkreis), Trommeln vorn/hinten, Gesamt-Bremsfläche 1080 cm≈	Hydraulisch, 4 Räder (Zweikreis, später Einkreis), Trommeln vorn/hinten, Gesamt-Bremsfläche 1320 cm≈	Hydraulisch, 4 Räder (Einkreis, Servo), Trommeln vorn/hinten, Gesamt-Bremsfläche 1266 cm≈ / ab 1968 Scheibenbremsen vorn/hinten, Gesamt-Bremsfläche 312 cm≈
Handbremse	Mechanisch, auf Hinterräder	Mechanisch, auf Hinterräder	Mechanisch, auf Hinterräder
Schmierung	Chassis-Zentralschmierung	14 Nippel	14 Nippel
Allgemeine Daten	**Limousine, 4 türig**	**Limousine, 4 türig**	**Limousine, 4 türig**
Radstand	2700 mm	2750 mm	2750 mm
Spur	1300/1300 mm	1420/1400 mm	1485/1400 mm
Gesamtmaße	4540 x 1670 x 1520 mm	5065 x 1910 x 1530 mm	5065 x 1910 x 1530 mm / ab 1968: 4975 x 1895 x 1530 mm
Reifen	6.00-16	6.50-15, 6.70-15	6.70-15
Bodenfreiheit	23 cm	20 cm	20 cm
Wendekreisdurchmesser	13,5 m	14 m	12 m
Leermasse	1170 kg	1420 kg	1470 bis 1510 kg
		1960 kg	1960 kg
Höchstgeschwindigkeit	125 km/h	160 km/h	165 / 170 km/h
		16,5 sec	15,5 sec
Verbrauch	11 Liter/100 km	13 Liter/100 km	12,5 / 11,8 Liter/100 km
Kraftstofftank	56 Liter (vorn)	52 Liter (vorn)	52 / 60 Liter (vorn)

	Tatra 613 / 613-2 1974 – 1986	**Tatra 613-3 1986 – 1990**
Motor	613, ab 1980 613 E1	613 E1/1
Zylinderzahl	V8 (90 Grad), längs über der Hinterachse	V8(90 Grad), längs über der Hinterachse
Bohrung x Hub	85 x 77 mm	85 x 77
Hubraum	3495 cm^3	3495 cm^3
Leistung	165 PS (121 kW) bei 5200/min / 168 PS (123 kW) bei 5200/min	168 PS (123 kW) bei 5200/min
Drehmoment	27 mkg bei 2500/3000/min	27 mkg bei 3300/min
Verdichtung	9,2 : 1	9,3 : 1
Vergaser	2 Fallstrom-Registervergaser Jikov 32-34 DDSR / 32-34 EDSR	2 Fallstrom-Registervergaser Jikov 32-34 SEDR
Ventile	Hängend (Stößel, Kipphebel), vier obenliegende Nockenwellen (Antrieb durch Zahnriemen)	Hängend (Stößel, Kipphebel), vier obenliegende Nockenwellen (Antrieb durch Zahnriemen)
Kurbelwellenlager	5	5
Kühlung	Luft/Axialgebläse	Luft/Axialgebläse
Schmierung	Druckumlauf/ 9 Liter Öl, 1 Ölkühler	Druckumlauf/ 9,5 Liter Öl, 1 Ölkühler
Batterie	12 V 75 Ah (vorn)	12 V 75 Ah (vorn)
Lichtmaschine	Drehstrom 55 A = 770 W	Drehstrom 55 A = 770 W
Anlasser	1,8 PS (1,32 kW)	1,8 PS (1,32 kW)
Kraftübertragung	Antrieb auf Hinterräder	Antrieb auf Hinterräder
Kupplung	Einscheiben-Trockenkupplung	Einscheiben-Tockenkupplung
Schaltung	Knüppel in Wagenmitte,	Knüppel in Wagenmitte,
Getriebe	4 Gang	4 Gang
Synchronisierung	I–IV	I–IV
Übersetzungen	I. 3,394	I. 3,394
	II. 1,889	II. 1,889
	III. 1,165	III. 1,165
	IV. 0,862	IV. 0,862
	R: 3,244	R: 3,244
Antriebs-Übersetzung	3,909	3,15
Fahrwerk	Selbsttragende Ganzstahl-Karosserie	Selbsttragende Ganzstahl-Karosserie
Vorderradaufhängung	Untere Querlenker, Federbeine, Zugstreben, Querstabilisator,	Untere Querlenker, Federbeine, Zugstreben, Querstabilisator
Hinterradaufhängung	Schräglenker, Schraubenfedern, hydr. Teleskop-Stoßdämpfer	Schräglenker, Schraubenfedern hydr. Teleskop-Stoßdämpfer
Lenkung	Zahnstange (19,2 : 1)	Zahnstange (19,2 : 1)
Fußbremse	Hydraulisch, 4 Räder (Zweikreis, Servo) Scheiben vorn: d= 42,9 mm, Ø = 280 mm, Bremsfläche 194 cm≈ Scheiben hinten: d= 42,9 mm, Ø = 268 mm, Bremsfläche 136 cm≈	Hydraulisch, 4 Räder (Zweikreis, Servo) Scheiben vorn: d= 42,9 mm, Ø = 280 mm, Bremsfläche 194 cm≈, Scheiben hinten: d= 42,9 mm, Ø = 268 mm, Bremsfläche 136 cm≈
Handbremse	Mechanisch, auf Hinterräder	Mechanisch, auf Hinterräder
Allgemeine Daten	**Limousine, 4 türig**	**Limousine, 4 türig**
Radstand	2980 mm	2980 mm
Spur	1520/1520 mm	1520/1520 mm
Gesamtmaße	5025 x 1800 x 1505 / 1400 mm	5000 x 1800 x 1440 mm
Reifen	215/70 HR 14	205/70 HR 14, 215/70 HR 14
Felgen	6 J x 14	6 J x 14
Bodenfreiheit	22 cm	16 cm
Wendekreisdurchmesser	12,5m	12,5 m
Leermasse	1600 bis 1670 kg	1690 kg
Zuläss. Gesamtmasse	2140 kg	2160 kg
Höchstgeschwindigkeit	190 km/h	190 km/h
Beschleunigung 0–100 km/h	12,7 sec	11,4 sec
Verbrauch	18 / 14 Liter/100 km	13 Liter/100 km
Kraftstofftank	2 x 36 Liter (hinten)	2 x 36 Liter (hinten)

Personenkraftwagen aus Polen

Im Gegensatz zum tschechischen Nachbarland war Polen bis zum Zweiten Weltkrieg industriell nur wenig erschlossen. Großbetriebe konzentrierten sich vor allem um die Hauptstadt Warschau. Schon früh waren Lizenz- und Vertriebsabkommen mit Fiat und General Motors abgeschlossen worden. Diese Aktivitäten endeten mit der deutschen Besetzung. Bis Ende der 40er Jahre wurden dann zwei eigenständige Pkw-Hersteller installiert. Beide nutzten wiederum ausländische Modelle als Basis.

Das Warschauer FSO-Werk baute ab 1951 den sowjetischen Pobjeda M20 in Lizenz. Von dieser Vollhecklimousine wurde bis Mitte der 60er Jahre nur eine verschwindend kleine Anzahl in dei DDR importiert, allerdings nie in der Kombi- oder Lieferwagen-Version. Der 2,1 Liter-Motor des Warszawa trieb auch kleine Nutzfahrzeuge an, die ihren Organspender bei weitem überlebten. Technisch unterschied sich der polnische übrigens nur marginal vom russischen Modell, dessen Fahrwerk weniger komfortabel ausgelegt war und das auf großen 16er Rädern saß.

Gar nicht in den DDR-Handel gelangten die Automobile aus dem Kleinwagen-Werk FSM im südpolnischen Bielsko Biala. Hier wurde ab 1971 der Syrena mit Dreizylinder-Zweitakter gefertigt – eine Parallele zu Eisenach. Die Syrena-Produktion hatte indes schon 1957

Warszawa M20 Limousine 4 Türen, nur in kleinster Stückzahl in die DDR gekommen

begonnen – damals noch im Warschauer FSO-Werk. Mit der anfangs parallel verlaufenden Lizenz-Produktion des Fiat 126 in Bielsko Biala ab 1973/74 ging die Fertigung des Syrena Schritt für Schritt zurück. Ein Großteil der 126-Produktion gelangte übrigens in den Export. Heute stellt das polnische Werk die Nachfolgetypen Fiat Quinquecento und Seicento her.

Polski-Fiat 125 p

Absolute Spitzengeltung hatten die ab ab 1967 in Lizenz gebauten gebauten Polski-Fiat 125p in der DDR. Sie verfügten zwar über die moderne Karosserie des Fiat 125, mußten sich aber mit den 1,3 und 1,5 Liter-ohv-Motoren des alten Fiat 1300/1500 begnügen. Immerhin hatten die Ostdeutschen damit die Wahl zwischen zwei Hubraumstufen. Problem war nur, daß diese Autos höheroktanigen Kraftstoff benötigten, der anfangs nicht überall verfügbar war. Die polnischen Fiat rangierten in der Hierachie deutlich vor den Shiguli/Lada-Wagen. Preislich lagen sie nur unwesentlich über dem der etwas kleineren sowjetischen Fahrzeuge.

Ein Facelift in den 70er Jahren bescherte dem noblen Polen ein geschwärztes Kühlergrill und entsprechend gefärbte Stoßfänger statt des bisherigen Chrom-Schmucks. Es blieb allerdings bei den charakteristischen runden Doppelscheinwerfern – der italienische 125er kam dagegen mit Rechteck-Lampen daher. Mit der Qualität der polnischen Lizenzautos stand es allerdings nicht zum besten, vor allem was ihre Rostanfälligkeit betraf.

Polski-Fiat 125 p Limousine 4 Türen, mit Chromgrill und runden, kleinen Parkleuchten

FSO 125 p Limousine 4 Türen, mit geschwärztem Grill, FSO-Logo und eckigen Parkleuchten

Nach Auslauf des Lizenzvertrags mit Fiat durfte FSO die Bezeichnung »Polski-Fiat« nicht mehr verwenden. Mit dem immer weiter ausufernden Shiguli/Lada-Angebot versiegte schließlich in den 80ern der 125p-Nachschub für die DDR. Die in Polen ebenfalls gebaute Kombi-Version wurde im sozialistischen deutschen Nachbarland übrigens nicht angeboten. Gleiches gilt für die auf dem 125p basierende, moderner gestylte Fließheck-Variante Polonez. Beide wurden jedoch in Westeuropa vertrieben.

Nach der politischen Wende ist Polens Automobilindustrie wieder dort, wo sie vor dem Zweiten Weltkrieg schon war: Abgesehen vom Polonez werden ausschließlich Lizenz-Modelle gefertigt – mittlerweile von Daewoo, Hyundai, Kia, Opel/GM, der Volkswagen-Gruppe, Ford und Fiat.

Preise Polski-Fiat/FSO 125 p

	DDR-Preise (in Mark)		**Preise in West-Deutschland (in DM)**	
	Polski-Fiat 125p 1300	Polski-Fiat 125 p 1500	Polski-Fiat 125 p 1300	Polski-Fiat 125 p 1500
1971	22 122			
1972	22 100		6 593	6 993
1973	22 000	23 500	6 800	7 050
1974	22 000	23 500	6 993	7 385
1975	22 000	23 500	7 570	7 980
1976	22 000	23 500	7 800	8 570
1977	22 000	23 500	8 395	8 930
1978	23 500			8 990
1979	23 500			9 190

	Polski Fiat 125p-1300 (ab 1982: FSO 125p-1300) 1968 – 1990	Polski-Fiat 125p-1500 (ab 1982: FSO 125p-1500) 1969 – 1990
Motor		
Zylinderzahl	4 (Reihe), längs über der Vorderachse	4 (Reihe), längs über der Vorderachse
Bohrung x Hub	72 x 79,5 mm	77 x 79,5
Hubraum	1295 cm³	1481 cm³
Leistung	60 PS (44 kW) bei 5400/min, ab 1975: 65 PS (48 kW) bei 5200/min	70 PS (52 kW) bei 5400/min, ab 1975: 75 PS (55 kW) bei 5400/min
Drehmoment	9,5 mkg bei 3400/min	11,5 mkg bei 3200/min
Verdichtung	9,0 : 1	9,0: 1
Vergaser	1 Fallstrom-Registervergaser Weber 34 DCHD 1-17	1 Fallstrom-Registervergaser Weber 34 DCMP 1/250 oder FSO 34 S2 C12
Ventile	Hängend (Stößel und Kipphebel), seitliche Nockenwelle (Antrieb durch Kette)	Hängend (Stößel und Kipphebel), seitliche Nockenwelle (Antrieb durch Kette)
Kurbelwellenlager	3	3
Kühlung	Pumpe/ 6,7 Liter Wasser	Pumpe/ 6,7 Liter Wasser
Schmierung	Druckumlauf/ 3,5 Liter Öl	Druckumlauf/ 3,5 Liter Öl
Batterie	12 V 48 Ah (im Motorraum)	12 V 48 Ah (im Motorraum)
Lichtmaschine	Drehstrom 42 A	Drehstrom 42 A
Kraftübertragung	Antrieb auf Hinterräder	Antrieb auf Hinterräder
Kupplung	Einscheiben-Trockenkupplung	Einscheibent-Trockenkupplung
Schaltung	Lenkradschaltung, ab 1973 Knüppel in Wagenmitte	Lenkradschaltung, ab 1973 Knüppel in Wagenmitte
Getriebe	4 Gang	4 Gang
Synchronisierung	I–IV	I–IV
Übersetzungen	I. 3,75 II. 2,30 III. 1,49 IV. 1,0 R: 3,87	I. 3,75 II. 2,30 III. 1,49 IV. 1,0 R: 3,87
Antriebs-Übersetzung	4,1	4,1
Fahrwerk	Selbsttragende Ganzstahl-Karosserie	Selbsttragende Ganzstahl-Karosserie
Vorderradaufhängung	Dreiecksquerlenker, Schraubenfedern, Querstabilisator, hydr. Teleskop-Stoßdämpfer	Dreiecksquerlenker, Schraubenfedern, Querstabilisator, hydr. Teleskop-Stoßdämpfer
Hinterradaufhängung	Starrachse mit Längsblattfedern, Längsschubstreben,	Starrachse mit Längsblattfedern, Längsschubstreben
Lenkung	Schnecke und Rolle	Schnecke und Rolle
Fußbremse	Hydraulisch, 4 Räder (Zweikreis, Servo), Scheiben vorn/hinten: Ø =227 mm, Bremsfläche jeweils 124 cm≈	Hydraulisch, 4 Räder (Zweikreis, Servo), Scheiben vorn/hinten: Ø = 227 mm, Bremsfläche jeweils 124 cm≈
Handbremse	Mechanisch, auf Hinterräder	Mechanisch, auf Hinterräder
Allgemeine Daten	**Limousine, 4 türig**	**Limousine, 4 türig**
Radstand	2505 mm	2505 mm
Spur	1300/1275 mm	1300/1275 mm,
Gesamtmaße	4225 x 1620 x 1440 mm	4225 x 1630 x 1440 mm
Reifen	5.60 S 13, 165 SR 13	165 SR 13, 185/70 SR 13
Felgen	5 J x 13	5 J x 13
Bodenfreiheit	14 cm	14 cm
Wendekreisdurchmesser	10,8 m	10,8 m
Leermasse	1090 kg	1120 kg
Zuläss. Gesamtmasse	1490 kg	1520 kg
Höchstgeschwindigkeit	145 km/h	155 km/h
Beschleunigung 0–100 km/h	20 sec	18 sec
Verbrauch	9,5 Liter/100 km	10 Liter/100 km
Kraftstofftank	45 Liter (hinten)	45 Liter (hinten)

Personenkraftwagen aus Rumänien

Nicht einmal eine mit den anderen Ostblockstaaten vergleichbare Automobilproduktion hat das weitgehend landwirtschaftlich geprägte Rumänien aufzuweisen gehabt. Erst Mitte der 60er Jahre begann – unter Nutzung einer Renault-Lizenz – die Pkw-Produktion im neuen Automobilwerk Pitesti westlich von Bukarest. Beim hier gefertigten Dacia 1100 handelte es sich um den unveränderten Nachbau des Renault R8. Dieses Auto war allerdings dem Binnenmarkt vorbehalten – anders als der in großen Stückzahlen gebaute Dacia 1300, der das rumänische Straßenbild über viele Jahre in nicht zu übersehender Weise prägte.

Ab 1982 wurde außerdem bei Oltcit in Craiova die zweitürige Ausführung des Citroën Visa in Lizenz gebaut. Für den Binnenmarkt und auf einigen wenigen Exportmärkten trug das Auto den Namen Oltcit Club, in Frankreich wurde es als Citroën Axel vermarktet. In die DDR kam der Oltcit nie.

Nach dem politischen Umbruch haben Hyundai und Daewoo wesentliche Teile der Automobilproduktion in Rumänien übernommen. Hyundai läßt bei Dacia das Modell Accent sowie Motoren fertigen, nebenher laufen die konventionellen Dacia-Typen. Daewoo fertigt indes auf den Anlagen in Craiova verschiedene Kleinwagen-Modelle.

Dacia 1300

1969 begann die Montage des Dacia 1300, eines Lizenz-Nachbaus des Renault R12 – interessanterweise fast zeitgleich mit dem Serienanlauf des französischen Originals. Die Limousinen-Version gab es ab 1971 auch in der DDR. Mit einem Verkaufspreis von anfangs 23 450 Mark lag der 1,3 Liter-Wagen gleichauf mit den 1500er Versionen des Polski-Fiat 125p und des Shiguli/Lada 2103. Der Dacia – offensichtlich mit dem Nimbus der westlichen Marke Renault in Verbindung gebracht – erfreute sich allergrößter Nachfrage, was zu Wartezeiten oberhalb der des sehr gefragten Wartburg führte.

Die Verarbeitungsqualität war jedoch derart schlecht, daß es in Einzelfällen sogar zu den vom IFA Vertrieb eigentlich gar nicht vorgesehenen »Wandlungen« kam. Schluderei bei der Montage, defekte mechanische Bauteile ab Werk und vor allem eine überaus rostanfällige Karosse enttäuschten die Kundschaft.

Der anfangs mit verchromten Anbauteilen und großen Rechteck-Scheinwerfern versehene Typ 1300 erfuhr 1979 eine Überarbeitung

Dacia 1300 Limousine 4 Türen, mit chromumfaßtem Grill und Rechteck-Scheinwefern

Dacia 1310 Limousine 4 Türen, mit geschwärzten Metallteilen und reichlich Kunststoff

als Dacia 1310 und präsentierte sich fortan mit Doppelscheinwerfern, geschwärzten Stoßfängern und Grillgittern, neuem Interieur und technischen Verbesserungen wie einer Zweikreis-Bremsanlage. Der Preis in der DDR stieg um 1500 Mark gegenüber der anfangs importierten Version. Importiert wurde der Dacia bis Ende der 80er Jahre. In Ostdeutschland nicht zu haben waren die Versionen mit 1,1 und 1,2 sowie mit 1,4 Liter Hubraum. Ebenfalls nicht erhältlich waren die Coupé, die Kombi-, die Fließheck- und die Pickup-Varianten.

Preise Dacia 1300/1310 in der DDR (in Mark)

1973	23 450	1979	23 572*
1974	23 450	1980	23 572*
1975	23 450	1981	24 950
1976	23 450	1982	24 950
1977	22 000	1983	24 950
1978	22 500	1984	24 950

* incl. Sicherheitsgurte

Dacia 1300 / 1310
1969–1979 / seit 1979

Motor	
Zylinderzahl	4 (Reihe), längs vor der Vorderachse
Bohrung x Hub	73 x 77 mm
Hubraum	1289 cm^3
Leistung	54 PS (40 kW) bei 5250/min
Drehmoment	9 mkg bei 3000/min
Verdichtung	8,5 : 1
Vergaser	1 Fallstromvergaser Solex 32 EISA
Ventile	Hängend, seitliche Nockenwelle (Antrieb durch Kette)
Kurbelwellenlager	5
Kühlung	Pumpe/ 5 Liter Wasser
Schmierung	Druckumlauf/ 3 Liter Öl
Batterie	12 V 36 Ah / 45 Ah (im Motorraum)
Lichtmaschine	Drehstrom 30/40 A
Kraftübertragung	Frontantrieb
Kupplung	Einscheiben-Trockenkupplung
Schaltung	Knüppel in Wagenmitte
Getriebe	4 Gang
Synchronisierung	I–IV
Übersetzungen	I. 3,615 II. 2,26 III. 1,48 IV. 1,032 R: 3,08
Antriebs-Übersetzung	3,78
Fahrwerk	Selbsttragende Ganzstahl-Karosserie
Vorderradaufhängung	Doppel-Querlenker , obere Zugstreben, Schraubenfedern, Querstabilisator, hydr. Teleskop-Stoßdämpfer
Hinterradaufhängung	Starrachse mit Längsschubstreben, Schraubenfedern, Querstabilsator, hydr. Teleskop-Stoßdämpfer
Lenkung	Zahnstange
Fußbremse	Hydraulisch, 4 Räder (Zweikreis), Scheiben vorn Ø = 228 mm, Bremsfläche 143 cm≈, Trommeln hinten: Bremsfläche 214 cm≈, Gesamt-Bremsfläche 357 cm≈
Handbremse	Mechanisch, auf Hinterräder
Allgemeine Daten	Limousine, 4 türig
Radstand	2441 mm
Spur	1312/1313 mm
Gesamtmaße	4340 x 1640 x 1430 / 4348 x 1636 x 1435 mm
Reifen	155 SR 13
Felgen	4,5 J x 13
Bodenfreiheit	11 cm
Wendekreisdurchmesser	10,8 m
Leermasse	960 kg
Zuläss. Gesamtmasse	1360 kg
Höchstgeschwindigkeit	140 km/h
Beschleunigung 0–100 km/h	22 sec
Verbrauch	8,0 Liter/100 km
Kraftstofftank	50 Liter (hinten)

Personenkraftwagen aus der Sowjetunion

Auch in der Sowjetunion stützte sich die Automobilproduktion auf westliche Nachbauten. Hier war man bereits Anfang der 30er Jahre zu einer Übereinkunft mit Ford gekommen, in einem neuen Automobilwerk in Nishni Nowgorod – nunmehr nach dem Nationaldichter Maxim G. umbenannt in Gorki – das Erfolgsmodell A nachzubauen. Außerdem etablierten sich zwei Firmen in Moskau, die ebenfalls Pkw herstellten: Bei ZIS (Zavod imini Stalina = Stalin-Werk) entstanden ab 1937 ausladene Repräsentationslimousinen (»personenbefördernde Lastwagen«), bei MZMA (= Moskauer Kleinwagen-Werk) wurde ab 1945 der Opel Kadett gebaut. Er lief hier unter dem Namen Moskwitsch (= Sohn der Stadt Moskau). Erst später gesellten sich das ukrainische Kommunard-Werk in Zaporoshje, das Automobilwerk im sibirischen Ishewsk sowie das Lada-Werk in Togliatti dazu.

Nach dem Zusammenbruch des sozialistischen Wirtschaftssystems und dem Wegbrechen der Märkte der innerhalb des RGW ging es mit der sowjetischen Automobilindustrie steil bergab. Bei Moskwitsch lief beispielsweise 1996 kaum noch ein Auto vom Band, im Jahr darauf sollen es zweifelhafte 20 000 gewesen sein. Mit Abstand größter Produzent blieb AvtoVAZ (Lada), gefolgt von GAZ (Wolga). Insgesamt sollen 1997 in Rußland 985 000 Pkw hergestellt worden sein, darunter über 15 000 ausländische Montage-Fahrzeuge. GM, Renault und die Koreaner wollen möglichst bald die phantastische Zahl von 1,6 Millionen Pkw pro Jahr vor Ort bauen – sofern dies trotz protektonistischer Maßnahmen russischer Politiker möglich ist.

Modernisierte Vorkriegstechnik Mitte der 80er Jahre auf sowjetischen Straßen

Pobjeda und Wolga

Unmittelbar nach dem Zweiten Weltkrieg begann bei GAZ in Gorki die Fertigung eines neuen Modells der oberen Mittelklasse – des Pobjeda (= Sieg). Dieses Fahrzeug kam in den 50er Jahren in relativ großen Stückzahlen in die DDR, um hier u.a. als Behörden-Dienstfahrzeug und als Taxi eingesetzt zu werden. In Warschau wurde in Lizenzfertigung der Warszawa montiert und gegenüber der russischen Basis weiterentwickelt.

Als nächstes brachte das GAZ-Werk den Nachfolger des Pobjeda heraus: den wiederum im amerikanischen Stil gehaltenen Wolga. M21 (komfortabler, weichere Federung). Dieses fünf- bis sechssitzige Auto durchlief mehrere Evolutionsstufen und wurde ab Ende der 50er Jahre als Limousine und Kombi (M22) importiert. 1958/59 wurde die Frontpartie verändert: Statt der bisherigen Querstreben und einer Figur auf der Motorhaube zierten den Kühler nun zwei Dutzend vertikale Streben. Mit einem Preis von rund 23 000 Mark stellte der Wolga das Spitzenprodukt für private Autokäufer dar – und drängte bei dieser Gelegenheit den Sachsenring P240 aus Zwickauer Fertigung vom Markt. Wegen seiner robusten Technik, der durchgehenden vorderen Sitzbank und des üppigen Chromzierrats erfreute sich das Auto auch zwei Jahrzehnte später großen Zuspruchs.

Ab Anfang der 70er kam der Wolga GAZ M24 ins Land. Anders als sein Vorgänger verfügte er über ein Viergang-Getriebe, bekam aber gleichzeitig vordere Einselsitze. Dieser Wagen war tausendfach als Taxi im Einsatz und wurde bis Mitte der 80er Jahre meist auf Gasantrieb umgestellt. Der Wolga M24 diente gleichermaßen als Behörden- und Polizei-Dienstfahrzeug, wurde aber auch an Privatpersonen verkauft. Ab 1972 gab es überdies die Kombiverion (M2402).

GAZ M20 Pobjeda Limousine 4 Türen, frühe Ausführung mit hochgezogenem Ziergitter

GAZ M20 Pobjeda Limousine 4 Türen, mit vereinfachter Frontgestaltung

In der DDR nicht zu haben waren die in Belgien montierten Diesel-Modelle sowie das luxuriöse Spitzenmodell 3102 mit großen Rechteck-Scheinwerfern. Ende der 80er Jahre wurde aber die facegeliftete Limousine M2410 importiert.

Nach dem Zusammenbrechen der Sowjetunion stand auch das Schicksal des Automobilwerks in Gorki (nun wieder Nishni Nowgorod) auf der Kippe. Mittlerweile werden dort wieder staatlich subventioniert Pkw hergestellt.

Preise Wolga in der DDR (in Mark)

Wolga M21 (1961)	22 700
Wolga M24 (1972)	28 000

GAZ M21 Wolga Limousine 4 Türen (Modell 1956)

GAZ M21 Wolga Limousine 4 Türen (senkrechte Zierstäbe)

GAZ M22 Kombi 4 Türen

GAZ M24 Limousine 4 Türen

GAZ M2402 Kombi 4 Türen

GAZ M2410 Limousine 4 Türen, mit geschwärzter Kühlerfront und versenkten Türgriffen

	Pobjeda GAZ M20 1946 – 1958	**Wolga GAZ M21 1959 – 1971 Wolga GAZ M22 Kombi 1959 – 1973**	**Wolga GAZ M24 (2410) 1970 – 1990 Wolga GAZ M2402 Kombi 1973 – 1990**
Motor			
ylinderzahl	4 (Reihe), vorn längs	4 (Reihe), längs vorn	4 (Reihe), längs vorn
ohrung x Hub	82 x 100 mm	92 x 92 mm	92 x 92
ubraum	2120 cm^3	2445 cm^3	2445 cm^3
eistung	50 PS (37 kW) bei 3600/min	70 PS (52 kW) bei 4000/min, 75 PS (55 kW) bei 4000/min, 86 PS (63 kW) bei 4000/min	86 PS (63 kW) bei 4500/min. 100 PS (74 kW) bei 4500/min
rehmoment	12,5 mkg bei 2200/min	17 mkg bei 2000/min, 18 mkg bei 2000/min	17,5 mkg bei 2300/min 19 mkg bei 2200/min
erdichtung	6,2 : 1	6,7 : 1, 7,15 : 1, 7,65 : 1	6,7 : 1 / 7,8 : 1
ergaser	1 Fallstromvergaser 32 K 22-E	1 Fallstrom-Doppelvergaser K-22 H, später K-105	1 Fallstrom-Doppelvergaser K-126 G9
entile	Stehend, seitliche Nockenwelle (Antrieb durch Zahnräder)	Hängend (Stößel, Kipphebel), seitl. Nockenwelle (Antrieb durch Zahnräder)	Hängend (Stößel, Kipphebel), seitl. Nockenwelle (Antrieb durch Zahnräder)
urbelwellenlager	5	3, später 5	5
ühlung	Pumpe/ 10,5 Liter Wasser	Pumpe/ 11,5 Liter Wasser	Pumpe/ 11,5 Liter Wasser
chmierung	Druckumlauf/ 6 Liter Öl	Druckumlauf/ 6 Liter Öl	Druckumlauf/ 5,9 Liter Öl
atterie	12 V 54 Ah (im Motorraum)	12 V 54 Ah (im Motorraum)	12 V 54Ah (im Motorraum)
chtmaschine	Gleichstrom 18 A	Gleichstrom 220 W, später 250 W	Drehstrom 350 W
raftübertragung	Antrieb auf Hinterräder	Antrieb auf Hinterräder	Antrieb auf Hinterräder
upplung	Einscheiben-Trockenkupplung	Einscheiben-Trockenkupplung	Einscheiben-Trockenkupplung
chaltung	Lenkradschaltung	Lenkradschaltung	Knüppel in Wagenmitte
etriebe	3 Gang	3 Gang	4 Gang
ynchronisierung	II–III	II-III	I–IV
bersetzungen	I. 2,82, ab 1960: 3,115 II. 1,604, ab 1960: 1,772 III. 1,0 R: 3,382, ab 1960: 3,783	I. 3,53 II. 1,74 III. 1,0 R: 3,738	I. 3,5 II. 2,26 III. 1,45 IV. 1,0 R: 3,54
ntriebs-Übersetzung	5,125	4,72, später 4,55	4,1
ahrwerk	Selbsttragende Ganzstahl-Karosserie	Selbsttragende Ganzstahl-Karosserie	Selbsttragende Ganzstahl-Karosserie
orderradaufhängung	Trapez-Dreieckquerlenker, Schraubenfedern, hydr. Kolben-Stoßdämpfer	Trapez-Dreieckquerlenker, Schraubenfedern, Querstabilisator, hydr. Kolben-Stoßdämpfer, ab 1963 hydr. Teleskop-Stoßdämpfer	Trapez-Dreieckquerlenker, Schraubenfedern, Querstabilisator, hydr. Teleskop-Stoßdämpfer
interradaufhängung	Starrachse mit Längsblattfedern, hydr. Kolben-Stoßdämpfer (doppeltwirkend)	Starrachse mit Längsblattfedern, hydr. Kolben-Stoßdämpfer, ab 1963 hydr. Teleskop-Stoßdämpfer	Starrachse mit Längsblattfedern, hydr. Teleskop-Stoßdämpfer
nkung	Schnecke und Rolle	Schnecke und Rolle	Schnecke und Rolle
ußbremse	Hydraulisch, 4 Räder (Einkreis), Trommeln vorn/hinten	Hydraulisch, 4 Räder, Trommeln vorn/hinten, Gesamt-Bremsfläche 1120 cm≈	Hydraulisch, 4 Räder (Zweikreis, Servo), Trommeln vorn/hinten, Gesamt-Bremsfläche 1130 cm≈
andbremse	Mechanisch, auf Hinterräder	Mechanisch, auf Kardanwelle	Mechanisch, auf Hinterräder
chmierung		21 Nippel	
llgemeine Daten	**Limousine, 4 türig**	**Limousine, 4 türig Kombi, 4 türig**	**Limousine, 4 türig Kombi, 4 türig**
adstand	2700 mm	2700 mm	2800 mm
pur	1364/1362 mm	1410/1420 mm	1225/1220 mm
esamtmaße	4665 x 1695 x 1640 mm	21 G/S: 4835 x 1800 x 1620 mm, 21 R: 4810 x 1800 x 1620 mm, Kombi: 4055 x 1540 x 1620 mm	4760 x 1800 x 1490 mm, Kombi: 4735 x 1800 x 1540 mm
eifen	6.00-16	6.70-15, Kombi: 7.10-15	7.35/185-15 / 14, 195-14, 205/70 R 14
odenfreiheit	21 cm	19 cm	18 cm
Vendekreisdurchmesser	13 m	13,4 m	11,9 m
ermasse	1400 kg	1360 bis 1400 kg, Kombi:1480 bis 1530 kg	1400 bis 1455 kg, Kombi: 1500 bis 1575 kg
uläss. Gesamtmasse	1850	1850 kg, Kombi: 2000 kg	1830 kg, Kombi: 2100 kg
öchstgeschwindigkeit	105 km/h	130 / 135 km/h, Kombi: 130 km/h	145 / 150 km/h, Kombi: 140 km/h
eschleunigung 0–100 km/h		34 sec /	26 sec
erbrauch	12 Liter/100 km	9 Liter/100 km, Kombi: 10 Liter/100 km	8 Liter/100 km, Kombi: 9,5 Liter/100 km
raftstofftank	55 Liter (hinten)	60 Liter (hinten)	55 Liter (hinten)

Moskwitsch

Moskwitsch 400 hieß der ab 1946 im Moskauer Kleinwagenwerk MZMA gebaute Kleinwagen. Es handelte sich um den Opel Kadett, dessen Werksanlagen von den Sowjets als Reparationsleistung in Rüsselsheim abgebaut worden waren. Das bis Ende der 50er Jahre gebaute Auto wurde nie in der DDR angeboten.

Importlieferungen betrafen erst den Moskwitsch 407 und 403, zwei im englischen Stil gezeichnete, äußerlich fast identische Wagen der unteren Mittelklasse. Ihre Technik basierte indes weiterhin auf dem Vorkriegs-Opel. In kleiner Stückzahl kam auch die Kombiversion Typ 423 ins Land. 1960 erhielt der 407 als 407/1 ein Viergang-Getriebe. »Relativ hochbeinig, trägt den sowjetischen Bedingungen Rechnungen«, urteilte die DDR-Presse vieldeutig.

Mitte der 60er Jahre folgte der äußerlich modernisierte Moskwitsch 408 (trapezförmige Karosse, größere Fensterflächen, höhere Front/Heckscheibe, kleinere 13 Zoll-Räder statt bisher 15 Zoll). Es blieb beim 1,4 Liter-Motor der Vorgänger-Typen (Leistungssteigerung von 45 auf 50 PS). Der 408 verfügte noch über eine durchgehende Sitzbank. Mit Rechteck-Scheinwerfern und ohne Heckflosse gab's dieses Auto ab 1970 als 408 IE (mit Knüppelschaltung). Preislich etwas unterhalb des Wartburg positioniert, war der Moskwitsch gleichermaßen zehntausendfach als Taxi und Dienstfahrzeug in der DDR im Einsatz. Privatleute schätzten zwar seine Robustheit, fürchteten aber den nicht unerheblichen Durst und die mangelhafte Verarbeitung.

Moskwitsch 403 Limousine 4 Türen (zweifarbig)

Moskwitsch 423 Kombi
4 Türen

Zumindest technisch einen Quantensprung machte der ab 1969 gebaute Typ 412 mit zeitgemäßem 1,5 Liter-ohc-Motor und der überarbeiteten Optik, die auch der Moskwitsch 408 IE übernehmen sollte. Erstmals verpaßte das mittlerweile mit dem Beinamen »Leninscher Komsomol« (AZLK) versehene Werk dem Moskwitsch hier eine Knüppelschaltung. Nur marginal – etwa durch weniger Chrom und integrierte Türgriffe – unterschieden sich die Nachfolger 2138 und 2140: Ersterer behielt den alten ohv-Motor des 408, während der 2140 mit dem 412-Triebwerk daherkam.

Angesichts des überzeugenden Lada-Importangebots sahen nur wenige Privatkäufer einen Grund, den technisch veralteten Moskwitsch zu kaufen. So gelangte er Ende der 80er Jahre nur noch in kleiner Stückzahl in die DDR. Das Nachfolgemodell 2141 Aleko mit moderner Schrägheck-Karosse kam in 400 Exemplaren ins Land. Diesel-Modelle – wie sie als Scaldia in Belgien montiert wurden (u.a. Perkins- und Peugeot-Motoren) – waren in Ostdeutschland nie zu haben.

Auch das Moskauer Werk durchläuft seit Anfang der 90er eine Existenzkrise. Inzwischen bemühen sich koreanische Konzerne, hier eine Lizenzproduktion aufzuziehen.

Preise Moskwitsch

	DDR	West-Deutschland
Moskwitsch 407 (1958)	15 500,- DM-Ost	4850,- DM (1961)
Moskwitsch 407/1 (1960)	16 000,- DM-Ost	
Moskwitsch 423 Kombi		5250,- DM (1961)
Moskwitsch 403 (1966)	17 000,- M	
Moskwitsch 408 (1966)	17 300,- M	
Moskwitsch 408 IE (1971)	17 395,- M	5998,- DM (1971)
Moskwitsch 412 (1972)	18 500,- M	7253,- DM (1972)
Moskwitsch 2140 (1976)	18 622,- M	
Moskwitsch 2137 Kombi (1977)	19 500,- M	

Moskwitsch 408 Limousine
4 Türen

Moskwitsch 412 Limousine
4 Türen

Moskwitsch 2140 Limousine
4 Türen

Moskwitsch 426/427 Kombi
4 Türen, mit Heckflossen

Moskwitsch 2140 Limousine
4 Türen, Facelift

Moskwitsch 2141 Aleko
Schrägheck-Limousine
4 Türen

	Moskwitsch 407 / 407/1 1957 – 1963 Moswitsch 423 Kombi 1958 – 1965	Moskwitsch 403 1962 – 1965
Motor		
Zylinderzahl	4 (Reihe), längs vorn	4 (Reihe), längs vorn
Bohrung x Hub	76 x 75 mm	76 x 75
Hubraum	1358 cm^3	1358 cm^3
Leistung	45 PS (33 kW) bei 4300/min	45 PS (33 kW) bei 4500/min
Drehmoment	9 mkg bei 2900/min	9 mkg bei 2500/min
Verdichtung	7,0 : 1	7,0 : 1
Vergaser	1 Fallstromvergaser K-44 (407/1: K-59)	1 Fallstromvergaser K-59
Ventile	Hängend (Stößel, Kipphebel), seitl. Nockenwelle (Antrieb durch Zahnräder)	Hängend (Stößel, Kipphebel), seitl. Nockenwelle (Antrieb durch Zahnräder)
Kurbelwellenlager	3	3
Kühlung	Pumpe/7,5 Liter Wasser	Wasser/ 8 Liter Wasser
Schmierung	Druckumlauf/ 4 Liter Öl	Druckumlauf/ 4,5 Liter Öl
Batterie	12 V 42 Ah (im Motorraum)	12 V 42Ah (im Motorraum)
Lichtmaschine	Gleichstrom 200 W	Gleichstrom 200 W
Kraftübertragung	Antrieb auf Hinterräder	Antrieb auf Hinterräder
Kupplung	Einscheiben-Trockenkupplung	Einscheiben-Trockenkupplung
Schaltung	Lenkradschaltung,	Lenkradschaltung,
Getriebe	3 Gang 407/1: 4 Gang	4 Gang
Synchronisierung	II-III II–IV	II–IV
Übersetzungen	I. 3,53 I. 3,81 II. 1,74 II. 2,242 III. 1,0 III. 1,45 IV. 1,0 R: 4,61 R: 4,71	I. 3,81 II. 2,242 III. 1,45 IV. 1,0 R: 4,71
Antriebs-Übersetzung	4,72 4,62	4,55
Fahrwerk	Selbsttragende Ganzstahl-Karosserie	Selbsttragende Ganzstahl-Karosserie
Vorderradaufhängung	Trapez-Dreieckquerlenker, Schraubenfedern, Querstabilisator, hydr. Teleskop-Stoßdämpfer	Trapez-Dreieckquerlenker Schraubenfedern, Querstabilisator hydr. Teleskop-Stoßdämpfer
Hinterradaufhängung	Starrachse mit Längsblattfedern, hydr. Teleskop-Stoßdämpfer	Starrachse mit Längsblattfedern hydr. Teleskop-Stoßdämpfer
Lenkung	Schnecke und Rolle	Schnecke und Rolle
Fußbremse	Hydraulisch, 4 Räder (Einkreis), Trommeln vorn/hinten, Gesamt-Bremsfläche 775 cm≈	Hydraulisch, 4 Räder (Einkreis), Trommeln vorn/hinten, Gesamt-Bremsfläche 775 cm≈
Handbremse	Mechanisch, auf Hinterräder	Mechanisch, auf Hinterräder
Schmierung	15 Nippel	15 Nippel
Allgemeine Daten	**Limousine, 4 türig, Kombi, 4 türig**	**Limousine, 4 türig**
Radstand	2370 mm	2370 mm
Spur	1225/1220 mm	1225/1220 mm
Gesamtmaße	4055 x 1540 x 1500 mm Kombi: 4055 x 1540 x 1600 mm	4055 x 1540 x 1500 mm
Reifen	5.60-15	5.60-15
Bodenfreiheit	20 cm	20 cm
Wendekreisdurchmesser	12,8m	11,9 m
Leermasse	980 kg, Kombi: 1030 kg	990 kg
Zuläss. Gesamtmasse	1280 kg, Kombi: 1430 kg	1300 kg
Höchstgeschwindigkeit	115 km/h, Kombi: 105 km/h	125 km/h
Beschleunigung 0–100 km/h	35 sec / 407/1: 26 sec	26 sec
Verbrauch	8 Liter/100 km	8 Liter/100 km
Kraftstofftank	35 Liter (hinten)	35 Liter (hinten)

	Moskwitsch 408 / 408 IE 1965 – 1974 /1970 – 1976 Moskwitsch 426 Kombi 1966 – 1976	Moskwitsch 412 1969 – 1976 Moskwitsch 427 Kombi 1969 – 1976
Motor		
Zylinderzahl	4 (Reihe), längs vorn	4 (Reihe), längs vorn
Bohrung x Hub	76 x 75 mm	82 x 70
Hubraum	1358 cm^3	1478 cm^3
Leistung	50 PS (37 kW) bei 4750/min	70 PS (55 kW) bei 5800/min
Drehmoment	9,3 mkg bei 2750/min	10,5 mkg bei 3400/min
Verdichtung	7,1 : 1	8,8 : 1
Vergaser	1 Fallstrom-Doppelvergaser K-126 P	1 Fallstrom-Doppelvergaser
Ventile	Hängend (Stößel, Kipphebel), seitl. Nockenwelle (Antrieb durch Zahnräder)	Hängend (Stößel, Kipphebel), 1 obenliegende. Nockenwelle (Antrieb durch Kette)
Kurbelwellenlager	3	5
Kühlung	Pumpe/ 7 Liter Wasser	Pumpe/ 7,5 Liter Wasser
Schmierung	Druckumlauf/ 4 Liter Öl	Druckumlauf/ 5 Liter Öl
Batterie	12 V 42 Ah (im Motorraum)	12 V 42 Ah (im Motorraum)
Lichtmaschine	Gleichstrom 250 W	Drehstrom 90 A = 350 W
Kraftübertragung	Antrieb auf Hinterräder	Antrieb auf Hinterräder
Kupplung	Einscheiben-Trockenkupplung	Einscheiben-Trockenkupplung
Schaltung	Lenkradschaltung, ab 408 IE: Knüppelschaltung	Knüppel in Wagenmitte
Getriebe	4 Gang	4 Gang
Synchronisierung	II–IV	I–IV
Übersetzungen	I. 3,81 II. 2,242 III. 1,45 IV. 1,0 R: 4,71	I. 3,49 II. 2,04 III. 1,335 IV. 1,0 R: 3,39
Antriebs-Übersetzung	4,22, 426 Kombi: 4,55	4,22, 427 Kombi: 4,55
Fahrwerk	Selbsttragende Ganzstahl-Karosserie	Selbsttragende Ganzstahl-Karosserie
Vorderradaufhängung	Trapez-Dreieckquerlenker, Schraubenfedern, Querstabilisator, hydr. Teleskop-Stoßdämpfer	Trapez-Dreieckquerlenker, Schraubenfedern, Querstabilisator, hydr. Teleskop-Stoßdämpfer
Hinterradaufhängung	Starrachse mit Längsblattfedern	Starrachse mit Längsblattfedern
Lenkung	Schnecke und Rolle	Schnecke und Rolle
Fußbremse	Hydraulisch, 4 Räder (Einkreis), Trommeln vorn/hinten, Gesamt-Bremsfläche 768 cm≈	Hydraulisch, 4 Räder (Zweikreis), Trommeln vorn/hinten, Gesamt-Bremsfläche 768 cm≈
Handbremse	Mechanisch, auf Hinterräder	Mechanisch, auf Hinterräder
Allgemeine Daten	**Limousine, 4 türig** **Kombi, 4 türig**	**Limousine, 4 türig** **Kombi, 4 türig**
Radstand	2400 mm	2400 mm
Spur	1240/1230 mm	1240/1230 mm
Gesamtmaße	4090 x 1550 x 1480 mm, 426 Kombi: 4090 x 1550 x 1510 mm	4196 x 1550 x 1480 mm, 427 Kombi: 4160 x 1550 x 1525 mm
Reifen	5.90-13, 6.00-13 426 Kombi: 6.40-13	6.00-13, 6.45-13, 165 SR 13
Felgen	4 J x 13	4 J x 13
Bodenfreiheit	18 cm	20 cm
Wendekreisdurchmesser	11m	11 m
Leermasse	990 kg, Kombi: 1020 kg	960 kg, Kombi 1100 kg
Zuläss. Gesamtmasse	1380 kg, Kombi: 1500 kg	1360 kg, Kombi: 1500 kg
Höchstgeschwindigkeit	120 km/h	140 km/h
Beschleunigung 0–100 km/h	25 sec	22 sec
Verbrauch	9,5 Liter/100 km	8,8 Liter/100 km
Kraftstofftank	46 Liter (hinten)	46 Liter (hinten)

	Moskwitsch 2138 1975 – 1990 Moskwitsch 2136 Kombi 1975 – 1990	Moskwitsch 2140 Ab 1975 Moskwitsch 2137 Kombi Ab 1975
Motor		
Zylinderzahl	4 (Reihe), längs vorn	4 (Reihe), längs vorn
Bohrung x Hub	76 x 75 mm	82 x 70
Hubraum	1358 cm^3	1478 cm^3
Leistung	50 PS (37 kW) bei 4750/min	70 PS (55 kW) bei 5800/min
Drehmoment	9,3 mkg bei 2750/min	11,4 mkg bei 3400/min
Verdichtung	7,1 : 1	8,8 : 1
Vergaser	1 Fallstrom-Doppelvergaser	1 Fallstrom-Doppelvergaser
Ventile	Hängend (Stößel, Kipphebel), seitl. Nockenwelle (Antrieb durch Zahnräder)	Hängend (Stößel, Kipphebel), 1 obenliegende. Nockenwelle (Antrieb durch Kette)
Kurbelwellenlager	3	5
Kühlung	Pumpe/ 7 Liter Wasser	Pumpe/ 7,5 Liter Wasser
Schmierung	Druckumlauf/ 4,5 Liter Öl	Druckumlauf/ 5 Liter Öl
Batterie	12 V 42 Ah / 55 Ah (im Motorraum)	12 V 42 Ah / 55 Ah (im Motorraum)
Lichtmaschine	Drehstrom 250 W	Drehstrom 40 A
Kraftübertragung	Antrieb auf Hinterräder	Antrieb auf Hinterräder
Kupplung	Einscheiben-Trockenkupplung	Einscheiben-Trockenkupplung
Schaltung	Knüppel in Wagenmitte	Knüppel in Wagenmitte
Getriebe	4 Gang	4 Gang
Synchronisierung	II–IV	I–IV
Übersetzungen	I. 3,81 II. 2,242 III. 1,45 IV. 1,0 R: 4,71	I. 3,49 II. 2,04 III. 1,335 IV. 1,0 R: 3,39
Antriebs-Übersetzung	4,22, 426 Kombi: 4,55	4,22, 427 Kombi: 4,55
Fahrwerk	Selbsttragende Ganzstahl-Karosserie	Selbsttragende Ganzstahl-Karosserie
Vorderradaufhängung	Trapez-Dreieckquerlenker, Schraubenfedern, Querstabilisator, hydr. Teleskop-Stoßdämpfer	Trapez-Dreieckquerlenker, Schraubenfedern, Querstabilisator, hydr. Teleskop-Stoßdämpfer
Hinterradaufhängung	Starrachse mit Längsblattfedern	Starrachse mit Längsblattfedern
Lenkung	Schnecke und Rolle	Schnecke und Rolle, ab 1985 a.W. Zahnstange
Fußbremse	Hydraulisch, 4 Räder (Zweikreis), Trommeln vorn/hinten, Gesamt-Bremsfläche 768 cm≈ ab 1978 a.W. Servo und Scheiben vorn	Hydraulisch, 4 Räder (Zweikreis, Servo), Scheiben vorn, Trommeln hinten Gesamt-Bremsfläche 588 cm≈
Handbremse	Mechanisch, auf Hinterräder	Mechanisch, auf Hinterräder
Allgemeine Daten	**Limousine, 4 türig** **Kombi, 4 türig**	**Limousine, 4 türig** **Kombi, 4 türig**
Radstand	2400 mm	2400 mm
Spur	1240/1230 mm	1240/1230 mm
Gesamtmaße	4250 x 1550 x 1480 mm, Kombi: 4250 x 1550 x 1510 mm	4250 x 1550 x 1480 mm, Kombi: 4250 x 1550 x 1525 mm
Reifen	5.90-13, 6.00-13, Kombi: 6.40-13	6.45-13, 6.95-13, 165 SR 13, 175 SR 13
Felgen	4,5 J x 13	4,5 J x 13
Bodenfreiheit	18 cm	20 cm
Wendekreisdurchmesser	11,5 m	11 m
Leermasse	1040 kg, Kombi: 1100 kg	1080 kg, Kombi 1120 kg
Zuläss. Gesamtmasse	1420 kg, Kombi: 1500 kg	1460 kg, Kombi: 1500 kg
Höchstgeschwindigkeit	120 km/h	140 km/h
Beschleunigung 0–100 km/h	21 sec	17 sec
Verbrauch	9,5 Liter/100 km	8,8 Liter/100 km
Kraftstofftank	46 Liter (hinten)	46 Liter (hinten)

	Moskwitsch 21412 Aleko ab 1988	Moskwitsch 2141 Aleko ab 1988
Motor	UZAM 331	VAZ 2106
Zylinderzahl	4 (Reihe), längs vor der Vorderachse	4 (Reihe), längs vor der Vorderachse
Bohrung x Hub	82 x 70 mm	79 x 80 mm
Hubraum	1478 cm^3	1568 cm^3
Leistung	70 PS (52 kW) bei 5400/min	78 PS (57 kW) bei 5400/min
Drehmoment	10,8 mkg bei 3200/min	12,5 mkg bei 3100/min
Verdichtung	9,5 : 1	8,5 : 1
Vergaser	1 Fallstrom-Registervergaser	1 Fallstrom-Registervergaser
Ventile	Hängend (Stößel, Kipphebel), 1 obenliegende. Nockenwelle (Antrieb durch Kette)	Hängend (Stößel, Kipphebel), 1 obenliegende Nockenwelle (Antrieb durch Kette)
Kurbelwellenlager	5	5
Kühlung	Pumpe/ 8 Liter Wasser	Pumpe/ 8 Liter Wasser
Schmierung	Druckumlauf, 3,5 Liter Öl	Druckumlauf, 3,5 Liter Öl
Batterie	12 V 55 Ah (im Motorraum)	12 V 55 Ah (im Motorraum)
Lichtmaschine	Drehstrom 55 A	Drehstrom 55 A
Kraftübertragung	Frontantrieb	Frontantrieb
Kupplung	Einscheiben-Trockenkupplung	Einscheiben-Trockenkupplung
Schaltung	Knüppel in Wagenmitte	Knüppel in Wagenmitte
Getriebe	5 Gang	5 Gang
Synchronisierung	I–V	I – V
Übersetzungen	I. 3,31 II. 2,05 III. 1,37 IV. 0,95 V. 0,73 R: 3, 36	I. 3,31 II. 2,05 III. 1,37 IV. 0,95 V: 0,73 R: 3,36
Antriebs-Übersetzung	4,1	4,1
Fahrwerk	Selbsttragende Ganzstahl-Karosserie	Selbsttragende Ganzstahl-Karosserie
Vorderradaufhängung	Federbeine, Dreieckquerlenker unten, Querstabilisator,	Federbeine, Dreieckquerlenker unten, Querstabilisator
Hinterradaufhängung	Verbundlenkerachse mit Schraubenfedern, hydr. Teleskop-Stoßdämpfer, Panhardstab, Querstabilisator	Verbundlenkerachse mit Schraubenfedern, hydr. Teleskop-Stoßdämpfer, Panhardstab, Querstabilisator
Lenkung	Zahnstange	Zahnstange
Fußbremse	Hydraulisch, 4 Räder (Zweikreis, Servo), Scheiben vorn, Trommeln hinten	Hydraulisch, 4 Räder (Zweikreis, Servo), Scheiben vorn, Trommeln hinten
Handbremse	Mechanisch, auf Hinterräder	Mechanisch, auf Hinterräder
Allgemeine Daten	**Schrägheck-Limousine, 4 türig**	**Schrägheck-Limousine, 4 türig**
Radstand	2580 mm	2580 mm
Spur	1440/1420 mm	1440/1420 mm
Gesamtmaße	4350 x 1690 x 1400 mm	4350 x 1690 x 1400 mm
Reifen	155 SR 14, 165 SR 14, 175/70 R 14	155 SR 14, 165 SR 14, 175/70 R 14
Felgen	5 J x 14	5 J x 14
Bodenfreiheit	16 cm	16 cm
Wendekreisdurchmesser	11,3 m	11,3 m
Leermasse	1080 kg	1070 kg
Zuläss. Gesamtmasse	1480 kg	1470 kg
Höchstgeschwindigkeit	145 km/h	155 km/h
Beschleunigung 0–100 km/h	19 sec	16 sec
Verbrauch	8,6 Liter/100 km	8,3 L/100 km
Kraftstofftank	55 Liter (hinten)	55 Liter (hinten)

Zaporoshets

Das preisgünstigste Auto der Sowjetunion stammte aus dem ukrainischen Zaporoshje. Von dort kam ab Anfang der 60er Jahre der viersitzige Kleinwagen Typ 965 in die DDR. Der im Stil des Fiat 600 gehaltene Zweitürer überraschte durch seine außergewöhnliche Robustheit und den luftgekühlten Vierzylinder-Boxer im Heck. Ursprünglich sollte er einen 23 PS-Boxer-Motor nach VW-Muster erhalten. Der Zapo 965 begnügte sich – genau wie fast alle anderen sowjetischen Autos jener Zeit – mit Kraftstoff nahezu jeder Oktanzahl.

Stilistisch eher dem NSU Prinz ähnelnd, folgte der ab 1967 gefertigte 966. Der vordere Grill hatte nur optische Gründe. Trotz des um 14 Zentimeter gewachsenen Radstands wurden die wesentlichen Konstruktionselemente des Vorgängers beibehalten. Der Tankeinfüllstutzen (extra Standheizung) war nur vom Motorraum her zugänglich. Der 966 A erhielt schließlich einen überaus elastischen 1,2 Liter-Boxer, der für hohes Drehmoment und wenig Leistung ausgelegt war. Dem Vernehmen nach sollen ihn manche Kolchosbauern als Ackerschlepper eingesetzt haben. In der DDR waren sowohl der 966 als auch sein Nachfolger 968 äußerst unbeliebt. Wahrscheinlich handelte es sich um die einzigen Autos, die nahezu ohne Wartezeit zu haben waren. Motorsportler in der DDR schätzten seine Robustheit und verwendeten beispielsweise Stoßdämpfer und Querlenker für Autocross-Buggy-Eigenbauten.

Zaporoshets ZAZ 965 Limousine 2 Türen

Nur im Zuge der Ersatzteilproduktion kamen Karosserieteile des modernisierten 968 M ins Land, erkennbar an den hinteren Kotflügeln (ohne ausgeprägte Kühlrippen). Das äußerlich geglättete Auto selbst wurde nicht mehr importiert. Zu einem Import des dann folgenden 1102 Tavrija kam es auch nicht mehr – dieses Modell hatte das Pech, in der zusammenbrechenden Sowjetunion auf der Strecke zu bleiben.

Damit endete die Produktion in der Ukraine. Daewoo baute dort eine Montagelinie auf, auf der koreanische Kleinwagen gefertigt werden.

Preise Zaporoshets in der DDR (in Mark)

Zapo 965 (1966)	7530,-
Zapo 966 (1971)	11 947,-
Zapo 968 S (1974)	11 947,-

Zaporoshets ZAZ 966 Limousine 2 Türen, mit Chromgrill

Zaporoshets ZAZ 968 Limousine 2 Türen

Zaporoshets ZAZ 965 / 965 A
1960 – 1963 / 1963 – 1967

Motor	MeMz 965
Zylinderzahl	V4 (90 Grad), längs vor der Hinterachse
Bohrung x Hub	66 x 54,5 mm 72 x 54,5 mm
Hubraum	748 cm³ 887 cm³
Leistung	23 PS (17 kW) b. 400/min 27 PS (20 kW) bei 4000/min
Drehmoment	4,5 mkg bei 2400/min 5,3 mkg bei 2400/min
Verdichtung	6,2 : 1 6,5 : 1
Vergaser	1 Fallstromvergaser
Ventile	Hängend (Stößel, Kipphebel), 1 zentrale Nockenwelle (Antrieb durch Zahnräder)
Kurbelwellenlager	3
Kühlung	Luft/Axialgebläse
Schmierung	Druckumlauf/ 2,9 Liter Öl
Batterie	12 V 42 Ah (im Motorraum)
Lichtmaschine	Drehstrom. 160 W
Kraftübertragung	Antrieb auf Hinterräder
Kupplung	Einscheiben-Trockenkupplung
Schaltung	Knüppel in Wagenmitte
Getriebe	4 Gang
Synchronisierung	II–IV
Übersetzungen	I. 3,73 II. 2,29 III. 1,39 IV. 0,897 R: 4,76
Antriebs-Übersetzung	4,63
Fahrwerk	Selbsttragende Ganzstahl-Karosserie
Vorderradaufhängung	Kurbellängslenker, Torsionsfederstäbe quer, hydr. Teleskop-Stoßdämpfer
Hinterradaufhängung	Dreiecklängslenker, Schraubenfedern, hydr. Teleskop-Stoßdämpfer,
Lenkung	Schnecke und Rolle
Fußbremse	Hydraulisch, 4 Räder (Einkreis), Trommeln vorn/hinten
Handbremse	Mechanisch, auf Hinterräder
Allgemeine Daten	**Limousine, 2 türig**
Radstand	2024 mm
Spur	1140/1160 mm
Gesamtmaße	3330 x 1400 x 1450 mm
Reifen	5.20-13
Bodenfreiheit	18 cm
Wendekreisdurchmesser	9,8 m
Leermasse	600 bis 630 kg
Zuläss. Gesamtmasse	940 / 970 kg
Höchstgeschwindigkeit	90 /100 km/h
Verbrauch	6 / 6,5 Liter/100 km
Kraftstofftank	30 Liter (vorn)

Zaporoshets ZAZ 968 M Limousine 2 Türen, geglättete Heckpartie, nur Ersatzteillieferant für die DDR

Zaporoshets ZAZ 966 / 966 A
1965 – 1972 / 1968 – 1972

Motor	MeMz 966	
Zylinderzahl	V4 (90 Grad), längs vor der Hinterachse	
Bohrung x Hub	72 x 54,5 mm	74 x 76 mm
Hubraum	887 cm^3	1196 cm^3
Leistung	27 PS (20 kW) bei 4000/min	40 PS (29 kW) bei 4400/min
Drehmoment	5,3 mkg bei 2400/min	7,5 mkg bei 2900/min
Verdichtung	6,5 : 1	7,1 : 1
Vergaser	1 Fallstromvergaser	
Ventile	Hängend (Stößel, Kipphebel), 1 zentrale Nockenwelle (Antrieb durch Zahnräder)	
Kurbelwellenlager	3	
Kühlung	Luft/Axialgebläse	
Schmierung	Druckumlauf/ 2,9 / 3,3 Liter Öl	
Batterie	12 V 42 Ah (vorn)	
Lichtmaschine	Drehstrom 250 W	
Kraftübertragung	Antrieb auf Hinterräder	
Kupplung	Einscheiben-Trockenkupplung	
Schaltung	Knüppel in Wagenmitte	
Getriebe	4 Gang	
Synchronisierung	II–IV	II – IV
Übersetzungen	I. 3,73	I. 3,8
	II. 2,29	II. 2,12
	III. 1,39	III. 1,41
	IV. 0,897	IV: 0,964
	R: 4,76	R: 4,165
Antriebs-Übersetzung	4,63	4,125
Fahrwerk	Selbsttragende Ganzstahl-Karosserie	
Vorderradaufhängung	Kurbellängslenker, Torsionsfederstäbe quer, Zusatzschraubenfedern, hydr. Teleskop-Stoßdämpfer	
Hinterradaufhängung	Dreiecklängslenker, Schraubenfedern, hydr. Teleskop-Stoßdämpfer	
Lenkung	Schnecke und Rolle	
Fußbremse	Hydraulisch, 4 Räder (Einkreis), Trommeln vorn/hinten, Gesamt-Bremsfläche 509 cm≈	
Handbremse	Mechanisch, auf Hinterräder	
Schmierung	10 Nippel	
Allgemeine Daten	Limousine, 2 türig	
Radstand	2160 mm	
Spur	1220/1200 mm	
Gesamtmaße	3730 x 1535 x 1370 mm	
Reifen	5.20-13, 6.15-13	
Bodenfreiheit	19 cm	
Wendekreisdurchmesser	11 m	
Leermasse	740 / 770 kg	
Zuläss. Gesamtmasse	1040 / 1070 kg	
Höchstgeschwindigkeit	105 /120 km/h	
Verbrauch	8 / 8,5 Liter/100 km	
Kraftstofftank	30 Liter (hinten)	

Zaporoshets ZAZ 968 / 968 A
1972 – 1977 / 1977 – 1979

Motor	MeMz 968
Zylinderzahl	V4 (90 Grad), längs vor der Hinterachse
Bohrung x Hub	74 x 66 mm
Hubraum	1196 cm^3
Leistung	40 PS (29 kW) bei 4300/min / 43 PS (32 kW) bei 4500/min
Drehmoment	7,6 mkg bei 2800/min / 8,2 mkg bei 3200/min
Verdichtung	7,2 : 1 / 8,4 : 1
Vergaser	1 Fallstromvergaser K-127
Ventile	Hängend (Stößel, Kipphebel), 1 zentrale Nockenwelle (Antrieb durch Zahnräder)
Kurbelwellenlager	3
Kühlung	Luft/Axialgebläse
Schmierung	Druckumlauf/ 3,3 Liter Öl
Batterie	12 V 42 Ah (vorn)
Lichtmaschine	Drehstrom 250 W
Kraftübertragung	Antrieb auf Hinterräder
Kupplung	Einscheiben-Trockenkupplung
Schaltung	Knüppel in Wagenmitte
Getriebe	4 Gang
Synchronisierung	II – IV
Übersetzungen	I. 3,8 II. 2,12 III. 1,41 IV: 0,964 R: 4,165
Antriebs-Übersetzung	4,125
Fahrwerk	Selbsttragende Ganzstahl-Karosserie
Vorderradaufhängung	Kurbellängslenker, Torsionsfederstäbe quer, Zusatzschraubenfedern, hydr. Teleskop-Stoßdämpfer
Hinterradaufhängung	Dreiecklängslenker, Schraubenfedern hydr. Teleskop-Stoßdämpfer
Lenkung	Schnecke und Rolle
Fußbremse	Hydraulisch, 4 Räder (Einkreis, ab 1974 Zweikreis), Trommeln vorn/hinten, Gesamt-Bremsfläche 509 cm≈
Handbremse	Mechanisch, auf Hinterräder
Schmierung	10 Nippel
Allgemeine Daten	**Limousine, 2 türig**
Radstand	2160 mm
Spur	1220/1200 mm
Gesamtmaße	3730 x 1570 x 1370 mm
Reifen	5.20/5.60-13, 6.15-13, 145 SR 13
Bodenfreiheit	19 cm
Wendekreisdurchmesser	11 m
Leermasse	800 / 820 kg
Zuläss. Gesamtmasse	1100 / 1120 kg
Höchstgeschwindigkeit	120 /123 km/h
Verbrauch	8 / 8,5 Liter/100 km
Kraftstofftank	40 Liter (hinten)

Shiguli/Lada

1966 wurde der neue Fiat 124 zum Auto des Jahres gekürt. Genau dieses Fahrzeug war Gegenstand eine weitreichenden Lizenzabkommens zwischen Italien und der Sowjetunion: Mit tatkräftiger Unterstützung von Fiat entstand ein nagelneues Fahrzeugwerk in der neugegründeten Stadt Togliatti an der Wolga. Ab 1970 lief dort der Lizenz-Fiat namens Shiguli (Exportbezeichnung Lada) vom Band. Die Sowjets modifizierten das Auto für die härteren Einsatzbedingungen des Landes: So war die Kurbelwelle hier fünffach und aufwendiger gelagert, der Zylinderkopf erhielt sogar eine obenliegende Nockenwelle.

Über 40 Prozent der Autos gingen von vornherein in den Export, vor allem in westliche (allein 20 000 Sowjet-Pkw wurden jährlich von Scaldia abgenommen) und überseeische Länder, wo sie heute noch präsent sind. Die maximale Jahres-Fertigungskapazität von 660 000 Einheiten war 1974 erreicht und wurde Anfang der 80er um 50 000 überboten.

Ab 1972 kamen die sowjetischen Fiat-Typen 2101 (Lada 1200), 2101 Combi und 2103 (Lada 1500) in die DDR. Haupttyp war der 2101, dessen Jahresstückzahl bis auf 350 000 wuchs, auf den Kombiwagen entfielen 50 000 Einheiten. Doppelt so viel Einheiten wurden vom 2103 gebaut. Der 1500er löste in der DDR den 1,5 Liter-Fiat als begehrenswertestes Fahrzeug ab: Doppelscheinwerfer, chromglänzender Grill, Rundinstrumente statt Rechteck-Tacho, Wischwasch-Anlage, große Rückleuchten, zugfreie Zwangsentlüftung – dieses Auto versprach unverhofften Luxus.

Der 1200 cm^3-2101 (Rückfahrscheinwerfer unter der Stoßstange, zunächst mit Hupring; ab 1978 mit Schriftzug »Lada«) und der 1300 cm^3-21011 (Schriftzug »Lada 1300«) hatten Rechteck-Tachos, nur der

Lada VAZ 2101 Limousine 4 Türen

Lada VAZ 2103 Limousine 4 Türen

2101 kam mit Stoßstangenhörnern daher. Später gab's den 1200er als 21013 mit der 1300er Karosse (als 21013 bezeichnet). Der größte nutzbare Kofferraum des 2102 Combi maß übrigens 1450 x 1250 x 850 mm. Der ebenfalls in die DDR importierte 2121-Geländewagen (»Niwa«) verfügte über permanenten Allradantrieb (vier Zusatzgänge via Verteilergetriebe).

Unterm Blech der neuen Modelle 2105 (»Lada 1300 S«), 2104 Combi und 2107 (Schriftzug »Lada 1500 S«) saß die behutsam modernisierte Technik der bekannten Typen. Immerhin wurden nun Zahnriemen für den Nockenwellenantrieb verwendet. Zahlreiche Zwischen- und Mischtypen ließen ein Riesenangebot an Lada-Modellen entstehen, die allerdings nur teilweise in die DDR gelangten. Kombis mit Motoren größer als 1200 cm³ wurden nicht importiert.

Ende der 80er Jahre kamen noch einige neue Lada 2108 Samara in die DDR. Nach der Währungsumstellung1990 kosteten sie 13 090,- DM (Zweitürer) bzw. 13 690,- DM (Viertürer).

Lada VAZ 2106 Limousine 4 Türen

Preise Shiguli/Lada in der DDR (in Mark)

	VAZ 2101 (Lada 1200)	VAZ 21011 (Lada 1300)	VAZ 2102 (Lada 1200 Combi)	VAZ 2103 (Lada 1500/s)	VAZ 2106 (Lada 1600)	VAZ 2105 (Lada 1300S)	VAZ 2104 (Lada 1300S Combi)	VAZ 2107 (Lada 1500S)	VAZ 2121 (Lada Niva)
1972	19 922								
1974	19 922		20 922	23 500					
1975		21 000	20 922	23 500					
1977		21 000	20 800	23 500					
1979			20 800	23 500	24 600*				
1980			20 800	23 500	24 600				
1982						23 650**			
1986						23 650		28 475	
1987						23 650	24 650***	28 475	
1988						23 650	24 650	28 475	37 090

* + 122,- Statik-Gurte vorn

** + 400,- Stahlgürtelreifen

*** + 400,- Stahlgürtelreifen, + 390,- Automatikgurte vorn, + 550,- Automatikgurte hinten, + 60,- Außenspiegel rechts, + 250,- Scheinwerfer-Wisch-Wasch-Anlage, + 165,- Heckscheiben-Wisch-Wasch-Anlage

Lada VAZ 2121
Geländewagen 2 Türen

Lada VAZ 2105
Limousine 4 Türen

Lada VAZ 2105
Combi 4 Türen

Lada VAZ 2107
Limousine 4 Türen

Lada VAZ 2108 Samara
Schrägheck-Limousine
2 oder 4 Türen

Preise Lada/Shiguli in West-Deutschland (in DM)

	VAZ 2101 (Lada 1200/s)	VAZ 21011 (Lada 1300)	VAZ 2102 (Lada 1200 Combi)	VAZ 2103 (Lada 1500/s)	VAZ 2105 (Lada 1300)	VAZ 2104 (Lada 1300 Combi)	VAZ 2107 (Lada 1500)	VAZ 2121 (Lada Niva)
1975	7 250		8 050	8 950				
1976	7 700		8 500	9 500				
1977	7 700	8 345	8 500	9 500				
1978	7 700	8 420	9 025	10 034				
1979	8 100	8 998	9 430	9 998				
1980	8 545	9 158	9 985	9 998				
1981	8 985	9 395	9 985	9 995	8 395			13 995
1982			9 985	9 995	7995*/8765		10 995	13 995
1983	7 695		9 985	9 995	8795*/9195		10 995	12 995
1984	7 795		8 995	9 995	8945*/9345		10 495	12 995
1985	7 795		9 285		9420*/10210	10 990	10 550	13 590
1986					8990*/10610	10 675	11 840	13 990
1987					8495*/10610	10 675	11 245	13 990
1988						10 785	11 960	14 490
1989						11 765	11 960	14 490

* Lada Nova Junior

	VAZ 2101 und 21013/ 2102 Kombi (Lada 1200) 1970 – 1982 / 1972 – 1984	VAZ 2103 / VAZ 21061 (Lada 1500) 1973 – 1982 /seit 1981
Motor		
Zylinderzahl	4 (Reihe), längs über der Vorderachse	4 (Reihe), längs über der Vorderachse
Bohrung x Hub	76 x 66 mm	76 x 80
Hubraum	1198 cm^3	1452 cm^3
Leistung	60 PS (44 kW) bei 5600/min	75 PS (55 kW) bei 5600/min
Drehmoment	8,9 mkg bei 3400/min	10,8 mkg bei 3500/min
Verdichtung	8,8 : 1	8,5 : 1
Vergaser	1 Fallstrom-Registervergaser Weber 32 DCR	1 Fallstrom-Registervergaser
Ventile	Hängend (Stößel, Kipphebel), 1 obenliegende Nockenwelle (Antrieb durch Kette)	Hängend (Stößel, Kipphebel), 1 obenliegende. Nockenwelle (Antrieb durch Kette)
Kurbelwellenlager	5	5
Kühlung	Pumpe/ 8,5 Liter Wasser	Pumpe/ 8,5 Liter Wasser
Schmierung	Druckumlauf/ 3,75 Liter Öl	Druckumlauf/ 3,75 Liter Öl
Batterie	12 V 55 Ah (im Motorraum)	12 V 55 Ah (im Motorraum)
Lichtmaschine	Drehstrom 480 W	Drehstrom 500 W
Anlasser	1,8 PS (1,3 kW)	1,8 PS (1,3 kW)
Kraftübertragung	Antrieb auf Hinterräder	Antrieb auf Hinterräder
Kupplung	Einscheiben-Trockenkupplung	Einscheiben-Trockenkupplung
Schaltung	Knüppel in Wagenmitte	Knüppel in Wagenmitte
Getriebe	4 Gang	4 Gang
Synchronisierung	I–IV	I–IV
Übersetzungen	I. 3,75 II. 2,3 III. 1,49 IV. 1,0 R: 3,87	I. 3,75 II. 2,3 III. 1,49 IV. 1,0 R: 3,87
Antriebs-Übersetzung	4,3 / 4,44	4,1
Fahrwerk	Selbsttragende Ganzstahl-Karosserie	Selbsttragende Ganzstahl-Karosserie
Vorderradaufhängung	Trapez-Dreieckquerlenker, Schraubenfedern, Querstabilisator, innenlieg. hydr. Teleskop-Stoßdämpfer	Trapez-Dreieckquerlenker Schraubenfedern, Querstabilisator innenlieg. hydr. Teleskop-Stoßdämpfer
Hinterradaufhängung	Starrachse mit Schraubenfedern, Längsschubstreben, Reaktionsstreben hydr. Teleskop-Stoßdämpfer Panhardstab	Starrachse mit Schraubenfedern, Längsschubstreben, Reaktionsstreben, hydr. Teleskop-Stoßdämpfer Panhardstab
Lenkung	Schnecke und Rolle	Schnecke und Rolle
Fußbremse	Hydraulisch, 4 Räder (Zweikreis), Scheiben vorn Ø = 253 mm, Trommeln hinten	Hydraulisch, 4 Räder (Zweikreis), Scheiben vorn Ø = 253 mm, Trommeln hinten
Handbremse	Mechanisch, auf Hinterräder	Mechanisch, auf Hinterräder
Allgemeine Daten	**Limousine, 4 türig / Kombi, 4 türig**	**Limousine, 4 türig**
Radstand	2425 mm	2425 mm
Spur	1345/1305 mm	1365/1320 mm
Gesamtmaße mm	4073 x 1611 x 1440 mm / 4059 x 1611 x 1400 mm	4115 x 1611 x 1440 mm / 4115 x 1620 x 1440
Reifen	6.15-13, 155 SR 13, 165 R 13	165 SR 13
Felgen	4,5 J x 13	4,5 J x 13
Bodenfreiheit	17 / 17,5 cm	17 cm
Wendekreisdurchmesser	11,4 m	11,4 m
Leermasse	970 / 1010 kg	1020 kg
Zuläss. Gesamtmasse	1355 / 1400 kg	1420 kg
Höchstgeschwindigkeit	140 / 135 km/h	150 km/h
Beschleunigung 0–100 km/h	20 / 22 sec	17 sec
Verbrauch	8,5 / 8,8 Liter/100 km	10,0 Liter/100 km
Kraftstofftank	39 / 45 Liter (hinten)	39 Liter (hinten)

	VAZ 21011 (Lada 1300) 1974 – 1981	VAZ 2106 (Lada 1600) 1976 – 1986	VAZ 2121 Niva seit 1978
tor			
nderzahl	4 (Reihe), längs über der Vorderachse	4 (Reihe), längs über der Vorderachse	4 (Reihe), längs über der Vorderachse
rung x Hub	79 x 66 mm	79 x 80 mm	79 x 80 mm
raum	1294 cm^3	1568 cm^3	1568 cm^3
tung	65 PS (48 kW) bei 5600/min	78 PS (58 kW) bei 5200/min	78 PS (58 kW) bei 5200/min
hmoment	9,5 mkg bei 3400/min	12,5 mkg bei 3400/min	12,5 mkg bei 3500/min
dichtung	8,8 : 1	8,5 : 1	8,5 : 1
gaser	1 Fallstrom-Registervergaser	1 Fallstrom-Registervergaser	1 Fallstrom-Registervergaser Weber 32 DCR
tile	Hängend (Stößel, Kipphebel), 1 obenliegende Nockenwelle (Antrieb durch Kette)	Hängend (Stößel, Kipphebel), 1 obenliegende Nockenwelle (Antrieb durch Kette)	Hängend (Stößel, Kipphebel), 1 obenliegende. Nockenwelle (Antrieb durch Kette)
belwellenlager	5	5	5
lung	Pumpe/ 8,5 Liter Wasser	Pumpe/ 8,5 Liter Wasser	Pumpe/ 10,7 Liter Wasser
mierung	Druckumlauf/ 3,75 Liter Öl	Druckumlauf/ 3,75 Liter Öl	Druckumlauf/ 3,75 Liter Öl
erie	12 V 55 Ah (im Motorraum)	12 V 55 Ah (im Motorraum)	12 V 55 Ah (im Motorraum)
tmaschine	Drehstrom 500 W	Drehstrom 500 W	Drehstrom 600 W
asser	1,8 PS (1,3 kW)	1,8 PS (1,3 kW)	1,8 PS (1,3 kW)
ftübertragung	Antrieb auf Hinterräder	Antrieb auf Hinterräder	Allradantrieb
plung	Einscheiben-Trockenkupplung	Einscheiben-Trockenkupplung	Einscheiben-Tockenkupplung
altung	Knüppel in Wagenmitte	Knüppel in Wagenmitte	Knüppel in Wagenmitte
riebe	4 Gang	4 Gang	4 Gang und 2 Gang-Reduktionsgetriebe
chronisierung	I – IV	I–IV	I–IV
rsetzungen	I. 3,75 II. 2,30 III. 1,49 IV. 1,0 R: 3,87	I. 3,75 II. 2,3 III. 1,49 IV. 1,0 R: 3,87	I. 3,24 Reduktionsgetriebe: II. 1,99 I. 1,19 III. 1,29 II. 2,13 IV. 1,0 R: 3,34
riebs-Übersetzung	4,3	4,1	4,3
rwerk	Selbsttragende Ganzstahl-Karosserie	Selbsttragende Ganzstahl-Karosserie	Selbsttragende Ganzstahl-Karosserie
derradaufhängung	Trapez-Dreieckquerlenker, Schraubenfedern, Querstabilisator, hydr. Teleskop-Stoßdämpfer	Trapez-Dreieckquerlenker, Schraubenfedern, Querstabilisator, hydr. Teleskop-Stoßdämpfer	Trapez-Dreieckquerlenker Schraubenfedern, Querstabilisator, hydr. Teleskop-Stoßdämpfer
erradaufhängung	Starrachse mit Schraubenfedern, Längsschubstreben, Reaktionsstreben, hydr. Teleskop-Stoßdämpfer, Panhardstab	Starrachse mit Schraubenfedern, Längsschubstreben, Reaktionsstreben, hydr. Teleskop-Stoßdämpfer, Panhardstab	Starrachse mit Schraubenfedern, Längsschubstreben, Panhardstab
kung	Schnecke und Rolle	Schnecke und Rolle	Schnecke und Rolle
bremse	Hydraulisch, 4 Räder (Zweikreis, Servo), Scheiben vorn: Ø = 253 mm, Trommeln hinten	Hydraulisch, 4 Räder (Zweikreis, Servo), Scheiben vorn: Ø = 253 mm, Trommeln hinten	Hydraulisch, 4 Räder (Zweikreis, Servo), Scheiben vorn: Ø = 273 mm, Trommeln hinten
dbremse	Mechanisch, auf Hinterräder	Mechanisch, auf Hinterräder	Mechanisch, auf Hinterräder
gemeine Daten	**Limousine, 4 türig**	**Limousine, 4 türig**	**Geländegäng. Kombi, 2 türig**
stand	2425 mm	2425 mm	2200 mm
r	1345/1305 mm	1365/1320 mm	1430/1400 mm
amtmaße	4043 x 1611 x 1440 mm	4115 x 1611 x 1440 mm	3720 x 1680 x 1640 mm
en	155 SR 13, 165 R 13	165 SR 13	6.00-16, 6.95-16, 175 SR 16
en	4,5 J x 13	4,5 J x 13	5,5 J x 13
enfreiheit	17 cm	17 cm	22 cm
ndekreisdurchmesser	11,4 m	11,8 m	11 m
masse	1010 kg	1020 kg	1150 kg
iss. Gesamtmasse	1400 kg	1420 kg	1550 kg
hstgeschwindigkeit	145 km/h	154 km/h	130 km/h
chleunigung 0–100 km/h	18 sec	15 sec	24 sec
rauch	9 Liter/100 km	10,2 Liter/100 km	12,0 Liter/100 km
tstofftank	39 Liter (hinten)	39 Liter (hinten)	45 Liter (hinten)

	VAZ 2105 / 2104 Kombi (Lada 1300 S Nova) seit 1980 / seit 1984	VAZ 2107 (Lada 1500 S) seit 1981
Motor		
Zylinderzahl	4 (Reihe), längs über der Vorderachse	4 (Reihe), längs über der Vorderachse
Bohrung x Hub	79 x 66 mm	76 x 80
Hubraum	1294 cm³	1452 cm³
Leistung	60 PS (45 kW) bei 5600/min	75 PS (55 kW) bei 5600/min
Drehmoment	9,8 mkg bei 3400/min	10,8 mkg bei 3500/min
Verdichtung	8,8 : 1	8,8 : 1
Vergaser	1 Fallstrom-Registervergaser Weber 32 DCR	1 Fallstrom-Registervergaser Weber 32 DCR
Ventile	Hängend (Stößel, Kipphebel), 1 obenliegende Nockenwelle (Antrieb durch Zahnriemen)	Hängend (Stößel, Kipphebel), 1 obenliegende. Nockenwelle (Antrieb durch Zahnriemen)
Kurbelwellenlager	5	5
Kühlung	Pumpe/ 8,5 Liter Wasser	Pumpe/ 8,5 Liter Wasser
Schmierung	Druckumlauf/ 3,75 Liter Öl	Druckumlauf/ 3,75 Liter Öl
Batterie	12 V 55 Ah (im Motorraum)	12 V 55 Ah (im Motorraum)
Lichtmaschine	Drehstrom 540 W	Drehstrom 540 W
Anlasser	1,8 PS (1,3 kW)	1,8 PS (1,3 kW)
Kraftübertragung	Antrieb auf Hinterräder	Antrieb auf Hinterräder
Kupplung	Einscheiben-Trockenkupplung	Einscheiben-Trockenkupplung
Schaltung	Knüppel in Wagenmitte	Knüppel in Wagenmitte
Getriebe	4 Gang	4 Gang
Synchronisierung	I–IV	I–IV
Übersetzungen	I. 3,667 II. 2,10 III. 1,361 IV. 1,0 R: 3,526	I. 3,667 II. 2,10 III. 1,361 IV. 1,0 R: 3,526
Antriebs-Übersetzung	4,3	4,1
Fahrwerk	Selbsttragende Ganzstahl-Karosserie	Selbsttragende Ganzstahl-Karosserie
Vorderradaufhängung	Trapez-Dreieckquerlenker, Schraubenfedern, Querstabilisator, hydr. Teleskop-Stoßdämpfer	Trapez-Dreieckquerlenker Schraubenfedern, Querstabilisator hydr. Teleskop-Stoßdämpfer
Hinterradaufhängung	Starrachse mit Schraubenfedern, Längsschubstreben, Reaktionsstreben, hydr. Teleskop-Stoßdämpfer, Panhardstab	Starrachse mit Schraubenfedern, Längsschubstreben, Reaktionsstreben, hydr. Teleskop-Stoßdämpfer, Panhardstab
Lenkung	Schnecke und Rolle	Schnecke und Rolle
Fußbremse	Hydraulisch, 4 Räder (Zweikreis), Scheiben vorn Ø = 253 mm, Trommeln hinten	Hydraulisch, 4 Räder (Zweikreis, Servo), Scheiben vorn Ø = 253 mm, Trommeln hinten
Handbremse	Mechanisch, auf Hinterräder	Mechanisch, auf Hinterräder
Allgemeine Daten	**Limousine, 4 türig / Kombi, 4 türig**	**Limousine, 4 türig**
Radstand	2425 mm	2425 mm
Spur	1365/1321 mm	1365/1320 mm
Gesamtmaße	4128 x 1620 x 1450 mm / 4115 x 1620 x 1443 mm	4136 x 1620 x 1446 mm
Reifen	165 SR 13	165/80 R 13 82S
Felgen	4,5 bis 5,5 J x 13	5 bis 5,5 J x 13
Bodenfreiheit	16 cm	16 cm
Wendekreisdurchmesser	10,8 m	11,5 m
Leermasse	995 / 1040 kg	1030 kg
Zuläss. Gesamtmasse	1395 / 1510 kg	1460 kg
Höchstgeschwindigkeit	145 / 137 km/h	150 km/h
Beschleunigung 0–100 km/h	18 / 20 sec	17 sec
Verbrauch	8,8 / Liter/100 km	10,0 Liter/100 km
Kraftstofftank	39 Liter (hinten)	39 Liter (hinten)

	VAZ 2108 (Lada Samara) seit 1986
Motor	
Zylinderzahl	4 (Reihe), quer über Vorderachse
Bohrung x Hub	76 x 71 mm
Hubraum	1288 cm^3
Leistung	65 PS (48 kW) bei 5500/min
Drehmoment	9,9 mkg bei 3500/min
Verdichtung	9,6 : 1
Vergaser	1 Fallstrom-Registervergaser Solex
Ventile	Hängend (Stößel, Kipphebel), 1 obenliegende Nockenwelle (Antrieb durch Zahnriemen)
Kurbelwellenlager	5
Kühlung	Pumpe/ 7,8 Liter Wasser
Schmierung	Druckumlauf/ 3,5 Liter Öl
Batterie	12 V 55 Ah (im Motorraum)
Lichtmaschine	Drehstrom 55 A
Kraftübertragung	Frontantrieb
Kupplung	Einscheiben-Trockenkupplung
Schaltung	Knüppel in Wagenmitte
Getriebe	4 Gang
Synchronisierung	I–IV
Übersetzungen	I. 3,636 II. 1,95 III. 1,357 IV. 0,941 R: 3,53
Antriebs-Übersetzung	4,3
Fahrwerk	Selbsttragende Ganzstahl-Karosserie
Vorderradaufhängung	Federbeine, untere Querlenker, Querstabilisator,
Hinterradaufhängung	Verbundlenkerachse mit Federbeinen, Schraubenfedern, hydr. Teleskop-Stoßdämpfer
Lenkung	Zahnstange
Fußbremse	Hydraulisch, 4 Räder (Zweikreis, Servo), Scheiben vorn Ø = 240 mm, Trommeln hinten
Handbremse	Mechanisch, auf Hinterräder
Allgemeine Daten	**Schrägheck-Limousine, 2 türig**
Radstand	2600 mm
Spur	1390/1360 mm
Gesamtmaße	4006 x 1620 x 1400 mm
Reifen	165 R 13, 165/70 SR 13, 175/70 SR 13
Felgen	4,5 bis 5 J x 13
Bodenfreiheit	16 cm
Wendekreisdurchmesser	11,5m
Leermasse	925 kg
Zuläss. Gesamtmasse	1370 kg
Höchstgeschwindigkeit	150 km/h
Beschleunigung 0–100 km/h	15 sec
Verbrauch	7,8 Liter/100 km
Kraftstofftank	43 Liter (hinten)

Funktionärs- und Staatslimousinen

Der Fuhrpark der zentralen DDR-Führung und der höheren bezirklichen und örtlichen Verwaltung rekrutierte sich in erster Linie aus schweren Limousinen aus der Sowjetunion. Staatspräsident Wilhelm Pieck war Anfang der 50er Jahre noch im Horch-Achtzylinder unterwegs, andere Partei- und Staatsrepräsentanten nutzten bereits den sowjetischen ZIS 110 (mit Reihen-Achtzylinder) aus dem Stalin-Werk in Moskau. Davon gab es auch eine viertürige, selbstverständlich ebenfalls schwarzlackierte Cabrioversion mit verchromtem Haltebügel auf den vorderen Sitzlehnen: Daran hielten sich die dem Volk huldvoll zuwinkenden Funktionäre fest. Besonderheit der großen Moskauer Autos war und blieb, daß sie ungeniert amerikanische Vorbilder – vor allem den Packard 160/180 – kopierten.

Ab Anfang der 50er Jahre wurde in der DDR auch der ZIM 12 aus dem GAZ-Werk in Gorki eingesetzt, vor allem bei der allgegenwärtigen Staatssicherheit, die damit bei Nacht und Nebel Verdächtige abzutransportieren pflegte. Im Volksmund hieß das gefürchtete Gefährt »Schwarzer Rabe«.

Mitte der 50er kam der tschechische Tatra 603 hinzu, der zwei Jahrzehnte später peu à peu vom Tatra 613 abgelöst wurde. Die sechs- bis siebensitzigen Tatra-Limousinen dürften in der Import-Stückzahl erheblich vor den sowjetischen Oberklasse-Fahrzeugen gelegen haben.

Übergeordnete Leitungskader nutzten lieber den chromblitzenden Tschaika GAZ 13 (Tschaika = Möve), immerhin das erste Automatik-

ZIS 110 Limousine 4 Türen

ZIS 110 V Cabriolet 4 Türen

Automobil Osteuropas. Seinen Motor entwickelten Konstrukteure von ZIL. Einige wenige Tschaika-Exemplare waren als Kombi- und Sanitätswagen aufgebaut worden. Der GAZ 14 – als Nachfolger des wahrscheinlich schönsten Straßenkreuzers des gesamten Ostblocks – debütierte erst Ende der 70er Jahre, kam aber nicht als Importfahrzeug in die DDR.

Die eigentlichen Machthaber sattelten Ende der 50er auf den ZIL 111 um – der genau wie der Tschaika über einen prestigeträchtigen V8 verfügte. Die Moskauer Fabrikationsstätte war nach dem Tode Stalins und dem beginnenden »Moskauer Frühling« angedenk des langjährigen Betriebsleiters in Lichatschow-Werk umbenannt worden. Von dort kamen auch die Nachfolgemodelle ZIL 114 (langer Radstand) und

GAZ ZIM 12 Limousine 4 Türen

117, die beide u.a. zum Fuhrpark des DDR-Ministerrats gehörten. Das Nachfolgemodell ZIL 4104 (ZIL 115) unterschied sich äußerlich kaum vom Typ 117, hatte aber erstmals einen V8 mit obenliegenden Nockenwellen unter der Haube. Alle diese ZIL-Modelle gab es auch als offene Versionen.

Die Oberklasse-Wagen östlicher Herkunft wurden nie an private Ersthand-Kunden in der DDR veräußert – von einigen, wenigen Ausnahmen abgesehen. Behördlichen Abnehmern wurde beispielsweise für den den ZIL 4104 stolze 400 000 Transfer-Rubel (1,2 Millionen Ost-Mark) in Rechnung gestellt. Allerdings wurden ZIM-, Tatra- und Tschaika-Limousinen, die aus dem Verwaltungsdienst ausgemustert worden waren, über die staatliche Sammelstelle für Maschinen- und Materialreserven auch an Privat weiterverkauft.

Staats- und Parteichef Erich Honecker war indes schon einen Schritt weiter und ließ sich ab Anfang der 80er in der Volvo-Langversion 264 TE chauffieren. Wenig später kamen Stretch-Ausführungen des Citroën CX dazu. Als Polizei-Eskortewagen dienten sechszylindrige Volvo 164 und 264.

GAZ 13 Tschaika Limousine 4 Türen

ZIL 111 Limousine 4 Türen

ZIL 111 V Cabriolet 4 Türen

ZIL 111 G Limousine 4 Türen

ZIL 114 Limousine 4 Türen (Langversion)

ZIL 4104 (ZIL 115) Limousine 4 Türen

Volvo 760 LE Limousine 4 Türen, 30 cm mehr Innenraum, Dienstwagen von DDR-Wirtschaftslenker Günter Mittag

	ZIS 110 (1946 – 1959)	GAZ ZIM 12 1950 – 1959	GAZ 13 Tschaika 1959 – 1981
lotor			
ylinderzahl	8 (Reihe), längs über der Vorderachse	6 (Reihe), längs über der Vorderachse	V8, längs über der Vorderachse
ohrung x Hub	90 x 118 mm	82 x 110 mm	92 x 92 mm, später 100 x 88 mm
ubraum	6005 cm^3	3480 cm^3	4890 cm^3, später 5500 cm^3
eistung	140 PS (103 kW) bei 3600/min	90 PS (66 kW) bei 3600/min	180 PS (132 kW) bei 4400/min, später 195 PS (144 kW)
rehmoment	40 mkg bei 2000/min		36 mkg bei 2000/min, später 41 mkg
erdichtung	6,8 : 1	6,0 : 1	10,0 : 1, später 8,5 : 1
ergaser	1 Fallstromvergaser	1 Fallstrom-Doppelvergaser	1 Fallstrom-Doppelvergaser
entile	Stehend (Stößel, Kipphebel), seitliche Nockenwelle (Antrieb durch Kette)	Stehend (Stößel, Kipphebel), seitliche Nockenwelle (Antrieb durch Kette)	Hängend (Stößel, Kipphebel) 1 zentrale Nockenwelle (Antrieb durch Kette)
urbelwellenlager			5
ühlung	Pumpe, Wasser	Pumpe, Wasser	Pumpe, Wasser, Ölkühler
chmierung	Druckumlauf	Druckumlauf	Druckumlauf
atterie	12 V (im Motorraum)	12 V (im Motorraum)	12 V (im Motorraum)
chtmaschine	Gleichstrom	Gleichstrom	Gleichstrom 385 W
raftübertragung	Antrieb auf Hinterräder	Antrieb auf Hinterräder	Antrieb auf Hinterräder
upplung	Einscheiben-Trockenkupplung	Einscheiben-Trockenkupplung	Hydraulikwandler
chaltung	Lenkradschaltung	Lenkradschaltung	Drucktaster an Armaturentafel/
ietriebe	3 Gang	3 Gang	2 Stufen
ynchronisierung	II – III	II – III	I – II
bersetzungen		I. 3,11 II. 1,77 III. 1,0 R: 3,70	
ntriebs-Übersetzung		4,55	
ahrwerk	Kastenrahmen, Ganzstahl-Karosserie	Kastenrahmen, Ganzstahl-Karosserie	Kastenrahmen, Ganzstahl-Karosserie
orderradaufhängung	Trapez-Dreieckquerlenker	Trapez-Dreieckquerlenker, Schraubenfedern, Querstabilisator, hydr. Teleskop-Stoßdämpfer	Trapez-Dreieckquerlenker, Schraubenfedern, Querstabilisator, hydr. Teleskop-Stoßdämpfer
interradaufhängung	Starrachse mit Längsblattfedern	Starrachse mit Längsblattfedern, hydr. Teleskop-Stoßdämpfer	Starrachse mit Längsblattfedern, hydr. Teleskop-Stoßdämpfer,
enkung		Schnecke und Rolle	Schnecke und Rolle
ußbremse	Hydraulisch, 4 Räder, vorn/hinten Trommeln	Hydraulisch, 4 Räder, vorn/hinten Trommeln	Hydraulisch, 4 Räder (Servo), vorn/hinten Trommeln
andbremse			Mechanisch, auf Kardanwelle
llgemeine Daten	**Limousine, 4 türig**	**Limousine, 4 türig**	**Limousine, 4 türig**
adstand	3760 mm	3200 mm	3250 mm
pur	1520/1600 mm	1450/1500 mm	1530/1530 mm
esamtmaße	6000 x 1960 x 1730 mm	5530 x 1900 x 1660 mm	5600 x 2000 x 1560 mm
eifen	7.50 x 16	7.00-15	8.20-15
odenfreiheit		20 cm	
endekreisdurchmesser		20 m	19 m
ermasse	2575 kg	1800 kg	2100 kg
uläss. Gesamtmasse		2200 kg	2600 kg
öchstgeschwindigkeit	140 km/h	120 km/h	160 km/h
erbrauch	25 Liter/100 km	17 Liter/100 km	18 Liter/100 km

	ZIL 111/111 G 1959 – 1962 / 1963 – 1966	ZiL 114/ 117 1968–1978 / 1971 – 1978	ZIL 4104 (ZIL 115) seit 1978
Motor			
Zylinderzahl	V8, längs über Vorderachse	V8, längs hinter der Vorderachse	V8, längs über der Vorderachse
Bohrung x Hub	100 x 95 mm	72 x 68 mm	108 x 105 mm
Hubraum	5980 cm^3	7959 cm^3	7695 cm^3
Leistung	200 PS (147 kW) bei 4000/min / 230 PS (169 kW) bei 4200/min	300 PS (221 kW) bei 4300/min	315 PS (232 kW) bei 4600/min
Drehmoment	40 mkg bei 1800/min / 52 mkg bei 2200/min	57 mkg bei 2700/min	62 mkg bei 4000/min
Verdichtung	8,25 : 1 /9,0 : 1	9,5 : 1	9,3 : 1
Vergaser	1 Fallstrom-Doppelvergaser K-85 (Vierkammer)	1 Fallstrom-Doppelvergaser (Vierkammer)	1 Fallstrom-Vergaser K-259 (Vierkammer)
Ventile	Hängend (Stößel und Kipphebel), seitliche Nockenwelle (Antrieb durch Kette)	Hängende Ventile, zentrale Nockenwelle	Hängende Ventile, zentrale Nockenwelle
Kurbelwellenlager	5	5	5
Kühlung	Pumpe / 25 bzw. 23 Liter Wasser	Pumpe / Wasser	Pumpe / 15 Liter Wasser
Schmierung	Druckumlauf, 6,6 bzw. 7,5 Liter Öl	Druckumlauf	Druckumlauf
Batterie	12 V 68 Ah		12 V 160 Ah
Lichtmaschine	Gleichstrom 470 W		Drehstrom 1150 W
Kraftübertragung	Antrieb auf Hinterräder	Antrieb auf Hinterräder	Antrieb auf Hinterräder
Kupplung	Hydraulik-Wandler	Hydraulik-Wandler	Hydraulik-Wandler
Schaltung	Lenkrad-Wählhebel / Drucktaster an Armaturentafel	Drucktaster an Armaturentafel	Schaltkulisse in Wagenmitte
Getriebe	2 Stufen	3 Stufen	3 Stufen
Synchronisierung	I–II	I – III	I – III
Übersetzungen	I. 1,72 II. 1,0 R: 2,39		I: 2.02 II: 1,42 III: 1,0 R: 1,42
Antriebs-Übersetzung	3,78 bzw. 3,54		3,54
Fahrwerk	Kastenrahmen, Ganzstahl-Karosserie	Kastenrahmen, Ganzstahl-Karosserie	Kastenrahmen, Ganzstahl-Karosserie
Vorderradaufhängung	Trapez-Dreieckquerlenker, Schraubenfedern, Querstabilisator, hydr. Teleskop-Stoßdämpfer,	Trapez-Dreieckquerlenker, Torsionsfederstab, Querstabilisator, hydr. Teleskop-Stoßdämpfer	Trapez-Dreieckquerlenker, Torsionsfederstab, Querstabilsator, hydr. Teleskop-Stoßdämpfer
Hinterradaufhängung	Starrachse mit Längsblattfedern, hydr. Teleskop-Stoßdämpfer	Starrachse mit Längsblattfedern, Längslenker, hydr. Teleskop-Stoßdämpfer	Starrachse mit Längsblattfedern, Längslenker, hydr. Teleskop-Stoßdämpfer
Lenkung	Schnecke und Rolle / Kugelumlauf	Schnecke und Rolle	Schnecke und Rolle
Fußbremse	Hydraulisch, 4 Räder (Servo), vorn/hinten Trommeln, Gesamt-Bremsfläche 1860 cm≈	Hydraulisch, 4 Räder (Servo), vorn/hinten Scheiben	Hydraulisch, 4 Räder (Zweikreis, Servo), vorn/hinten Scheiben, v/h: ëx= 292,2 mm / 315,7 mm
Handbremse	Mechanisch, auf Hinterräder		
Allgemeine Daten	**Limousine, 4 türig**	**Limousine, 4 türig**	**Limousine, 4 türig**
Radstand	3760 mm	3760 / 3300 mm	3880 mm
Spur	1570/1650 mm		1643/1663 mm
Gesamtmaße	6030 x 2030 x 1640 mm / 6140 x 2045 x 1640 mm	6305 x 2068 x 1540 mm / 5725 x 2070 x 1510 mm	6339 x 2086 x 1550 mm
Reifen	8.90 x 15	8.90 x 15; 9.35 x 15	9.35 x 15, 235 H 380
Bodenfreiheit	18 / 19 cm	18 cm	17 cm
Wendekreisdurchmesser	18 / 19 m	16 / 14 m	16,5 m
Leermasse	2545 / 2600 kg	3085 / 2950 kg	3335 kg
Zuläss. Gesamtmasse	3125 /3200 kg		3860 kg
Höchstgeschwindigkeit	160 / 170 km/h	190 bzw. 200 km/h	190 km/h
Verbrauch	19 / 19,5 Liter/100 km	22 Liter/100 km	22 Liter/100 km
Kraftstofftank	120 / 80 Liter (hinten)	120 / 100 Liter (hinten)	120 Liter (hinten)

Personenkraftwagen aus Jugoslawien

Auch in Jugoslawien begann der Aufbau einer eigenen Automobilindustrie erst in den 50er Jahren. Und auch hier stand Fiat als Kooperationspartner und Lizenzgeber bereit. Der Großteil der in Jugoslawien gefertigten Pkw stammt von Fiat-Modellen ab, obwohl später Citroën, Renault, Austin, NSU, DKW und Volkswagen als Lizenzgeber dazukamen. Normalen DDR-Bürgern ohne besondere Privilegien war dies weitgehend unbekannt, da der Balkanstaat nur in Ausnahmefällen bereist werden durfte.

Im vereinten Deutschland sorgte das TAS-Werk nahe Sarajevo Ende der 90er Jahre für die größte Aufmerksamkeit. Hier wurden noch vor wenigen Jahren verschiedene VW-Typen – darunter exklusiv der Golf I Caddy – gebaut. Im Bürgerkrieg wurde das Werk völlig zerstört. Der Volkswagen-Konzern begann 1998 einen Neuaufbau der Fabrikanlagen, um dort u.a. den Skoda Felicia zu montieren.

Zastava 1100

Größter jugoslawischer Hersteller war Zastava (eigentlich: Crvena Zastava = Rote Fahne) in Kragujevac/Serbien. Dort entstand der Mitte der 70er Jahre überraschend in die DDR importierte kleine Typ 1100 (101), eine etwas modifizierte Version des Fiat 128. Statt des Stufenhecks verfügte er über ein nach innen geknicktes Fließheck mit großer Ladeklappe, war aber nur 15 Kilo schwerer als das italienische Original. Das Modell 1981 erfuhr marginale Änderungen. Preislich lag der Zastava oberhalb des Wartburg und galt in der DDR als absoluter Geheimtip. Die Verarbeitung war besser als die der sowjetischen oder polnischen Fiat-Lizenztypen. Gern wurde das kompkate Auto darum auch im Motorsport eingesetzt – angesichts der antiquierten Konkurrenten mit großen Chancen auf eine vordere Position.

Während in Ostdeutschland ausschließlich der Viertürer mit 55 PS starkem 1100er ohc-Motor (Einvergaser-Version) zu haben war, wurden für andere Märkte auch stärkere Ausführungen mit zwei und drei Vergasern und 1,3 Hubraum ausgeliefert. Seit 1984 wird alternativ die originale Stufenheck-Karosse angeboten. Beide Varianten – übrigens immer noch mit Vergaser-Motor – waren im Programm. Eine Zeitlang wurde der Fließheck-Zastava auch in Polen in Lizenz gebaut. In der Bundesrepublik kümmerte sich einige Jahre der Seat-Importeur um den Absatz. DDR-Bürger konnten in den 80er Jahren übrigens in den Genuß kommen, neben dem jugoslawischen Derivat auch den facegelifteten Original-Fiat 128 zu erwerben – allerdings nur für harte Währung über die Intershop-Devisenläden.

Neben dem Zastava 101 baute das im Bürgerkrieg beschädigte Werk den Yugo Florida. Vom bundesdeutschen Markt, wo bis Anfang der 90er auch der Kleinwagen Yugo und ein darauf basierendes Cabrio sehr preisgünstig angeboten wurden, ist die Hersteller vom Balkan längst wieder verschwunden. Auch ein wagemutiger Exportabstecher in die USA ist inzwischen Vergangenheit.

Preise Zastava 1100 in der DDR (in Mark)

1976	20 300,-
1977	20 300,-
1978	20 300,-
1979	22 000,-
1980	22 900,-
1981	22 900,-

Zastava 1100 (101)
Schrägheck-Limousine
4 Türen

Zastava (101) 1100
1971 – 1988

Motor	128 A064
Zylinderzahl	4 (Reihe), quer vor der Vorderachse
Bohrung x Hub	80 x 55,5 mm
Hubraum	1116 cm^3
Leistung	55 PS (41 kW) bei 6000/min
Drehmoment	8,0 mkg bei 3000/min
Verdichtung	8,0 : 1, später 8,8 : 1
Vergaser	1 Fallstromvergaser IPM 32 MGV
Ventile	Hängend, obenliegende Nockenwelle (Antrieb durch Zahnriemen)
Kurbelwellenlager	5
Kühlung	Pumpe/ 6,5 Liter Wasser
Schmierung	Druckumlauf/ 4,25 Liter Öl
Batterie	12 V 34 Ah (im Motorraum)
Lichtmaschine	Drehstrom 33/45 A
Kraftübertragung	Frontantrieb
Kupplung	Einscheiben-Trockenkupplung
Schaltung	Knüppel in Wagenmitte
Getriebe	4 Gang
Synchronisierung	I–IV
Übersetzungen	I. 3,583 II. 2,235 III. 1,454 IV. 1,042 R: 3,714
Antriebs-Übersetzung	4,077
Fahrwerk	Selbsttragende Ganzstahl-Karosserie
Vorderradaufhängung	Dreieckquerlenker unten, Federbeine mit Schraubenfedern, Querstabilisator,
Hinterradaufhängung	Dreiecks-Querlenker, Querblattfeder, Dämpferbein, hydr. Teleskop-Stoßdämpfer
Lenkung	Zahnstange
Fußbremse	Hydraulisch, 4 Räder (Zweikreis), Scheiben vorn Ø = 227 mm, Trommeln hinten, Gesamt-Bremsfläche 340 cm≈
Handbremse	Mechanisch, auf Hinterräder
Allgemeine Daten	**Schrägheck-Limousine, 4 türig**
Radstand	2449 mm
Spur	1304/1320 mm
Gesamtmaße	3836 x 1590 x 1370 mm
Reifen	145 SR 13
Felgen	4,5 J x 13
Bodenfreiheit	14,5 cm
Wendekreisdurchmesser	10,3 m
Leermasse	835 kg
Zuläss. Gesamtmasse	1235 kg
Höchstgeschwindigkeit	135 km/h
Beschleunigung 0–100 km/h	17 sec
Verbrauch	8,0 Liter/100 km
Kraftstofftank	38 Liter (hinten)

JTB
DA 40-98

Lastwagen aus Zwickau und Werdau

Horch H 3 (1947–1949)
IFA Horch H 3 A (1950–1956)
IFA Horch H 3 B (1952–1953)
Sachsenring H 3 S (1957)
Sachsenring S 4000 (1958)
S 4000-1 (1958–1967)

Das Zwickauer Werk Horch der Industrieverwaltung Fahrzeugbau baute bereits ab 1947 den Dreitonner-Lastwagen H 3, der zuerst ausschließlich an russische Dienststellen geliefert wurde. Er entstand unter Verwendung noch vorhandener, ursprünglich für die Halbketten-Zugmaschinen der Wehrmacht bestimmter Maybach-Motoren HI42 sowie weiterer vorhandener Bauteile.

Das Nachfolgemodell H 3 A mit 80 PS-Dieselmotor (auf Vomag-Basis) wurde auf der Leipziger Frühjahrsmesse 1949 vorgestellt und ab Mitte 1950 geliefert. Auf der Leipziger Frühjahrsmesse 1951 erschien der H 3 A als Sattelzugmaschine mit Tanksattelauflieger, und weitere Varianten folgten im Lauf der nächsten Jahre.

Auf der Basis des H 3 A-Chassis entstanden 1952/53 im LOWA-Werk Bautzen (LOWA= Lokomotiv- und Waggonbau) insgesamt 180

IFA Horch H 3 Pritschenwagen (1947–1949)

IFA Horch H 3 A Pritschenwagen (1950–1956)

Frontlenker-Omnibusse H 3 B. Konstruktive Schwächen führten zur Einstellung der Fertigung. Die Getriebeschaltung bereitete Schwierigkeiten, und der Bus war auf Grund der geringen Innenhöhe nicht für Stehplätze zugelassen.

Durch Detailverbesserungen wurde 1957 aus dem H 3 A der H 3 S. Auf der Leipziger Frühjahrsmesse 1958 wurde der schließlich Typ S 4000 mit 4 statt 3,5 Tonnen Nutzmasse präsentiert, der aber noch Motor und Getriebe vom Vorgänger besaß. Zur Herbstmesse 1958 folgte dann der S 4000-1 mit 90 statt 80 PS Motorleistung, Synchrongetriebe und Druckluft-Bremsanlage für den Anhänger.

Ab Juli 1957 firmierte der bisherige VEB Horch als VEB Sachsenring Kraftfahrzeug- und Motorenwerk Zwickau; nach der Vereinigung mit dem VEB Automobilwerk Zwickau (vormals Audi) entstand schließlich zum 1. August 1958 der VEB Sachsenring Automobilwerk Zwickau. Dieser Schritt war erfolgt, um Fertigungskapazitäten für den Pkw Trabant zu schaffen. Deshalb wurde die Produktion des S 4000-1 ab 1960 von Zwickau in das VEB Kraftfahrzeugwerk »Ernst Grube« Werdau (zuvor LOWA Werdau) verlegt. Dort sind bis 1967 exakt 21 460 Fahrzeuge in 19 Varianten montiert worden.

Bereits in Zwickau war für Spezialaufbauten ein S 4000-1-Fahrgestell mit Tiefrahmen entwickelt worden. Unter den Bezeichnungen S 4000-1 TSW 7 (für Möbelkoffer- und Feuerwehr-Aufbauten) und TSW 11 (Viehtransporter) wurden von Werdau Anfang der 60er Jahre nur geringe Stückzahlen dieser Variante ausgeliefert. In der Zentralwerkstatt der Feuerwehr in Borkheide sind auf Chassis TSW 7 insgesamt sieben Drehleiterfahrzeuge montiert worden.

IFA Horch H 3 A mit Spezialaufbau für die Deutsche Post (1954)

IFA Horch H 3 S Tankwagen (1957)
Links vorn: Sachsenring P240 Limousine 4 Türen (1956–1958)

IFA Sachsenring S 4000-1 Pritschenwagen (1958)

IFA S 4000-1 Sattelzugmaschine mit Pritschenauflieger (1959–1967)

IFA S 4000-1 Dreiseiten-Kipper (1958–1967)

IFA S 4000-1 Tanklöschfahrzeug TLF 16 (1963–1967)

IFA S 4000-1 Löschfahrzeug LF 16 (1963–1967)

	Lkw (4 x 2) Horch H 3 1947–1949	Lkw (4 x 2) IFA Horch H 3 A 1950–1956
Motor	Vergasermotor Maybach	Wirbelkammer-Dieselmotor Typ EM 4–20
Zylinderzahl	6 (Reihe)	6 (Reihe)
Bohrung x Hub	90 x 110 mm	115 x 145 mm
Hubraum	4198 cm^3	6024 cm^3
Leistung	100 PS (74 kW) bei 3000/min	80 PS (59 kW) bei 2000/min
Drehmoment		310 Nm bei 1500/min
Kühlung	Wasser	Wasser
Elektr. Anlage	12 V, Lichtmaschine 130 W	12 V, Lichtmaschine 300 W
Kraftübertragung	Hinterachs-Antrieb	Hinterachs-Antrieb
Kupplung	Zweischeiben-Trockenkupplung	Zweischeiben-Trockenkupplung
Getriebe	unsynchronisiert, 4 Gang + Berggang + 1 R..	unsynchronisiert, 5 + 1 Gang
Achsantrieb	einfach übersetzte Hinterachse	einfach übersetzte Hinterachse
Fahrwerk	U-Profil-Rahmen	U-Profil-Rahmen
Vorderradaufhängung	Starrachse , Blattfedern	Starrachse , Blattfedern
HInterradaufhängung	Starrachse , Blattfedern	Starrachse , Blattfedern mit Zusatzfedern
Lenkung	mechanisch	mechanisch
Bremsanlage	Allradbremse servo-mechanisch, mechanische Feststellbremse	Allradbremse hydraulisch, mechanische Feststellbremse
Allgemeine Daten		
Radstand	3000 mm	3250 mm
Spur	1650/1642 mm	1652/1654 mm
Gesamtmaße	5945 x 2300 x 2420 mm (Höhe über Fahrerhaus)	6194 x 2370 x 2350 mm (Höhe über Fahrerhaus)
Reifen	190–20 oder 7,50–20	7,50–20, ab 1952: 8,25–20
Bodenfreiheit	220 mm	220 mm
Fahrzeugmasse	3900 kg	3580 kg
Zuläss. Gesamtmasse	6900 kg	6580 kg, ab 1952: 7080 kg
Nutzmasse	3000 kg	3000 kg, ab 1952: 3500 kg
Höchstgeschwindigkeit	65 km/h	60 km/h
Kraftstofftank	100 Liter	100 Liter

IFA S 4000-1 Z Zugmaschine (1958–1967)

	Lkw (4 x 2) Sachsenring H 3 S 1957	Lkw (4 x 2) Sachsenring H 3 S 1957	Lkw (4 x 2) Sachsenring H 3 S 1957
Motor	Wirbelkammer-Dieselmotor EM 4–20	Wirbelkammer-Dieselmotor EM 4–20	Wirbelkammer-Dieselmotor EM 4–20
Zylinderzahl	4 (Reihe)	4 (Reihe)	4 (Reihe)
Bohrung x Hub	115 x 145 mm	115 x 145 mm	115 x 145 mm
Hubraum	6024 cm^3	6024 cm^3	6024 cm^3
Leistung	80 PS (59 kW) bei 2000/min	80 PS (59 kW) bei 2000/min	80 PS (59 kW) bei 2000/min
Drehmoment	310 Nm bei 1500/min	310 Nm bei 1500/min	310 Nm bei 1500/min
Kühlung	Wasser	Wasser	Wasser
Elektr. Anlage	12 V, Lichtmaschine 300 W	12 V, Lichtmaschine 300 W	12 V, Lichtmaschine 300 W
Kraftübertragung	Hinterachs-Antrieb	Hinterachs-Antrieb	Hinterachs-Antrieb
Kupplung	Zweischeiben-Trockenkupplung	Zweischeiben-Trockenkupplung	Zweischeiben-Trockenkupplung
Getriebe	unsynchronisiert, 5 + 1 Gänge	unsynchronisiert, 5 + 1 Gänge	unsynchronisiert, 5 + 1 Gänge
Achsantrieb	einfach übersetzte Hinterachse	einfach übersetzte Hinterachse	einfach übersetzte Hinterachse
Fahrwerk	U-Profil-Rahmen	U-Profil-Rahmen	U-Profil-Rahmen
Vorderradaufhängung	Starrachse, Blattfedern	Starrachse, Blattfedern	Starrachse, Blattfedern
Hinterradaufhängung	Starrachse, Blattfedern mit Zusatzfedern	Starrachse, Blattfedern mit Zusatzfedern	Starrachse, Blattfedern mit Zusatzfedern
Lenkung	mechanisch	mechanisch	mechanisch
Bremsanlage	Allradbremse hydraulisch, mechanische Feststellbremse	Allradbremse hydraulisch, mechanische Feststellbremse	Allradbremse hydraulisch, mechanische Feststellbremse
Allgemeine Daten	**H 3 S Pritschenwagen**	**H 3 S Kofferwagen**	**Z 3 Zugmaschine**
Radstand	3250 mm	3550 mm	2500 mm
Spur	1652/1654 mm	1652/1654 mm	1652/1654 mm
Gesamtmaße	6194 x 2370 x 2350 mm	6400 x 2370 x 2700 mm	4810 x 2370 x 2350 mm
Reifen	8,25–20	8,25–20	8,25–20
Bodenfreiheit	230 mm	230 mm	230 mm
Fahrzeugmasse	3770 kg	4650 kg	
Zuläss. Gesamtmasse	7270 kg	7270 kg	
Nutzmasse	3500 kg	2620 kg	
Höchstgeschwindigkeit	68 km/h	68 km/h	
Kraftstofftank	100 Liter	100 Liter	100 Liter

	Lkw (4 x 2) IFA S 4000-1 1958–1967	Lkw (4 x 2) IFA S 4000-1 1958–1967	Lkw (4 x 2) IFA S 4000-1 1958–1967
Motor	Wirbelkammer-Dieselmotor EM 4–22	Wirbelkammer-Dieselmotor EM 4–22	Wirbelkammer-Dieselmotor EM 4–22
Zylinderzahl	4 (Reihe)	4 (Reihe)	4 (Reihe)
Bohrung x Hub	115 x 145 mm	115 x 145 mm	115 x 145 mm
Hubraum	6024 cm^3	6024 cm^3	6024 cm^3
Leistung	90 PS (66 kW) bei 2200/min	90 PS (66 kW) bei 2200/min	90 PS (66 kW) bei 2200/min
Drehmoment	343 Nm bei 1300/min	343 Nm bei 1300/min	343 Nm bei 1300/min
Kühlung	Wasser	Wasser	Wasser
Elektr. Anlage	12 V, Lichtmaschine 500 W	12 V, Lichtmaschine 500 W	12 V, Lichtmaschine 500 W
Kraftübertragung	Hinterachs-Antrieb	Hinterachs-Antrieb	Hinterachs-Antrieb
Kupplung	Einscheiben-Trockenkupplung	Einscheiben-Trockenkupplung	Einscheiben-Trockenkupplung
Getriebe	teilsynchronisiert, 5 + 1 Gänge	teilsynchronisiert, 5 + 1 Gänge	teilsynchronisiert, 5 + 1 Gänge
Achsantrieb	einfach übersetzte Hinterachse	einfach übersetzte Hinterachse	einfach übersetzte Hinterachse
Fahrwerk	U-Profil-Rahmen	U-Profil-Rahmen	U-Profil-Rahmen
Vorderradaufhängung	Starrachse, Balttfedern	Starrachse, Balttfedern	Starrachse, Balttfedern
Hinterradaufhängung	Starrachse, Balttfedern mit Zusatzfedern	Starrachse, Balttfedern mit Zusatzfedern	Starrachse, Balttfedern mit Zusatzfedern
Lenkung	mechanisch	mechanisch	mechanisch
Bremsanlage	Allradbremse hydraulisch, mechanische Feststellbremse	Allradbremse hydraulisch, mechanische Feststellbremse	Allradbremse hydraulisch, mechanische Feststellbremse
Allgemeine Daten	**Pritschenwagen, Kofferwagen**	**Dreiseiten-Kipper**	**Zugmaschine**
Radstand	3550 mm	3250 mm	2500 mm
Spur	1652/1664 mm	1652/1664 mm	1652/1664 mm
Gesamtmaße	Pritsche 6491 x 2370 x 2350 mm (Höhe über Fahrerhaus) Koffer 6400 x 2370 x 2700 mm (Höhe über Koffer)	6170 x 2300 x 2350 mm (Höhe über Fahrerhaus)	4810 x 2370 x 2350 mm (Höhe über Fahrerhaus)
Reifen	8,25–20	8,25–20	8,25–20
Bodenfreiheit	240 mm	240 mm	240 mm
Fahrzeugmasse	Pritsche 4100 kg, Koffer 4650 kg	4600 kg	3900 kg + 1000 kg Balmasse
Zuläss. Gesamtmasse	8100 kg	8000 kg	7400 kg
Nutzmasse	Pritsche 4000 kg, Koffer 3350 kg	3400 kg	2500 kg
Höchstgeschwindigkeit	75 km/h	75 km/h	59 km/h
Kraftstofftank	100 Liter	100 Liter	100 Liter

Variantenübersicht Lkw S 4000-1

S 4000-1		Pritschenwagen (auch mit Plane)
S 4000-1	SW10	Pritschenwagen mit 900 mm Bordwand und Plane
S 4000-1	R	Pritschenwagen (Rechtslenker)
S 4000-1	LB800	mit Ladebordwand
S 4000-1	S	Sattelzugmaschine
S 4000-1	Z	Zugmaschine
S 4000-1	SW 2 a	Kofferaufbau
S 4000-1	K SW 7d	Dreiseitenkipper
S 4000-1	RK	Dreiseitenkipper (Rechtslenker)
S 4000-1	SW 2 b	Rettungswagen
S 4000-1	SW 5	Löschfahrzeug
S 4000-1	SW 5 b	Tanklöschfahrzeug
S 4000-1	SW 8	Schlauchwagen
S 4000-1		mit Drehleiter
S 4000-1	K SW 1a	Bautruppwagen
S 4000-1	K SW 3d	Müllwagen
S 4000-1	K SW 7c	Fäkalienwagen
S 4000-1		Kehrmaschine
S 4000-1	T SW 7/11	Niederrahmen-Chassis

Rechte Seite: Autodrehkran »Panther« mit Motor des H3A bzw. S4000-1 und Achsen des H6 (1956–1975)

IFA S 4000-1 TSW 11 Viehtransportwagen auf Niederrahmen-Fahrgestell (1959–1964)

Lastwagen H 6 / G 5

IFA H 6 (1952-1959)

Das IFA-Werk Horch, Zwickau, stellte den Schwerlastwagen IFA H 6 als Funktionsmuster erstmalig auf der Leipziger Frühjahrsmesse 1951 vor. Es handelte sich um eine Parallelentwicklung zum IFA H 3 A, wobei der Motor in Baukastenkonstruktion sechs statt vier Zylinder aufwies. Gebaut wurde der IFA H 6 von 1952 bis 1959. im bereits erwähnten VEB Kraftfahrzeugwerk »Ernst Grube« Werdau. Die Gesamtproduktionszahl betrug etwa 7500 Einheiten.

Als Weiterentwicklung des H 6 konzipierte das Werk in Werdau den Lkw L 6, den Frontlenker AZ 57 und das Niederrahmen-Fahrgestell N 7. Vom AZ 57 und vom N 7 wurde je ein Funktionsmuster gebaut, der L 6 blieb in der Konstruktionsphase. Durch die Übernahme des S 4000-1 von Zwickau wurden alle Entwicklungen und die Serienproduktion des H 6 eingestellt.

IFA H 6 Pritschenwagen (1952–1959)

IFA H 6 mit Spezialaufbau für das Deutsche Rote Kreuz (1954)

H 6 Sattelzug für die Fahrbücherei der Stadt- und Bezirksbibliothek Dresden

Prototyp AZ 57, VEB Fahrzeugwerk "Ernst Grube" Werdau 1957 (ging nicht in Serie)

	Lkw (4 x 2) IFA H 6 1952–1959	**Omnibus IFA H 6 B 1954–1958**	**Omnibus IFA H 6 B 1958–1959**
Motor	Wirbelkammer-Dieselmotor EMaW 6–20	Wirbelkammer-Dieselmotor EMbW 6–20	Wirbelkammer-Dieselmotor EMbW 6–20
Zylinderzahl	6 (Reihe)	6 (Reihe)	6 (Reihe)
Bohrung x Hub	115 x 145 mm	115 x 145 mm	120 x 145 mm
Hubraum	9036 cm^3	9036 cm^3	9840 cm^3
Leistung	120 PS (88 kW) bei 2000/min	120 PS (88 kW) bei 2000/min	150 PS (110 kW) bei 2000/min
Drehmoment	461 Nm bei 1000/min	461 Nm bei 1000/min	559 Nm bei 1120/min
Kühlung	Wasser	Wasser	Wasser
Elektr. Anlage	12 V, Lichtmaschine 300 W	12 V, Lichtmaschine 300 W	12 V, Lichtmaschine 700 W
Kraftübertragung	Hinterachs-Antrieb	Hinterachs-Antrieb	Hinterachs-Antrieb
Kupplung	Einscheiben-Trockenkupplung	Einscheiben-Trockenkupplung	Zweischeiben-Trockenkupplung
Getriebe	unsynchronisiert, 5 + 1 Gänge	unsynchronisiert, 5 + 1 Gänge	synchronisiert, 5 + 1 Gänge
Achsantrieb	einfach übersetzte Hinterachse	einfach übersetzte Hinterachse	einfach übersetzte Hinterachse
Fahrwerk	U-Profil-Rahmen	Selbsttr. Ganzstahlkarosserie	Selbsttr. Ganzstahlkarosserie
Vorderradaufhängung	Starrachse, Blattfedern	Starrachse, Blattfedern	Starrachse, Blattfedern
Hinterradaufhängung	Starrachse, Blattfedern+Zusatzfedern	Starrachse, Blattfedern+Zusatzfedern	Starrachse, Blattfedern+Zusatzfedern
Lenkung	mechanisch	mechanisch	mechanisch
Bremsanlage	Allradbremse pneumatisch, Feststellbremse mechanisch	Allradbremse pneumatisch, Feststellbremse mechanisch	Allradbremse pneumatisch, Feststellbremse mechanisch
Allgemeine Daten			
Radstand	4500 mm	4900 mm	4900 mm
Spur	1920/1820 mm	2028/1820 mm	2028/1820 mm
Gesamtmaße	8000 x 2500 x 2600 mm (Höhe über Fahrerhaus)	9830 x 2500 x 2800 mm Gepäckgalerie + 210 mm	9830 x 2500 x 2800 mm Gepäckgalerie + 210 mm
Reifen	12,00–20	11,00–20	11,00–20
Bodenfreiheit	300 mm	210 mm	210 mm
Wagenmasse	6650 kg		
Zuläss. Gesamtmasse	13 150 kg	12 650 kg	12 650 kg
Nutzmasse	6500 kg		
Sitzplätze/Stehplätze		35/16 (H6B/L), 26/31 (H6B/S)	35/16 (H6B/L), 26/31 (H6B/S)
Höchstgeschwindigkeit	54 km/h	66 km/h (H6B/S)	80 km/h
Kraftstofftank	150 Liter		

Prototyp N 7, VEB Fahrzeugwerk "Ernst Grube" Werdau 1957 (ging nicht in Serie)

IFA G 5 (1953-1964)

Vom Fahrzeugentwicklungswerk Karl-Marx-Stadt im militärischen Auftrag entwickelt, wurde der geländegängige Lkw G 5 ab 1953 im Fahrzeugwerk Werdau unter Nutzung von H 6-Aggregaten und -Bauteilen gefertigt.

Bis 1964 sind etwa 10 000 Stück in einer Vielzahl von meist militärischen Aufbauvarianten produziert worden. Für zivile Kunden wurde der G 5 als Pritschenwagen, Dreiseiten- und Muldenkipper sowie mit Tank- und Werkstattaufbauten angeboten.

Von der Produktionseinstellung des H 6 sollte 1960 auch der G 5 betroffen sein. Da aber aus dem Ostblock zu dieser Zeit kein vergleichbarer Allrad-Lkw mit Dieselmotor verfügbar war, wurde die Produktion auf Forderung der Armee in Werdau bis 1964 fortgesetzt.

IFA G 5 Kipper (1953–1964)

IFA G 5 Werkstattwagen (1953–1964)

Unten:
IFA G 5 Tanklöschfahrzeug mit Mannschaftskabine (1953–1964)

Lkw (6 x 6)
IFA G 5 Pritsche
1953-1964

Motor	Wirbelkammer-Dieselmotor EMaW 6-20 (ab 1958 wahlweise auch Motor EMbW 6-20)
Zylinderzahl	6 (Reihe)
Bohrung x Hub	115 x 145 mm (120 x 145 mm)
Hubraum	9036 cm^3 (9840 cm^3)
Leistung	120 PS (88 kW) bei 2000/min (150 PS/110 kW/ bei 2000/min)
Drehmoment	461 Nm bei 1000/min (559 Nm bei 1120/min)
Kühlung	Wasser
Elektrische Anlage	12V, Lichtmaschine 500 W
Kraftübertragung	Allrad-Antrieb
Kupplung	Zweischeiben-Trockenkupplung
Getriebe	Schaltgetriebe, 5 + 1 Gänge + 2-stufiges Verteilergetriebe
Achsantrieb	einfach übersetzte Hinterachsen
Fahrwerk	U-Profil-Rahmen
Vorderradaufhängung	Starrachse, Blattfedern
Hinterradaufhängung	Starrachsen , je Seite 2 Blattfedern
Lenkung	mechanisch
Bremsanlage	Allradbremse, pneumatisch, mechanische Feststellbremse
Allgemeine Daten	
Radstand	3800 + 1250 mm
Spur	1800/1750 mm
Gesamtmaße	7175 x 2500 x 3000 mm (Höhe über Plane)
Reifen	8.25-20
Bodenfreiheit	255 mm
Fahrzeugmasse	7850 kg
Zuläss. Gesamtmasse	13000 kg , im Gelände: 11500 kg
Nutzmasse	5150 kg, im Gelände: 3650 kg
Höchstgeschwindigkeit	72 km/h, Geländegang: 47 km/h
Kraftstofftank	150 Liter

LOWA-Dampf-Zugmaschinen

Zur Frühjahrsmesse 1951 in Leipzig präsentierte die Vereinigung LOWA eine 65 PS-Dampf-Zugmaschine. Von Vorteil war zum damaligen Zeitpunkt die Unabhängigkeit von flüssigen Kraftstoffen und die Verwendung fester Brennstoffe wie Kohle und Koks. Die Dampf-Zugmaschine ging auf eine Kriegsentwicklung der Sachsenberg-Werft in Roßlau zurück. Nach 1945 war das Projekt zunächst vom Ingenieurbüro Fritsch in Dresden weitergeführt worden.

Das in Werdau gebaute 65 PS-Fahrzeug hatte Koksfeuerung und war längere Zeit zu Versuchszwecken beim Institut für Schienenfahrzeuge eingesetzt. Im LOWA-Konstruktionsbüro wurde 1951 auch eine 125-PS-Straßenzugmaschine mit Braunkohlen-Brikettfeuerung entwickelt, die im LOWA-Werk in Vetschau/Lausitz gebaut wurde. Der Einsatz im Straßenverkehr scheiterte jedoch am Funkenflug, der nicht zu beherrschen war.

Offensichtlich entsprachen die praktischen Erfahrungen mit beiden Ausführung nicht den hohen Erwartungen, so daß eine Serienfertigung nie zustande kam.

65-PS-Dampf-Zugmaschine, LOWA Werdau (1951)

Omnibusse und Obusse aus Werdau

Die 1898 gegründete Sächsische Waggonfabrik Werdau befaßte sich ursprünglich mit der Herstellung von Eisen- und Straßenbahnwagen. Ab 1924 kamen Omnibus-Aufbauten hinzu, wobei das Werk 1927 die erste Ganzstahlkonstruktion auf einem Fahrgestell von Vomag zeigte. Auch nach 1945 entstanden bald wieder Obus- und Omnibus-Aufbauten, die auf noch vorhandenen Fahrgestellen montiert wurden. Meist auf Henschel-Chassis baute Werdau bis 1949 etwa 40 Obusse. Da die Anzahl der verfügbaren Fahrgestelle begrenzt war, wurden Fahrzeuge in der Normgröße I mit selbsttragender Stahl-Leichtbauweise entwickelt und als Typ W 600 auf der Leipziger Messe 1950 gezeigt.

Unter der Bezeichnung W 601 gab es 1950/51 einen Normgröße II-Obus mit einer elektrischer Ausrüstung vom VEB LEW Hennigsdorf. Durch Modifizierung des Aufbaues entstand daraus der Typ W 602. Die ersten Fahrzeuge hatten noch Vomag-Vorderachsen aus Restbeständen und wurden nach Warschau geliefert. Mit Werdauer Vorderachsen entstand danach der W 602a-Obus für die DDR. Wegen mangelnder Kapazität in Werdau wurde die Fertigung des W 602a jedoch ab 1956 zum LOWA-Werk Ammendorf verlagert.

Der Kraftverkehr der DDR hatte bereits seit 1949 dringend neue Omnibusse gefordert. Im Jahr 1951 entstand endlich der Bus-Typ W 500 mit Motoren, Getrieben und Vorderachsen aus noch vorhandenen Beständen. Im Jahr 1952 wurden 35 der W500-Busse nach Berlin geliefert. Als die Aggregatbestände aufgebraucht waren, standen nur die Baugruppen des Lkw H 6 zur Verfügung. Das Projekte eines schweren Busses (W 180) mußte letztlich fallengelassen werden.

Eine Besonderheit der Werdauer Busproduktion waren die acht Doppelstock-Sattelauflieger (DoSa), die zusammen mit modifizierten H6-Sattelzugmaschinen (Typ S 6) ab 1953 nach Berlin geliefert wurden. Ein Einzelstück blieb 1955 die Obus-Sattelzugmaschine ES6 , die aus dem W 602a abgeleitet worden war.

W 500 Omnibus, LOWA Werdau (1951)

W 602 Obus, LOWA Werdau Exportausführung für Warschau (1951)

Omnibusse aus Bautzen

Im traditionsreichen Waggonbau (vorm. Busch) Bautzen wurden neben dem H 3 B unter Nutzung von Aggregaten des Lkw H 6 von 1956 bis 1959 die Doppelstockbusse DO 54 und DO 56 in Zusammenarbeit mit den Berliner Verkehrsbetrieben (BVG) gebaut.

Vom DO 54 mit Holz-/Stahl-Aufbau entstanden 79 Einheiten. Der DO 56 hatte einen Stahlaufbau und wurde 105 mal nach Berlin geliefert. Auch in anderen DDR-Städten und versuchsweise sogar in Moskau waren einige DO-Busse im Einsatz.

DO 56 Doppelstockbus, LOWA Bautzen (1957)

IFA H 6 B Omnibus (1954-1959)

Da Baugruppen für schwere Nutzfahrzeuge aus DDR-Fertigung nicht zur Verfügung standen, konstruierte das frühere Waggonbauwerk Werdau, das inzwischen in VEB Fahrzeugwerk »Ernst Grube« umbenannt worden war, 1952 den Bustyp W 501 mit selbsttragendem Aufbau und der Mechanik des Lkw H 6.

Unter der Serienbezeichnung H 6 B wurde dieser Bus ab 1954 in Werdau in den Varianten als Stadtlinienbus (H6B/S), Linienbus (H6B/L) und Reisebus (H6B/R) produziert. In Einzelfertigung entstand auch ein Konferenzbus.

Da die Lkw-Produktion die Werdauer Werkskapazitäten voll beanspruchte, erfolgte auch die Montage des H6B in den Jahren 1955/56 bei LOWA Ammendorf. Qualitätsprobleme und Vertragsstreitigkeiten führten ab 1957 zur erneuten Produktion in Werdau. Allein im letzten Produktionsjahr (1959) wurden 405 Busse des Typs H6B montiert.

Infolge der Umprofilierung des Werkes Werdau und wegen der Spezialisierungsempfehlungen des RGW wurde 1960 die Fertigung des Lkw H 6, des Busses H 6 B und später auch die des geländegängige Lkw G 5 aufgegeben.

Noch ein paar Jahre länger baute die Karosserie- und Fahrzeugfabrik Fritz Fleischer in Gera einige recht gut aussehende und modern konzipierte Heckmotor-Omnibusse auf Basis der Lkw S 4000-1 und H 6 sowie anderer Baugruppen.

IFA H 6 B Omnibus (1954–1959)

PULSNITZTAL
PULSNITZTAL
YP 37-97

Framo / Barkas – Kleintransporter

Framo V 501/2 (1949)
Framo V 501 (1950-1951)
IFA Framo V 901 (1952-1953)
IFA V 901/2 (1954-1957)
Barkas V 901/2 (1957-1961)

Linke Seite:
S 5 Omnibus,
VEB Karosseriewerk Gera
(vorm. Fritz Fleischer KG)

Die früheren Framo-Werke GmbH, Hainichen/Sachsen, nahmen 1945 mit der Herstellung von Haushaltgeräten, Transportkarren und Gespannwagen die Arbeit wieder auf. 1946 begann die Fertigung von Kraftfahrzeug-Ersatzteilen, bis schließlich im Herbst 1949 die Automobilproduktion wieder anlief. Das Werk wurde der IFA Vereinigung Volkseigener Fahrzeugwerke angeschlossen und firmierte vorerst als IFA Kraftfahrzeugwerk Framo VEB, Hainichen/Sachsen.

Das Automobilprogramm begann mit dem 1943er Modell Framo V 501/2, von dem bis Ende 1949 insgesamt 65 Stück ausgeliefert wurden. 1950 folgte der modifizierte V 501 mit dem gleichen 500 cm^3-Doppelkolben-Zweitaktmotor, aber geändertem Aufbau. Im Jahr 1952, in dem über 1300 Wagen hergestellt wurden, kam der V 901 mit dem Dreizylinder-Motor des IFA F 9 und nunmehr auch als Kasten-, Kombi- oder Krankenwagen sowie als Kleinomnibus heraus.

Framo V 501/2
Pritschenwagen 0,75 t
(1949)

Framo V 501 bzw. V 901
Pritschenwagen 0,75 t
(1950–1953)

IFA Framo V 901
Kastenwagen
(1952–1953)

IFA Framo V 901 Kleinbus
8 Sitze
(1952–1953)

IFA Framo V 901
Krankenwagen
(1952–1953)

Letzte Ausführung dieser Modellreihe war der V 901/2 mit breiterem Fahrerhaus, in die Kotflügel einbezogenen Scheinwerfern und nochmaliger Erweiterung des Modellangebots. Ab 1957 firmierte das Werk unter dem Namen VEB Barkas-Werke, Hainichen. Der Namen »Barkas« (aus dem Phönizischen: Blitz, der Schnelle) galt nunmehr auch als Markenzeichen. Durch Zusammenschluß mit dem VEB Motorenwerk Karl-Marx-Stadt und dem VEB Fahrzeugwerk Karl-Marx-Stadtentstand ab 1. Januar 1958 der VEB Barkas-Werke mit dem Hauptsitz in Karl-Marx-Stadt (Chemnitz). Der Transporter V 901/2 wurde 1961 vom neu entwickelten Barkas B 1000 abglöst.

Barkas produzierte neben Transportern auch die Motoren für den Kleinwagen Trabant, stationären Zweitaktmotoren, Diesel-Einspritzpumpen und zeitweilig Gelände-Pkw für die Nationale Volksarmee (NVA).

Barkas V 901/2 Kombi (1957–1961)

IFA V 901/2 Kleinbus 8 Sitze (1954–1957)

	Kleintransporter Framo V 501/2 1949	Kleintransporter Framo V 501 1950–1951	Kleintransporter IFA Framo V 901 1952–1953
Motor	Framo U 500	IFA F 9	AWE 310/4
Zylinderzahl	Doppelkolben-Gleichstrom-Zweitakter Zweizylinder	Doppelkolben-Gleichstrom-Zweitakter Zweizylinder	Zweitakt-Dreizylinder
Bohrung x Hub	Zweimal 45 x 78 mm	Zweimal 45 x 78 mm	70 x 78 mm
Hubraum	496 cm³	496 cm³	900 cm³
Leistung	17 PS (13 kW)bei 3400/min	17 PS (13 kW)bei 3400/min	24 PS (18 kW) bei 3600/min
Drehmoment			71 Nm bei 2250/min
Kühlung	Wasser	Wasser	Wasser
Elektr. Anlage	6 V, Lichtmaschine 90 W	6 V, Lichtmaschine 90 W	6 V
Kraftübertragung	Hinterachs-Antrieb	Hinterachs-Antrieb	Hinterachs-Antrieb
Kupplung	Einscheiben-Trockenkupplung	Einscheiben-Trockenkupplung	Einscheiben-Trockenkupplung
Getriebe	unsynchronisiert, 4 + 1 Gänge.	unsynchronisiert, 4 + 1 Gänge.	unsynchronisiert, 4 + 1 Gänge
Fahrwerk	U-Profil-Rahmen	U-Profil-Rahmen	U-Profil-Rahmen
Vorderradaufhängung	Querlenker oben, 1 Querfeder unten	Querlenker oben, 1 Querfeder unten	Querlenker oben, 1 Querfeder unten
Hinterradaufhängung	starr, Halbfedern	starr, Halbfedern	starr, Halbfedern
Lenkung	mechanisch, Zahnstange	mechanisch, Zahnstange	mechanisch, Zahnstange
Bremsanlage	Allradbremse mechanisch, Feststellbremse mechanisch, auf alle Räder	Allradbremse mechanisch, Feststellbremse mechanisch, auf alle Räder	Allradbremse hydraulisch, Feststellbremse mechanisch, auf Hinterräder
Allgemeine Daten			
Radstand	3000 mm	2700 mm	2700 mm
Spur	1250/1250 mm	1250/1250 mm	1250/1250 mm
Gesamtmaße	Pritschenwagen 4525 x 1590 x 1620 mm	Pritschenwagen 4050 x 1540 x 1715 mm	Pritschenwagen 4360 x 1600 x 1650 mm, Kasten- und Kombiwagen 4250 x 1540 x 1920 mm
Ladefläche der Pritsche	2500 x 1500 mm	2000 x 1000 mm	2310 x 1500 mm
Reifen		vorn 4,50-16 hinten 5,50-16	vorn 5,00-16 hinten 6,00-16
Bodenfreiheit	190 mm	190 mm	200 mm
Fahrzeugmasse	Pritschenwagen 890 kg	Pritschenwagen 900 kg	Pritschenwagen 950 kg, Kastenwagen 1100 kg
Zuläss. Gesamtmasse	1660 kg	1650 kg	1700 kg
Nutzmasse	770 kg	750 kg	Pritschenwagen 750 kg, Kastenwagen 600 kg
Höchstgeschwindigkeit	60 km/h	60 km/h	70 km/h
Kraftstofftank	32 Liter	32 Liter	32 Liter

IFA L 1 Kleinbus 8 Sitze
Prototyp 1952
(ging nicht in Serie)

Kleintransporter
IFA V 901/2 1954–1957
Barkas V 901/2 1957–1961

AWE 310/4
Zweitakt-Dreizylinder

70 x 78 mm
900 cm^3
28 PS (21 kW) bei 3600/min
71 Nm bei 2250/min
Wasser
6 V

Hinterachs-Antrieb
Einscheiben-Trockenkupplung
unsynchronisiert, 4 + 1 Gänge

U-Profil-Rahmen
Querlenker oben,
1 Querfeder unten
starr, Halbfedern
mechanisch, Zahnstange
Allradbremse hydraulisch,
Feststellbremse mechanisch,
auf Hinterräder

2800 mm
Pritsche lang 3100 mm
1250/1250 mm
Pritschenwagen (Regelausf.)
4360 x 1600 x 1650 mm,
Kasten- und Kombiwagen
4375 x 1650 x 1910 mm,
Omnibus
4375 x 1650 x 1850 mm
Radst. 2800: 2310 x 1500 mm,
Radst. 2800: 2450 x 1610 mm,
Radst. 3100: 2600 x 1700 mm
6,00-16

200 mm
Pritschenwagen 1000 kg,
Kastenwagen 1210 kg,
Omnibus 1320 kg
1900 kg,
Omnibus 1840 kg,
Pritschenwagen 900 kg,
Kastenwagen 690 kg,
Omnibus 520 kg
Übers. 6,17: 75 km/h,
Übers. 5,50: 82 km/h
42 Liter

Barkas B 1000 (1961-1988)
Barkas B 1000-1 (1989-1990)

Ein wichtiger Abschnitt in der Geschichte der Barkas-Werke begann im Juni 1961 mit dem Produktionsanlauf des völlig neu entwickelten Barkas B 1000. Dieser Transporter mit 1 Tonne Nutzlast wurde zunächst ausschließlich als Kastenwagen hergestellt. Zur Leipziger Frühjahrsmesse 1964 folgte der Achtsitzer-Kombi, zur Leipziger Frühjahrsmesse 1965 der Pritschenwagen, der Kleinbus und der Verkehrsunfall-Bereitschaftswagen. Der in Details weiterentwickelte, im wesentlichen aber unverändert weitergebaute Barkas B 1000 zeichnete sich durch reichliche Belastbarkeit und Geräumigkeit aus, blieb aber bis 1988 auf den Zweitaktmotor des Wartburg angewiesen. Alle Entwicklungsprojekte des Werkes hinsichtlich moderner Antriebs- und Aufbaugestaltung scheiterten bis dahin.

Erstmals zur Leipziger Herbstmesse 1989 präsentierte Barkas den Transporter mit dem VW-Lizenz-Viertaktmotor des Wartburg 1.3. Nur die beiden Vorführfahrzeuge besaßen eine durch Plastikformteile modifizierte Frontpartie, die Serienausführung glich optisch den Zweitakt-Typen. Diese Änderungen kamen zu spät und machten aus dem B 1000-1 keinen modernen Transporter.

Auch im Jahr 1990 vorgestelle Reisemobilausführungen konnte die nach der Währungsunion eingetretenen Absatzprobleme nicht lösen. Eine geplante Verlagerung der Barkas-Fertigung nach Rußland scheiterte, die Produktion wurde eingestellt.

Barkas B 1000 Pritschenwagen mit Plane als Gütertaxi (1965–1988)

Barkas B 1000
Kastenwagen 1 t
(1961–1988)

Barkas B 1000
Kleinbus 8 Sitze
(1965–1988)

Barkas B 1000
Kofferwagen 1 t
(1965–1988)

Barkas B 1000
Kombi 8 Sitze
(1964–1988)

Barkas B 1000
Notarztwagen
(1965–1988)

Barkas B 1000
Verkehrsunfall-
Bereitschaftswagen
(1965–1988)

Barkas B 1000
Kleinlöschwagen
(1965–1988)

Barkas B 1000
Drehleiterfahrzeug
(1965–1988)

Barkas B 1000
Großtaxi 8 Sitze
Sonderaufbau von
Fritz Fleischer KG., Gera
(1969)

Barkas B 1000
Kombi mit Schiebetür
(1985–1988)

Barkas B 1100 Prototyp mit Viertaktmotor des Moskwitsch 412 (75 PS) und 1,3 t Nutzlast (1972)

Barkas B 1000-1 Kombiwagen mit Viertaktmotor (Liz. Volkswagen), Musterfahrzeug auf der Leipziger Herbstmesse 1989

**Barkas B 1000-1
Pritschenwagen,
Musterfahrzeug auf der
Leipziger Herbstmesse 1989**

**Barkas B 1000-1
Kombiwagen
(Serienausführung)
(1989-1990)**

**Barkas B 1000-1
mit Reisemobilaufbau
der Fa. Karmann
(1990)**

	Transporter Barkas B 1000 1961–1971	Transporter Barkas B 1000 1972-1988	Transporter Barkas B 1000-1 1989-1990
Motor	AWE 312–016 Zweitakt-Vergasermotor	AWE 353/1 Zweitakt-Vergasermotor	BM 880 (Lizenz Volkswagen) Viertakt-Vergasermotor
Zylinderzahl	3 (Reihe)	3 (Reihe)	4 (Reihe)
Bohrung x Hub	78 x 73,5 mm	78 x 73,5 mm	72 x 75 mm
Hubraum	992 cm^3	992 cm^3	1272 cm^3
Leistung	42 PS (31 kW) bei 4000/min	45 PS (33 kW) bei 4000/min	58 PS (43 kW bei 5500/min
Drehmoment	96 Nm bei 2500/min	103 Nm bei 2500/min	96 Nm bei 3500/min
Kühlung	Wasser	Wasser	Wasser, geschlossen
Elektr. Anlage	12 V, Lichtmaschine 220 W	12 V, Lichtmaschine 500 W	12 V, Lichtmaschine 500 W
Kraftübertragung	Frontantrieb Motor (zwischen Fahrer und Beifahrer) vor, Getriebe hinter der Vorderachse	Frontantrieb Motor (zwischen Fahrer und Beifahrer) vor, Getriebe hinter der Vorderachse	Frontantrieb Motor (zwischen Fahrer und Beifahrer) vor, Getriebe hinter der Vorderachse
Kupplung	Einscheiben-Trockenkupplung	Einscheiben-Trockenkupplung	Einscheiben-Trockenkupplung
Getriebe	synchronisiert, 4 + 1 Gänge, bis 1963: Lenkradschaltung, ab 1964: Schalthebel in Wagenmitte	synchronisiert, 4 + 1 Gänge, Schalthebel in Wagenmitte	synchronisiert, 4 + 1 Gänge, Schalthebel in Wagenmitte
Fahrwerk	Mittelkastenrahmen Kasten- und Kombiwagen: Mittragende Ganzstahlkarosserie in Schalenbauweise, Pritschen- und Kofferwagen: U-Profil-Hilfsrahmen Vorderradaufhängung Schräglenker, Federstäbe, Stoßdämpfer	Mittelkastenrahmen Kasten- und Kombiwagen: Mittragende Ganzstahlkarosserie in Schalenbauweise, Pritschen- und Kofferwagen: U-Profil-Hilfsrahmen Vorderradaufhängung Schräglenker, Federstäbe, Stoßdämpfer	Mittelkastenrahmen Kasten- und Kombiwagen: Mittragende Ganzstahlkarosserie in Schalenbauweise, Pritschen- und Kofferwagen: U-Profil-Hilfsrahmen Vorderradaufhängung Schräglenker, Federstäbe, Stoßdämpfer
Hinterradaufhängung	Schräglenker, Federstäbe, Stoßdämpfer	Schräglenker, Federstäbe, Stoßdämpfer	Schräglenker, Federstäbe, Stoßdämpfer
Lenkung	mechanisch	mechanisch	mechanisch
Bremsanlage	Allrad, hydraulisch, ab Oktober 1963: Zweikreis, Feststellbremse mechanisch, auf Vorderräder	Allrad, hydraulisch, Zweikreis, Feststellbremse mechanisch, auf Vorderräder	Allrad, hydraulisch, Zweikreis, Feststellbremse mechanisch, auf Vorderräder
Allgemeine Daten			
Radstand	2400 mm	2400 mm	2400 mm
Spur	1450/1460 mm	1450/1460 mm	1450/1460 mm
Gesamtmaße	Kastenwagen, Kombi, Kleinbus 4595 x 2124 x 1910 mm, Pritschenwagen 4725 x 2124 x 1910 (mit Plane 2300) mm, Kofferwagen 4555 x 2124 x 2220 mm	Kastenwagen, Kombi, Kleinbus 4595 x 2124 x 1910 mm, Pritschenwagen 4725 x 2124 x 1910 (mit Plane 2300) mm, Kofferwagen 4555 x 2124 x 2220 mm	Kastenwagen, Kombi, Kleinbus 4595 x 2124 x 1910 mm, Pritschenwagen 4725 x 2124 x 1910 (mit Plane 2300) mm, Kofferwagen 4555 x 2124 x 2220 mm
Reifen	6,70-13 extra Transport	6,70-13 extra Transport	185 R 14
Bodenfreiheit	200 mm	200 mm	200 mm
Wagenmasse (einschl. Fahrer)	Kasten 1240 kg, Kombi 1425 kg, Pritsche 1300 kg	Kasten 1240 kg, Kombi 1425 kg, Pritsche 1300 kg	Kasten 1275 kg, Kombi/Pritsche 1335 kg
Zuläss. Gesamtmasse	Kasten 2240 kg, Kombi 2050 kg, Pritsche 2350 kg	Kasten 2240 kg, Kombi 2050 kg, Pritsche 2350 kg	Kasten 2275 kg, Kombi 2295 kg, Pritsche 2385 kg
Nutzmasse	Kasten 1000 kg, Kombi 625 kg, Pritsche 1050 kg	Kasten 1000 kg, Kombi 625 kg, Pritsche 1050 kg	Kasten 1000 kg, Kombi 960 kg, Pritsche 1050 kg
Höchstgeschwindigkeit	95 km/h	100 km/h	100 km/h
Kraftstofftank	Kastenwagen, Kombi, Kleinbus 42 Liter, Pritschen- und Kofferwagen 70 Liter	Kastenwagen, Kombi, Kleinbus 42 Liter, Pritschen- und Kofferwagen 70 Liter	Kastenwagen, Kombi, Kleinbus 42 Liter, Pritschen- und Kofferwagen 70 Liter

Lastwagen und Omnibusse von IFA Phänomen / Robur Zittau

IFA Phänomen Granit 27 (1949–1953)
IFA Phänomen Granit 30 K (1953–1956)
IFA Phänomen Granit 32 (1953–1956)
Robur Garant 30 K (1956–1960)
Robur Garant 32 (1956–1960)

Ursprünglich zur Fertigung von Textilmaschinen wurde 1888 die Gustav Hiller AG im sächsischen Zittau gegründet. Die Zweiradproduktion begann 1894, die des dreirädrigen Phänomobil ab 1907. Als Folgemodell für die Reichspost lief 1927 bis 1931 der Typ 4 RL; der erster deutsche Lkw mit luftgekühltem Motor, der vom Granit 25 abgelöst wurde.

Nach totaler Demontage und Enteignung 1945/1946 standen Kfz-Reparaturen für die Rote Armee am Beginn. 1948 erfolgte die Eingliederung in die IFA-Vereinigung Volkseigener Fahrzeugwerke als Werk Phänomen Zittau.

Auf der Leipziger Frühjahrsmesse 1948 stellte man den bereits während des Krieges gebauten Phänomen 1500 S aus. 1949 konnte die Serienproduktion des Granit 27 mit 2 Tonnen Nutzmasse wieder beginnen. Ab 1951 stand wahlweise auch ein neu entwickelter, ebenfalls luftgekühlter Dieselmotor zur Verfügung. Auf der Leipziger Herbstmesse 1953 erschien der Phänomen Granit mit abgeänderter äußerer Form, außerdem erhielt der Vergasermotor mehr Hubraum und Leistung. Die neue Form ging 1955 in Serie.

Nach einer Klage der enteigneten Besitzer wurde die Bezeichnung der Lkw-Typen am 1. Juli 1956 in Garant und die des Werkes ab 1. Januar 1957 in VEB Robur geändert. Die Modellreihe lief bis zum Jahre 1960.

IFA Phänomen Granit 27
Pritschenwagen
(1949–1953)

IFA Phänomen Granit 27
Kastenwagen
(1949–1953)

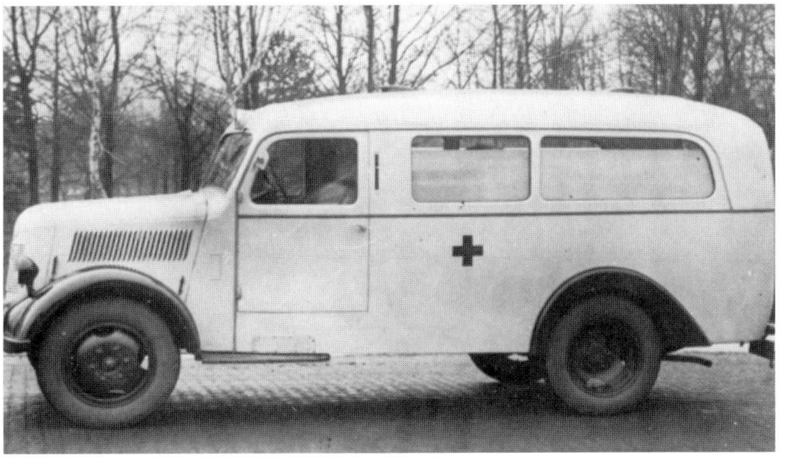

IFA Phänomen Granit 27
Krankenwagen
(1949–1953)

IFA Phänomen Granit 27
Pritschenwagen,
langer Radstand
(1951–1953)

IFA Phänomen Granit 30 K
Omnibus
(1953–1954)

IFA Phänomen Granit
30 K/32
Pritschenwagen
(1955–1956)

IFA Phänomen Granit
30 K/32
Kastenwagen
(1955–1956)

IFA Phänomen Granit 30 K
Omnibus 18 Sitze
(1955–1956)

Unten:
Robur Garant 30 K / 32
Pritschenwagen
(1956–1960)

Robur Garant 30 K
Krankenwagen
(1956–1960)

Robur Garant 32
Kadaverfahrzeug
(1956–1960)

Robur Garant 30 K / 32
Kofferwagen
(1956–1960)

Rechte Seite:
Robur Garant 30 K
Mehrzweckfahrzeug
(1959–1960)

Lkw (4 x 2)
IFA Phänomen Granit 27
1949–1953

otor	Vergasermotor Phänomen Granit 27
ylinderzahl	4 (Reihe)
ohrung x Hub	85 x 118 mm
ubraum	2678 cm^3
istung	50 PS (37 kW) bei 2800/min
rehmoment	157 Nm bei 1500/min
ühlung	Luft
ektr. Anlage	12 V, Lichtmaschine 130 W
raftübertragung	Hinterrad-Antrieb
upplung	Einscheiben-Trockenkupplung
etriebe	unsynchronisiert, 4 + 1 Gänge
chsanrieb	einfach übersetzte Hinterachse
ahrwerk	U-Profil-Rahmen
orderradaufhängung	Starrachse, Blattfedern
interradaufhängung	Starrachse, Blattfedern
nkung	mechanisch
emsanlage	Allradbremse hydraulisch, mechanische Feststellbremse

llgemeine Daten	**Pritschenwagen Granit 27**	**Pritschenwagen (lang) Granit 27**	**Kastenwagen Granit 27**	**Krankenwagen Granit 27**	**Omnibus Granit 27**
adstand	3270 mm	3770 mm	3270 mm	3270 mm	3770 mm
our	1500/1450 mm	1500/1450 mm	1500/1450 mm	1500/1618 mm	1500/1450 mm
esamtmaße	5490x1980x2085 mm (Höhe über Fahrerhaus)	5990x1980x2085 mm (Höhe über Fahrerhaus)	5400x1920x2325 mm	5400x1920x2350 mm	6100x2080x2600 mm
ifen	6,50-20	6,50-20	6,50-20	7,00-20	6,50-20
odenfreiheit	230 mm	230 mm	230 mm	230 mm	230 mm
hrzeugmasse	2070 (Diesel + 320) kg	2180 (Diesel + 290) kg	2240 (Diesel + 290) kg	2450 kg	3120 kg
läss. Gesamtmasse	4070 (Diesel + 320) kg	4130 (Diesel + 290) kg	4100 (Diesel + 300) kg	3000 kg	4420 kg
utzmasse	2000 kg	1950 kg	1860 (Diesel 1850) kg	550 kg	1300 kg, 18 Sitze
öchstgeschwindigkeit	80 km/h	80 km/h	80 km/h	78 km/h	78 km/h
aftstofftank	72 Liter	72 Liter	72 Liter	72 Liter	72 Liter

	Lkw (4 x 2) IFA Phänomen Granit 30 K 1953–1956	Lkw (4 x 2) IFA Phänomen Granit 32 1953–1956
Motor	Vergasermotor Phänomen Granit 30 K	Wirbelkammer-Dieselmotor Phänomen Granit 32
Zylinderzahl	4 (Reihe)	4 (Reihe)
Bohrung x Hub	90 x 118 mm	90 x 125 mm
Hubraum	3000 cm^3	3181 cm^3
Leistung	55 PS (40 kW) bei 2600/min	52 PS (38 kW) bei 2600/min
Drehmoment	181 Nm bei 1600/min	159 Nm bei 2000/min
Kühlung	Luft	Luft
Elektr. Anlage	12 V, Lichtmaschine 130 W	12 V, Lichtmaschine 300 W
Kraftübertragung	Hinterachs-Antrieb	Hinterachs-Antrieb
Kupplung	Einscheiben-Trockenkupplung	Einscheiben-Trockenkupplung
Getriebe	unsynchronisiert, 4 + 1 Gänge	unsynchronisiert, 4 + 1 Gänge
Achsantrieb	einfach übersetzte Hinterachse	einfach übersetzte Hinterachse
Fahrwerk	U-Profil-Rahmen	U-Profil-Rahmen
Vorderradaufhängung	Starrachse, Blattfedern	Starrachse, Blattfedern
Hinterradaufhängung	Starrachse, Blattfedern und Zusatzfedern	Starrachse, Blattfedern und Zusatzfedern
Lenkung	mechanisch	mechanisch
Bremsanlage	Allradbremse, hydraulisch, mechanische Feststellbremse	Allradbremse, hydraulisch, mechanische Feststellbremse

Allgemeine Daten	**Pritschenwagen Granit 30 K und 32**	**Pritschenwagen (lang) Granit 30 K und 32**
Radstand	3270 mm	3770 mm
Spur	1500/1450 mm	1500/1450 mm
Gesamtmaße	5490 x 1970 x 2060 mm (Höhe über Fahrerhaus)	5990 x 1970 x 2060 mm (Höhe über Fahrerhaus)
Reifen	6,50-20	6,50-20
Bodenfreiheit	230 mm	230 mm
Fahrzeugmasse	2170 (Diesel + 220) kg	2250 (Diesel + 220) kg
Zuläss. Gesamtmasse	4170 (Diesel + 220) kg	4220 (Diesel + 200) kg
Nutzmasse	2000 kg	1950 kg
Höchstgeschwindigkeit	80 km/h	78 km/h
Kraftstofftank	72 Liter	72 Liter

Lkw (4 x 2) IFA Phänomen Granit 30 K 1953–1956	Lkw (4 x 2) IFA Phänomen Granit 32 1953–1956
Vergasermotor	Wirbelkammer-Dieselmotor
Phänomen Granit 30 K	Phänomen Granit 32
4 (Reihe)	4 (Reihe)
90 x 118 mm	90 x 125 mm
3000 cm^3	3181 cm^3
55 PS (40 kW) bei 2600/min	52 PS (38 kW) bei 2600/min
181 Nm bei 1600/min	159 Nm bei 2000/min
Luft	Luft
12 V, Lichtmaschine 130 W	12 V, Lichtmaschine 300 W
Hinterachs-Antrieb	Hinterachs-Antrieb
Einscheiben-Trockenkupplung	Einscheiben-Trockenkupplung
unsynchronisiert, 4 + 1 Gänge	unsynchronisiert, 4 + 1 Gänge
einfach übersetzte Hinterachse	einfach übersetzte Hinterachse
U-Profil-Rahmen	U-Profil-Rahmen
Starrachse, Blattfedern	Starrachse, Blattfedern
Starrachse, Blattfedern und Zusatzfedern	Starrachse, Blattfedern und Zusatzfedern
mechanisch	mechanisch
Allradbremse, hydraulisch, mechanische Feststellbremse	Allradbremse, hydraulisch, mechanische Feststellbremse

Kastenwagen Granit 30 K und 32	Krankenwagen Granit 30 K	Omnibus Granit 30 K und 32
3270 mm	3270 mm	3770 mm
1500/1450 mm	1500/1618 mm	1500/1450 mm
5400 x 1920 x 2325 mm	5400 x 1920 x 2350 mm	6100 x 2080 x 2600 mm
6,50-20	7,00-20	6,50-20
230 mm	230 mm	230 mm
2400 (Diesel + 200) kg	2570 kg	2980 (Diesel + 170) kg
4220 (Diesel + 200) kg	3050 kg	4280 (Diesel + 170) kg
1820 kg	480 kg	1300 kg, 18 Sitze

Linke Seite:
Robur Garant 30 K
Omnibus 18 Sitze
(1956–1960)

	Lkw (4 x 2) Robur Garant 30 K 1956–1960	Lkw (4 x 2) Robur Garant 32 1956–1960
Motor	Vergasermotor Robur Garant 30 K	Wirbelkammer-Dieselmotor Robur Garant 32
Zylinderzahl	4 (Reihe)	4 (Reihe)
Bohrung x Hub	90 x 118 mm	90 x 125 mm
Hubraum	3000 cm^3	3181 cm^3
Leistung	60 PS (44 kW) bei 2800/min	52 PS (38 kW) bei 2600/min
Drehmoment	176 Nm bei 1800/min	159 Nm bei 2000/min
Kühlung	Luft	Luft
Elektr. Anlage	12 V, Lichtmaschine 130 W	12 V, Lichtmaschine 500 W
Kraftübertragung	Hinterachs-Antrieb	Hinterachs-Antrieb
Kupplung	Einscheiben-Trockenkupplung	Einscheiben-Trockenkupplung
Getriebe	unsynchronisiert, 4 + 1 Gänge	unsynchronisiert, 4 + 1 Gänge
Achsantrieb	einfach übersetzte Hinterachse	einfach übersetzte Hinterachse
Fahrwerk	U-Profil-Rahmen	U-Profil-Rahmen
Vorderradaufhängung	Starrachse , Blattfedern	Starrachse , Blattfedern
Hinterradaufhängung	Starrachse , Blattfedern+ Zusatzfedern	Starrachse , Blattfedern+ Zusatzfedern
Lenkung	mechanisch	mechanisch
Bremsanlage	Allradbremse hydraulisch, mechanische Feststellbremse	Allradbremse hydraulisch mechanische Feststellbremse
Allgemeine Daten	**Pritschenwagen Garant 30 K und 32**	**Kastenwagen Garant 30 K und 32**
Radstand	3770 mm	3770 mm
Spur	1500/1450 mm	1500/1450 mm
Gesamtmaße	6000 x 1990 x 2150 mm	6050 x 2100 x 2550 mm
Reifen	6,50-20	6,50-20
Bodenfreiheit	230 mm	230 mm
Fahrzeugmasse	2250 (Diesel 2470) kg	2620 (Diesel 2820) kg
Zuläss. Gesamtmasse	4200 (Diesel 4420) kg	4220 (Diesel 4420) kg
Nutzmasse	1950 kg	1600 kg
Höchstgeschwindigkeit	80 km/h	78 km/h
Kraftstofftank	72 Liter	72 Liter

Lkw (4 x 2)
Robur Garant 30 K
1956–1960

Vergasermotor
Robur Garant 30 K
4 (Reihe)
90 x 118 mm
3000 cm³
60 PS (44 kW) bei 2800/min
176 Nm bei 1800/min
Luft
12 V, Lichtmaschine 130 W

Hinterachs-Antrieb
Einscheiben-Trockenkupplung
unsynchronisiert, 4 + 1 Gänge
einfach übersetzte Hinterachse

U-Profil-Rahmen
Starrachse , Blattfedern
Starrachse , Blattfedern+ Zusatzfedern
mechanisch
Allradbremse hydraulisch,
mechanische Feststellbremse

Lkw (4 x 2)
Robur Garant 32
1956–1960

Wirbelkammer-Dieselmotor
Robur Garant 32
4 (Reihe)
90 x 125 mm
3181 cm³
52 PS (38 kW) bei 2600/min
159 Nm bei 2000/min
Luft
12 V, Lichtmaschine 500 W

Hinterachs-Antrieb
Einscheiben-Trockenkupplung
unsynchronisiert, 4 + 1 Gänge
einfach übersetzte Hinterachse

U-Profil-Rahmen
Starrachse , Blattfedern
Starrachse , Blattfedern+ Zusatzfedern
mechanisch
Allradbremse hydraulisch
mechanische Feststellbremse

Kofferwagen
Garant 30 K und 32

3770 mm
1500/1450 mm
6140 x 2100 x 2490 mm
6,50-20

230 mm
2620 (Diesel 2820) kg
4220 (Diesel 4420) kg
1600 kg

Krankenwagen
Garant 30 K

3270 mm
1500/1618 mm
5400 x 1920 x 2350 mm
7,00-20

230 mm
2570 kg
3050 kg
480 kg

Omnibus
Garant 30 K

3770 mm
1500/1450 mm
6100 x 2080 x 2650 mm
6,50-20

230 mm
2980 kg
4280 kg
1300 kg, 18 Sitze

Robur LO 2500 Omnibus – Prototyp (1958–1960)

Mitte 1957 wurde von Robur und dem Karosseriewerk Halle der neue Frontlenker-Omnibus Robur LO 2500 als Prototyp vorgestellt, den man auch auf der Leipziger Messe präsentierte. Der von 1958 bis 1960 in nur sechs Einheiten gebaute Omnibus war der Vorläufer der neuen Frontlenker-Lkw-Modellreihe. Die Prototypen besaßen schon die neue Aufbauform und ein 5-Gang-Synchrongetriebe, aber noch den Schriftzug des Garant. Allerdings waren sie 30 cm kürzer als die spätere LO-Serienausführung und hatten vier Sitzplätze weniger.

Zwei Prototypen hatten den 60 PS-Motor des Garant, die anderen vier den Motor Typ L04 mit 70 PS.

	Omnibus Robur LO 2500 – Prototyp 1958–1960
Motor	Vergasermotor Robur Garant 30 K
Zylinderzahl	4 (Reihe)
Bohrung x Hub	90 x 118 mm
Hubraum	3000 cm³
Leistung	60 PS (44 kW) bei 2800/min
Drehmoment	181 Nm bei 1600/min
Kühlung	Luft
Elektr. Anlage	12 V, Lichtmaschine 130 W
Kraftübertragung	Hinterachs- Antrieb
Kupplung	Einscheiben-Trockenkupplung
Getriebe	teilsynchronisiert, 5 + 1 Gänge
Achsantrieb	einfach übersetzte Hinterachse
Fahrwerk	U-Profil-Rahmen
Vorderradaufhängung	Starrachse, Blattfedern, Teleskop-Stoßdämpfer
Hinterradaufhängung	Starrachse, Blattfedern, Teleskop-Stoßdämpfer
Lenkung	mechanisch
Bremsanlage	Allradbremse hydraulisch, mechanische Feststellbremse
Allgemeine Daten	
Radstand	3270 mm
Spur	1580/1530 mm
Gesamtmaße	6470 x 2250 x 2570 mm
Reifen	6,50–20
Bodenfreiheit	230 mm
Fahrzeugmasse	
Zuläss. Gesamtmasse	
Nutzmasse	
Höchstgeschwindigkeit	80 km/h
Kraftstofftank	72 Liter
Sitzplätze	16 + 1

Rechte Seite:
Robur LO 2500 Omnibus-Prototyp (1958–1960)

Garant

Robur LO 2500 (1961–1964)
Robur LD 2500 (1963–1964)
Robur LO 2501 (1965–1973)
Robur LD 2501 (1965–1973)

Ein erster Pressebericht über Prototypen der neuen Robur-Frontlenker-Lkw erschien im Dezember 1959. Die offizielle Vorstellung des LO 2500 erfolgte anläßlich der Leipziger Frühjahrsmesse 1961. Die ersten Serienfahrzeuge erhielt die Armee.

Dem Pritschenwagen folgten neben dem Omnibus aus dem VEB Karosseriewerk Halle die verschiedensten Spezialvarianten, wie ein Kofferaufbau ab Herbst 1962, ein Mehrzweckwagen ab 1963 und ein Kastenwagen ab 1964. Das Angebot an Sonderaufbauten wurde in Zusammenarbeit mit verschiedenen Herstellern permanent erweitert. Unter der Bezeichnung LD 2500 konnte ab 1963 wahlweise ein Dieselmotor geordert werden.

Ab Frühjahr 1965 wurde unter der Bezeichnung LO/LD 2501 Modellpflege betrieben. Die Türen der Fahrerkabine waren nun generell vorn angeschlagen. Beim Kastenwagen, Mehrzweckwagen und Omnibus wurde der Motor vorverlegt, so daß der Omnibus nun 21 statt 18 Sitze sowie durch ein anderes Dach 1850 mm Stehhöhe hatte. Die Frontgestaltung wurde aus technologischen Gründen vereinfacht.

In den Jahren 1964-1966 lieferte Robur 500 Pritschen-Lkw LO 2500 und 1000 Omnibusse LO 2500/B26 als Teilesätze nach Indonesien, die in einem Werk in Surabaja montiert wurden.

Robur LO 2500 Pritschenwagen 2,5 t (1961–1964)

Robur LD 2500
Pritschenwagen 2,5 t
(1963–1964)

Robur LO 2500
Kofferwagen
(1962–1964)

Unten:
Robur LO 2500
Mehrzweckfahrzeug
(1962–1964)

Oben:
Robur LO 2500
Fischverkaufswagen
(1962–1964)

Robur LO 2500
Reiseomnibus 18 Sitze
(1961–1964)

Robur LO 2501 /
Robur LD 2501
Pritschenwagen 2,5 t
(1965–1973)

Robur LO 2501 / Robur LD 2501 Kofferwagen (1968–1973)

Robur LO 2501 A Bau- und Montagefahrzeug für Energiewirtschaft (1968–1973)

	Lkw (4 x 2) / Omnibus Robur LO 2500 1961–1964 Robur LO 2501 1965–1973	Lkw (4 x 2) / Omnibus Robur LD 2500 1963–1964 Robur LD 2501 1965–1973
Motor	Vergasermotor 4 VO 11,8/9,5 SRL Robur LO 4/1 (Typ 34)	Dieselmotor 4 VD 12,5/10 SRL Robur Typ 33
Zylinderzahl	4 (Reihe)	4 (Reihe)
Bohrung x Hub	95 x 118 mm	100 x 125 mm
Hubraum	3345 cm^3	3927 cm^3
Leistung	70 PS (52 kW) bei 2800/min	70 PS (52 kW) bei 2600/min
Drehmoment	216 Nm bei 1900/min	216 Nm bei 1700/min
Kühlung	Luft	Luft
Elektr.Anlage	12 V, Lichtmaschine 220 W. Omnibus: 12 V, 500 W	12 V, Lichtmaschine 500 W
Kraftübertragung	Hinterachs-Antrieb	Hinterachs-Antrieb
Kupplung	Einscheiben-Trockenkupplung	Einscheiben-Trockenkupplung
Getriebe	teilsynchronisiert , 5 + 1 Gänge	teilsynchronisiert , 5 + 1 Gänge
Achsantrieb	einfach übersetzte Hinterachse	einfach übersetzte Hinterachse
Fahrwerk	U-Profil-Rahmen	U-Profil-Rahmen
Vorderradaufhängung	Starrachse, Blattfedern, Teleskopstoßdämpfer	Starrachse, Blattfedern, Teleskopstoßdämpfer
Hinterradaufhängung	Starrachse, Blattfedern und Zusatzfedern, Teleskop-Stoßdämpfer	Starrachse, Blattfedern und Zusatzfedern, Teleskop-Stoßdämpfer
Lenkung	mechanisch	mechanisch
Bremsanlage	Allradbremse hydraulisch, mechanische Feststellbremse	Allradbremse hydraulisch, mechanische Feststellbremse
Allgemeine Daten	**Pritschenwagen**	**Kofferwagen**
Radstand	3025 mm	3025 mm
Spur	1560/1530 mm	1560/1530 mm
Gesamtmaße	6175 x 2385 x 2400 mm (Höhe über Fahrerhaus)	6040 x 2365 x 2960 mm (Höhe über Koffer)
Reifen	6,50-20	6,50-20
Bodenfreiheit	250 mm	250 mm
Fahrzeugmasse	2700 (Diesel 2900) kg	3000 (Diesel 3200) kg
Zuläss. Gesamtmasse	5200 (Diesel 5400) kg	5200 (Diesel 5400) kg
Nutzmasse	2500 kg	2200 kg
Höchstgeschwindigkeit	85 km/h	85 km/h
Kraftstofftank	90 Liter	90 Liter

Lkw (4 x 2) / Omnibus
Robur LO 2500 1961–1964
Robur LO 2501 1965–1973

Vergasermotor 4 VO 11,8/9,5 SRL
Robur LO 4/1 (Typ 34)
4 (Reihe)
95 x 118 mm
3345 cm^3
70 PS (52 kW) bei 2800/min
216 Nm bei 1900/min
Luft
12 V, Lichtmaschine 220 W. Omnibus: 12 V, 500 W

Hinterachs-Antrieb
Einscheiben-Trockenkupplung
teilsynchronisiert , 5 + 1 Gänge
einfach übersetzte Hinterachse

U-Profil-Rahmen
Starrachse, Blattfedern,
Teleskopstoßdämpfer
Starrachse, Blattfedern und Zusatzfedern,
Teleskop-Stoßdämpfer
mechanisch
Allradbremse hydraulisch,
ab 1968: Servohilfe,
mechanische Feststellbremse

Lkw (4 x 2) / Omnibus
Robur LD 2500 1963–1964
Robur LD 2501 1965–1973

Dieselmotor 4 VD 12,5/10 SRL
Robur Typ 33
4 (Reihe)
100 x 125 mm
3927 cm^3
70 PS (52 kW) bei 2600/min
216 Nm bei 1700/min
Luft
12 V, Lichtmaschine 500 W

Hinterachs-Antrieb
Einscheiben-Trockenkupplung
teilsynchronisiert , 5 + 1 Gänge
einfach übersetzte Hinterachse

U-Profil-Rahmen
Starrachse, Blattfedern,
Teleskopstoßdämpfer
Starrachse, Blattfedern und Zusatzfedern,
Teleskop-Stoßdämpfer
mechanisch
Allradbremse hydraulisch,
ab 1968: Servohilfe,
mechanische Feststellbremse

Kastenwagen
3270 mm
1560/1530 mm
6525 x 2365 x 2615 mm,
ab 1964:
6430 x 2325 x 2610 mm
6,50-20
250 mm
3250 (Diesel 3450) kg
5200 (Diesel 54000) kg
1950 kg

85 km/h
90 Liter

Mehrzweckwagen
3270 mm
1560/1530 mm
6525 x 2365 x 2615 mm,
ab 1965:
6430 x 2325 x 2610 mm
6,50-20
250 mm
3500 (Diesel 3700) kg
5200 (Diesel 5400) kg
1700 kg, 11 Sitze

80 km/h
90 Liter

Omnibus
3270 mm
1560/1530 mm
6525 x 2365 x 2615 mm,
ab 1965:
6800 x 2370 x 2750 mm
6,50-20
250 mm
3670 (Diesel 3870) kg
5200 (Diesel 5400) kg
1530 kg
18 Sitze, ab 1965:21 Sitze
80 km/h
90 Liter

Robur LO 3000 (1973–1984)
Robur LD 3000 (1982–1984)
Robur LO/LD 3001 (1985–1990)
Robur LO/LD 3002 (1985–1990)

Die Baureihe LO/LD 3000 bestimmte nach der Erhöhung der Nutzmasse seit 1974 das Robur-Typenprogramm. Weitere Veränderungen gegenüber dem Vorgängermodell betrafen u.a. leistungsgesteigerte Motoren, eine Kugelumlauflenkung und eine verbesserte Bremsanlage.

In den Jahren 1972 bis 1979 war unter der Bezeichnung O611/D609 parallel zum Ludwigsfelder L 60 eine neue Fahrzeuggeneration entwickelt worden. Die gesamtwirtschaftlichen Probleme der DDR führten 1980 zum Abbruch der bereits begonnenen Serienüberleitung. Daraufhin wurde bei den bekannten Typen Modellpflege betrieben.

Wiederum Veränderungen an den Bremsen und am Fahrwerk sowie ein Unterfahrschutz kennzeichneten ab 1984 die LO/LD 3001 und 3002, wobei letzterer erstmals kleinere Räder erhielt. Dadurch wurde die Beladung erleichtert.

Bereits 1978/1979 war die Typenbezeichnung LD 3001 schon einmal vergeben worden – für ein erneutes Montageprojekt in Indonesien. Neben Rechtssteuerung sollten diese Lkw auch Deutz-Dieselmotoren 4 FL 916 erhalten. Das Vorhaben scheiterte jedoch.

Beim LD 3003 sollte das Verbrennungsverfahren des Dieselmotors 4VD12,5/10SRL auf Direkteinspritzung umgestellt werden. Die Serienfertigung war für 1990/91 vorgesehen, kam aber nicht mehr zustande. Noch etwa ein Jahr nach der Vereinigung fertigte Robur unter der Bezeichnung LD 3004 verschiedene Varianten mit luftgekühlten Deutz-Motoren.

Von 1950 bis 1990 sind etwa 250 000 Phänomen/Robur-Fahrzeuge gebaut worden.

Robur
LO 3000/3001 KF/Pr
Pritschenwagen 3 t
(1973–1990)

Robur
LO 3000/3001 Fr3M/MZ
Mehrzweckwagen
(1973–1990)

Robur
LO 3000/3001 KF/Pr
Pritsche mit Plane
(1973–1990)

Robur
LO 3000/3001 Fr-2 M/K
Kastenwagen
(1973–1990)

Robur
LO 3000/3001 KF/St-Ko
Kofferfahrzeug
(1973–1990)

Robur
LO 300/3001 KF/L-Ko
Leichtbaukofferfahrzeug
(1973–1990)

Robur
LO 3000/3001 AKF/Kad
Kadaverfahrzeug
(1973–1990)

Robur
LO 3000/3001 Fr 2-M/B21
Omnibus
(1973–1990)

Robur D 609 Prototyp
mit 90-PS-Dieselmotor
(1978)

Robur LD 3002 Fr M 5/Mz
Mehrzweckfahrzeug
(1985–1990)

Lkw (4 x 2) / Omnibus Robur LO 3000/3001 1973-1990

Motor	Vergasermotor	
	Robur LO 4/2	
Zylinderzahl	4 (Reihe)	
Bohrung x Hub	95 x 118 mm	
Hubraum	3345 cm³	
Leistung	75 PS (55 kW) bei 2800/min	
Drehmoment	225 Nm bei 1900/min	
Kühlung	Luft	
Elektr. Anlage	12 V, Lichtmaschine 220 oder 500 W	
Kraftübertragung	Hinterachs-Antrieb	
Kupplung	Einscheiben-Trockenkupplung	
Getriebe	teil synchronisiert , 5 + 1 Gänge,	
Achsantrieb	einfach übersetzte Hinterachse	
Fahrwerk	Leiterrahmen	
Vorderradaufhängung	Starrachse, Blattfedern, Teleskop-Stoßdämpfer	
Hinterradaufhängung	Starrachse, Blattfedern mit Zusatzfedern, Teleskop-Stoßdämpfer	
Lenkung	mechanisch	
Bremsanlage	Allradbremse hydraulisch, Servohilfe, mechanische Feststellbremse	
Allgemeine Daten	**Pritschenwagen**	**Kofferwagen**
Radstand	3025 mm	3025 mm
Spur	1560/1530 mm	1560/1530 mm
Gesamtmaße	6075 x 2405 x 2490 mm (Höhe über Fahrerhaus)	5950 x 2405 x 2960 mm (Höhe über Kofferaufbau)
Reifen	6,50-20	6,50-20
Bodenfreiheit	250 mm	250 mm
Fahrzeugmasse	2600 kg	3050 kg
Zuläss. Gesamtmasse	5700 kg	5750 kg
Nutzmasse	3100 kg	2650 kg
Sitzplätze		
Höchstgeschwindigkeit	85 km/h	85 km/h
Kraftstofftank	90 Liter	90 Liter

Lkw (4 x 2) / Omnibus
Robur LO 3000/3001
1973-1990

Vergasermotor
Robur LO 4/2
4 (Reihe)
95 x 118 mm
3345 cm^3
75 PS (55 kW) bei 2800/min
225 Nm bei 1900/min
Luft
12 V, Lichtmaschine 220 oder 500 W

Hinterachs-Antrieb
Einscheiben-Trockenkupplung
teil synchronisiert , 5 + 1 Gänge,
einfach übersetzte Hinterachse

Leiterrahmen
Starrachse, Blattfedern, Teleskop-Stoßdämpfer
Starrachse, Blattfedern mit Zusatzfedern, Teleskop-Stoßdämpfer
mechanisch
Allradbremse hydraulisch, Servohilfe,
mechanische Feststellbremse

Mehrzweckwagen	Omnibus
3270 mm	3270 mm
1560/1530 mm	1560/1530 mm
6450 x 2405 x 2615 mm	6800 x 2405 x 2800 mm
6,50-20	6,50-20
250 mm	250 mm
3400 kg	3600 kg
5700 kg	5250 kg
2300 kg	1650 kg
	21
85 km/h	85 km/h
90 Liter	90 Liter

Linke Seite:
Robur LD 3004
Pritschenfahrzeug mit
Deutz-Dieselmotor
(1991)

LO 1800 A (1961–1964)
LO 1801 A (1965–1973)
LO/LD 2002 A / 2202 A (1974–1990)

Bereits bei den Granit- und Garant-Fahrzeugen hatten Armee und Polizei allradgetriebene Ausführungen genutzt. Für den gleichen Kundenkreis sowie für die Feuerwehr und den Bergbaurettungsdienst fertigte Robur auch die entsprechenden Varianten der Frontlenker-Baureihen. Abgesehen vom Allrad-Antrieb und verschiedenen Zusatzeinrichtungen entsprachen diese technisch den Basisausführungen, allerdings mit geringer Nutzmasse. Dies drückte sich auch in den Typenbezeichnungen aus.

Besonders für den Export in Entwicklungsländer wurden auch einige zivile Varianten mit Pritschen-, Bus- und Krankenwagenaufbauten angeboten, teils als »Safari« bezeichnet.

Robur LO 1800 A Feuerwehr (1961–1965)

Robur LO 1801 A Pritschenwagen mit Allrad-Antrieb (1965–1973)

**Robur LO 2202 AKF/Spr
Pritschenfahrzeug
mit Allrad-Antrieb
(1973–1990)**

**Robur LD 2002 AFr 6 /B-Tr
Omnibus
mit Allrad-Antrieb
(1983–1990)**

**Robur
LD 2002 Safari AKF3/Pr
Pritschenfahrzeug
mit Allrad-Antrieb
(1985–1990)**

	Lkw (4 x 2) Robur LD 3002 KF/Pr 1984 – 1990	Lkw (4 x 4) Robur LD 2002 Safari Typ AKF 3/Pr 1985 – 1990
Motor	Wirbelkammer-Dieselmotor 4 VD 12,5/10 SRL	Wirbelkammer-Dieselmotor 4 VD 12,5/10 SRL
Zylinderzahl	4 (Reihe)	4 (Reihe)
Bohrung x Hub	100 x 125 mm	100 x 125 mm
Hubraum	3930 cm^3	3930 cm^3
Leistung	68 PS (50 kW) bei 2600/min	68 PS (50 kW) bei 2600/min
Drehmoment	216 Nm bei 1800/min	216 Nm bei 1800/min
Kühlung	Luft	Luft
Elektrische Anlage	12 V, Lichtmaschine 590 W	12 V, Lichtmaschine 590 W
Kraftübertragung	Hinterachs-Antrieb	Allrad-Antrieb
Kupplung	Einscheiben-Trockenkupplung	Einscheiben-Trockenkupplung
Getriebe	teilsynchronisiert , 5+1 Gänge	teilsynchronisiert , 5+1 Gänge zweistufiges Verteilergetribe
Achsantrieb	einfach übersetzte Hinterachse	einfach übersetzte Achsen
Fahrwerk	Leiterrahmen	Leiterrahmen
Vorderradaufhängung	Starrachse, Blattfedern, Teleskop-Stoßdämpfer	Starrachse, Blattfedern, Teleskop-Stoßdämpfer
Hinterradaufhängung	Starrachse, Blattfedern, Teleskop-Stoßdämpfer	Starrachse, Blattfedern, Teleskop-Stoßdämpfer
Lenkung	mechanisch	mechanisch
Bremsanlage	Allradbremse hydraulisch, mechan. Feststellbremse	Allradbremse hydraulisch, mechan. Feststellbremse
Allgemeine Daten	**Pritschenwagen**	**Pritschenwagen**
Radstand	3025 mm	3025 mm
Spur	1593 / 1582 mm	1636 / 1664 mm
Gesamtmaße	6075 x 2405 x 2420 mm	5435 x 2405 x 2560 mm
Reifen	7.50-16	10-20
Bodenfreiheit	200 mm	270 mm
Fahrzeugmasse	2825 kg	3150 kg
Zuläss. Gesamtmasse	5800 kg	5500 kg
Nutzmasse	2975 kg	2350 kg
Höchstgeschwindigkeit	81 km/h	80 km/h
Kraftstofftank	90 Liter	90 Liter

IFA W 50 (1965–1990)

Ende 1958 begann in Werdau die Weiterentwicklung des Lkw S4000-1. Die vom VEB Sachsenring Zwickau bereits laufenden Arbeiten an einem Nachfolgemodell S 4500 wurden durch das neue Projekt W 45 (= Werdau 4,5 Tonnen) ersetzt.

Um Wünschen von Militär- und einigen Exportkunden zu entsprechen, wurden Hauben- und Frontlenker-Fahrzeug zunächst parallel mit teilweise vereinheitlichten Kabinen-Preßteilen konzipiert. Auch der geplante Militär-Lkw G 5-3 war dabei zu berücksichtigen.

Erst massive Forderungen auf dem Bauernkongreß 1962 nach allradgetriebenen Lastkraftwagen führten zur Entscheidung über die Serienproduktion des Lkw W 45. Aus wirtschaftlichen Gründen ließ man die Hauben-Variante fallen. Unter der Bezeichnung W 50 wurde die Nutzmasse 1963 auf 5 Tonnen erhöht. Zunächst kam der modifizierte Wirbelkammermotor vom S 4000-1 mit 110 PS zum Einsatz.

Mit den geplanten Stückzahlen war das Werk Werdau überfordert. Im Dezember 1962 beschloß die DDR-Regierung die Serienfertigung im Industriewerk Ludwigsfelde. Dort, auf dem Gelände einer ehemaligen Daimler-Flugmotorenfabrik in der Genshagener Heide, hatte man das Industriewerk Ludwigsfelde und später auch eine Produktionsstätte für Turbinen eingerichtet. Nach der Einstellung des Flugzeugbaues 1961 nutzte man diesen Standort und die qualifizierten Arbeitskräfte für den Aufbau eines neuen Autowerkes. Der Betrieb wurde um eine große Montagehalle für die Pressenstraße, den Karosseriebau und die Wagenfertigmontage erweitert. Am 17. Juli 1965 begann die Serienproduktion des W 50, zunächst als Pritschen-Lkw. Ab sofort firmierte das Unternehmen als VEB IFA-Automobilwerke Ludwigsfelde. Im ersten Produktionsjahr wurden hier 855, im zweiten 5775 Lkw des Typs W 50 hergestellt.

Ab März 1966 kamen mit dem Dreiseitenkipper und dem Kofferwagen die ersten Varianten. 1967 folgte die sogenannte Speditionspritsche auf längerem Radstand und zur gleichen Zeit die Umstellung des Dieselmotors vom Wirbelkammerverfahren auf die Direkteinspritzung nach dem M-Verfahren der MAN. Hierfür hatte der VEB IFA Motorenwerk Nordhausen, der die Motoren für den IFA W 50 lieferte, eine Lizenz erworben.

Im Laufe der Jahre wurde das W 50-Programm ständig erweitert und die Konstruktion schrittweise verbessert. So wurde die Ratschenhandbremse 1969 durch eine Federspeicherbremse ersetzt, Mitte 1973 wich die Schneckenlenkung einer Kugelumlauflenkung, und ab 1974 wurde eine überarbeitete Bremsanlage eingebaut.

Der W 50 konnte in etwa 60 Varianten geordert werden. Mehr als 70 Prozent gingen in den Export. Kunden gab es nicht nur in den RGW-Ländern, sondern auch in Afrika, Asien und Lateinamerika. Ein nicht unbedeutender Teil wurde in den verschiedensten Armeen der Welt genutzt. Das Automobilwerk Ludwigsfelde avancierte so zum wichtigen Devisenbringer. Insgesamt liefen 571 800 W 50-Lastwagen bis 1990 vom Band.

Oben: Prototyp in Haubenbauweise, VEB Fahrzeugwerk "Ernst Grube" Werdau (1961)

IFA W 45 LA – Kipper mit Allrad-Antrieb. Prototyp in Frontlenkerbauweise, VEB Fahrzeugwerk "Ernst Grube" Werdau (1962)

IFA W 50 L Pritschenwagen (1965)
Dieser Wagen stammt noch aus einer der ersten Serien, kenntlich am Einstiegsbügel zum Fahrerhaus und am Typen-Schriftzug

IFA W 50 LA mit Spezialkofferaufbau Allrad-Antrieb und Niederdruckbereifung (ab 1977)

Unten: IFA W 50 L/Z Straßenzugmaschine (1969–1989)

IFA W 50 L bei der Weizenernte in einer LPG der DDR. Für die Industrialisierung der Produktion in den landwirtschaftlichen Großbetrieben war ein rationelles Transportwesen unabdingbar

Lkw vom Typ IFA W 50 L, für die Volksrepublik China bestimmt, stehen vor der Verladung im Hamburger Hafen (Herbst 1972).

IFA W 50 L / RK Straßenkehrmaschine mit Rechtslenkung (1972)

IFA W 50 L / SM-1
Sattelzugmaschine
mit Mischfutterauflieger
(1973)

IFA W 50 L / BT
Bautruppfahrzeug
mit 10-sitzigem Fahrerhaus
(1972)

IFA W 50 LA / PVB-1-ND
Stahlpritschenwagen,
Exportausführung mit
verlängertem Radstand
und Niederdruckbereifung
(ab 1980)

	Lkw (4 x 2) **IFA W 50 L** **1965 – 1967**	Lkw (4 x 2) **IFA W 50 L** **1967 – 1990**
Motor	Wirbelkammer-Dieselmotor 4 VD 14,5/12 SRW	Dieselmotor/Direkteinspritzung/ M-Verfahren 4 VD 14,5/12-1 SRW
Zylinderzahl	4 (Reihe)	4 (Reihe)
Bohrung x Hub	120 x 145 mm	120 x 145 mm
Hubraum	6560 cm³	6560 cm³
Leistung	110 PS (81 kW) bei 2200/min	125 PS (92 kW) bei 2300/min
Drehmoment	392 Nm bei 1400/min	422 Nm bei 1350/min
Kühlung	Wasser	Wasser
Elektrische Anlage	12 V, Lichtmaschine 500 W	12 V, Lichtmaschine 500 W
Kraftübertragung	Hinterachs-Antrieb	Hinterachs-Antrieb
Kupplung	Einscheiben-Trockenkupplung	Einscheiben-Trockenkupplung
Getriebe	5 + 1 Gänge, 2.-5. Gang synchron.	5 + 1 Gänge, 2.-5. Gang synchronisiert
Achsantrieb	Hinterachse mit außerhalb der Tragachse liegenden Antriebswellen	Hinterachse mit außerhalb der Tragachse liegenden Antriebswellen
Fahrwerk	Leiterrahmen	Leiterrahmen
Vorderradaufhängung	Starrachse, Blattfedern, Teleskop-Stoßdämpfer	Starrachse, Blattfedern, Teleskop-Stoßdämpfer
Hinterradaufhängung	Starrachse, Blattfedern, Blattzusatzfedern	Starrachse, Blattfedern, Gummizusatzfedern (ab 1968)
Lenkung	mechanisch (Schnecke)	mechanisch (Schnecke, ab 1973 Kugelumlauf)
Bremsanlage	Allradbremse,hydraul.-pneumatisch, Ratschenfeststellbremse, Motorbremse	Allradbremse, hydraul.-pneumatisch, ALB an Hinterachse (ab 1974), Ratschenfeststellbremse, ab 1969: Federspeicherfeststellbremse
Allgemeine Daten		
Radstand	3200 mm	3200 mm
Spur	1700/1778 mm	1700/1778 mm
Gesamtmaße	6530 x 2500 x 2600 mm (Höhe mit Plane 3440 mm)	6530 x 2500 x 2600 mm (Höhe mit Plane 3500 mm)
Reifen	8.25 – 20	8.25 – 20, ab 1976: 8.25 R20
Bodenfreiheit	300 mm	300 mm
Fahrzeugmasse	4600 kg	4400 kg
Zuläss. Gesamtmasse	9800 kg	10200 kg
Nutzmasse	5200 kg	5300 kg
Höchstgeschwindigkeit	83 km/h	90 km/h
Kraftstofftank	100 Liter	100 Liter, ab 1982: 150 Liter

IFA W 50-Varianten 1985 – Auswahl

Typ	Aufbau	Antrieb	Fzg.-Gew. (kg)	Nutzmasse (kg)
W 50 L	Pritschenfahrzeug	4 x 2	4400	5350
W 50 L/Sp	Speditionsfahrzeug	4 x 2	4550	5200
W 50 L/BTP	Bautruppfahrzeug	4 x 2	5400	4000
W 50 L/LB	Pritschenfahrzeug mit Ladebordwand	4 x 2	5210	4300
W 50 L/L-LDK 1250	Pritschenfahrzeug mit Ladekran	4 x 2	5650	4500
W 50 L/FP	Pritschenfahrzeug mit langer Kabine	4 x 2	4600	5350
W 50 LA/PV	Pritschenfahrzeug	4 x 4	5300	4900
W 50 LA/PV-ND	Pritschenfahrzeug m. Niederdruckreifen	4 x 4	5500	3900
IFA W 50 LA/PVB-1-ND	Pritschenfahrzeug m. Niederdruckreifen, Export-Sonderausführung	4 x 4	5900	3000
W 50 L/S	Sattelzugmaschine	4 x 2	4090	5810
W 50 L/S-HLS100.02	Pritschensattelzug	4 x 2	7550	10000
W 50 L/S-HLS90.48/1	Mischfuttersattelzug	4 x 2	8850	9000
W 50 L/K 3SK5	Dreiseitenkipper	4 x 2	4810	5050

Lkw (4 x 4)
Exportausführung mit Stahlpritsche
IFA W 50 LA/PVB-1-ND
1985 – 1990

Dieselmotor/Direkteinspritzung/
M-Verfahren 4 VD 14,5/12-1 SRW
4 (Reihe)
120 x 145 mm
6560 cm^3
125 PS (92 kW) bei 2300/min
422 Nm bei 1350/min
Wasser
12 V, Lichtmaschine 500 W

Allrad-Antrieb
Einscheiben-Trockenkupplung
5 + 1 Gänge, 2.-5. Gang synchronisiert, Verteilergetriebe
Vorder- und Hinterachse mit außerhalb der Tragachse
liegenden Antriebswellen und Differentialsperren

Leiterrahmen
Starrachse, Blattfedern, Teleskop-Stoßdämpfer
Starrachse, Blattfedern, Gummizusatzfedern
mechanisch mit hydraulischer Unterstützung
Allradbremse, hydraul.-pneumatisch,
ALB an Hinterachse,

Federspeicherfeststellbremse, Motorbremse

3700 mm
1900/1950 mm
7150 x 2500 x 3310 mm

16.00 – 20
300 mm
5900 kg
9620 kg
3000 kg (Gelände)
83 km/h
150 Liter

W 50 LA/K 3SK5	Dreiseitenkipper	4 x 4	5410	4900
W 50 LA/Z 3SK5-ND	Dreiseitenkipper mit Niederdruckreifen	4 x 4	5500	4600
W 50 LA/Z 2SK5-ND	Zweiseitenkipper mit Niederdruckreifen	4 x 4	5800	4300
W 50 LA/K-MK 5/6	Muldenkipper	4 x 4	5500	5650
W 50 L/NKP-1	Kofferfahrzeug	4 x 2	4950	4800
W 50 L/IKP-1	Isolierkofferfahrzeug	4 x 2	5770	4900
W 50 L/KKB	Kühlkofferfahrzeug / Maschinenkühlung	4 x 2	6100	4000
W 50 L/MK	Möbelkofferfahrzeug	4 x 2	5650	3750
W 50 LA/W-ND	Werkstattkofferfahrzeug mit Niederdruckbereifung	4 x 4	7250	2550
W 50 LA/WT 80P	Wassertankwagen	4 x 4	5800	5000
W 50 LA/KT 4601	Kraftstofftankwagen	4 x 4	5900	5000
W 50 LA/AB	Abschlepp- und Bergefahrzeug	4 x 4	Ges.gew.: 11500	
W 50 LA/TLF 16	Tanklöschfahrzeug	4 x 4	Ges.gew.: 10850	
W 50 L/LF 16	Löschgruppenfahrzeug	4 x 2	Ges.gew.: 9700	
W 50 L/DL 30	Drehleiterfahrzeug	4 x 2	Ges.gew.: 10200	

IFA L 60 (1986–1990)

Ende der 60er Jahre begann man in Ludwigsfelde mit der Entwicklung eines stärkeren Lastwagens. Prämissen waren u.a. ein kippbares Fahrerhaus und der Einsatz von Sechszylindermotoren. 1971 stand der erste Prototyp. Ziel war auch eine Vereinheitlichung der Kabinenteile für die Robur-Produktion. Dieses Projekt scheiterte ebenso an volkswirtschaftlichen Hemmnissen wie eine Übernahme des »Viererklub«-Fahrerhauses von Volvo. Mit erheblichem Aufwand, aber nur geringem optischen Nutzen wurde schließlich aus der alten W 50-Kabine ein kippbares Fahrerhaus entwickelt. Im Dezember 1986 lief endlich der erste L 60 vom Band (Nullserie), diktiert von den Exportabsichten als Allradvariante. Angeboten wurde die 4x2-Ausführung ab 1988, produziert aber erst 1989.

Bis Ende 1990 wurden nur etwas mehr als 20 000 Einheiten montiert. Die Zeit hatte den L 60 überholt.

Prototypen IFA L 60 und Robur O 611 (1975)

IFA L 60 1218 P-B Pritschenwagen, Allrad-Antrieb (1986–1990)

IFA L 60 1218 P-B
Pritschenwagen mit gekippter Kabine, Allrad-Antrieb
(1986–1990)

IFA L 60 1218 P
Pritschenwagen
(1988–1990)

IFA L 60 1218 KT
Kraftstofftankwagen, Allrad-Antrieb
(1987–1990)

IFA L 60 1218 WT
Wassertankwagen,
Allrad-Antrieb
(1987–1990)

IFA L 60 1218
mit Kofferaufbau,
Allrad-Antrieb
(1987–1990)

IFA L 60 1218 DSK N
Dreiseitenkipper
mit Niederdruckbereifung,
Allrad-Antrieb
(1988–1990)

IFA L 60 1218 WK
Werkstattkofferfahrzeug,
Allrad-Antrieb
(1987–1990)

IFA L 60 als Fahrgestell für
den Autodrehkran ADK 100
(1988-1990)

Nach der Währungsunion
waren die einst so begehrten
Ludwigsfelder Lastwagen
nur noch schwer absetzbar.
(Anzeige in einer Dresdner
Tageszeitung
am 25.10.1990)

	Lkw (4x2) **IFA L 60 1218 P** **1988 – 1990**	Lkw (4x4) **IFA L 60 1218 P-B** **1986 – 1990**
Motor	Dieselmotor 6 VD 13,5 / 12 SRF	Dieselmotor 6 VD 13,5 / 12 SRF
Zylinderzahl	6 (Reihe)	6 (Reihe)
Bohrung x Hub	120 x 135 mm	120 x 135 mm
Hubraum	9160 cm^3	9160 cm^3
Leistung	180 PS (132 kW) bei 2300/min	180 PS (132 kW) bei 2300/min
Drehmoment	634 Nm bei 1250/min	634 Nm bei 1250/min
Kühlung	Wasser	Wasser
Elektrische Anlage	24 V, Lichtmaschine 840 W	24 V, Lichtmaschine 840 W
Kraftübertragung	Hinterachs-Antrieb	Allrad-Antrieb
Kupplung	Tellerfederkupplung mit hydr.-pneumatischer Unterstützung	Tellerfederkupplung mit hydr.-pneumatischer Unterstützung
Getriebe	Synchrongetriebe mit Verteilergetriebe, 8 + 1 Gänge + Kriechgang	Synchrongetriebe mit Verteilergetriebe, 8 + 1 Gänge + Kriechgang
Achsantrieb	Außenplanetenantrieb, elektropneumatisch betätigte Differentialsperre,	Außenplanetenantrieb, elektropneumatisch betätigte Differentialsperre,
Fahrwerk	Leiterrahmen	Leiterrahmen
Vorderradaufhängung	Starrachse, Blattfedern, Teleskop-Stoßdämpfer	Starrachse, Blattfedern, Teleskop-Stoßdämpfer
Hinterradaufhängung	Starrachse, Blattfedern, Teleskop-Stoßdämpfer	Starrachse, Blattfedern, Teleskop-Stoßdämpfer
Lenkung	mechanisch mit hydraulischer Unterstützung	mechanisch mit hydraulischer Unterstützung
Bremsanlage	Allradbremse (pneumatisch-hydraul.), ALB an Hinterachse, Federspeicherfeststellbremse, Motorbremse	Allradbremse (pneumatisch-hydraul.), ALB an Hinterachse, Federspeicherfeststellbremse, Motorbremse
Allgemeine Daten		
Radstand	3816 mm	3240 mm
Spur	1880/1775 mm	1900 / 1775 mm
Gesamtmaße	7340 x 2500 x 3350 mm	6690 x 2500 x 3130 mm
Reifen	9.00 R 20	9.00 R 20
Bodenfreiheit		
Fahrzeugmasse	5750 kg	6400 kg
Zuläss. Gesamtmasse	12500 kg	12 400 kg
Nutzmasse	6750 kg	6000kg
Höchstgeschwindigkeit	100 km/h	82 km/h
Kraftstofftank	180 Liter	

Kipper (4x4) IFA L 60 1218 DSK N 1987 – 1990	Lkw (4x4) Wassertankfahrzeug IFA L 60 1218 WT 1987 – 1990	Lkw (4x4) Kraftstofftankfahrzeug IFA L 60 1218 KT 1987 – 1990	Lkw (4x4) Werkstattkofferfahrzeug IFA L 60 1218 WK 1987 – 1990
Dieselmotor	Dieselmotor	Dieselmotor	Dieselmotor
6 VD 13,5 / 12 SRF	6 VD 13,5 / 12 SRF	6 VD 13,5 / 12 SRF	6 VD 13,5 / 12 SRF
6 (Reihe)	6 (Reihe)	6 (Reihe)	6 (Reihe)
120 x 135 mm	120 x 135 mm	120 x 135 mm	120 x 135 mm
9160 cm^3	9160 cm^3	9160 cm^3	9160 cm^3
180 PS (132 kW)	180 PS (132 kW)	180 PS (132 kW)	180 PS (132 kW)
bei 2300/min	bei 2300/min	bei 2300/min	bei 2300/min
634 Nm bei 1250/min	634 Nm bei 1250/min	634 Nm bei 1250/min	634 Nm bei 1250/min
Wasser	Wasser	Wasser	Wasser
24 V, Lichtmaschine 840 W	24 V, Lichtmaschine 840 W	24 V, Lichtmaschine 840 W	24 V, Lichtmaschine 840 W
Allrad-Antrieb	Allrad-Antrieb	Allrad-Antrieb	Allrad-Antrieb
Tellerfederkupplung mit hydr.-pneumatischer Unterstützung	Tellerfederkupplung mit hydr.-pneumatischer Unterstützung	Tellerfederkupplung mit hydr.-pneumatischer Unterstützung	Tellerfederkupplung mit hydr.-pneumatischer Unterstützung
Synchrongetriebe mit Verteilergetriebe, 8 + 1 Gänge + Kriechgang	Synchrongetriebe mit Verteilergetriebe, 8 + 1 Gänge + Kriechgang	Synchrongetriebe mit Verteilergetriebe, 8 + 1 Gänge + Kriechgang	Synchrongetriebe mit Verteilergetriebe, 8 + 1 Gänge + Kriechgang
Außenplanetenantrieb, elektropneumatisch betätigte Differentialsperre,	Außenplanetenantrieb, elektropneumatisch betätigte Differentialsperre,	Außenplanetenantrieb, elektropneumatisch betätigte Differentialsperre,	Außenplanetenantrieb, elektropneumatisch betätigte Differentialsperre,
Leiterrahmen	Leiterrahmen	Leiterrahmen	Leiterrahmen
Starrachse, Blattfedern, Teleskop-Stoßdämpfer	Starrachse, Blattfedern, Teleskop-Stoßdämpfer	Starrachse, Blattfedern, Teleskop-Stoßdämpfer	Starrachse, Blattfedern, Teleskop-Stoßdämpfer
Starrachse, Blattfedern, Teleskop-Stoßdämpfer	Starrachse, Blattfedern, Teleskop-Stoßdämpfer	Starrachse, Blattfedern, Teleskop-Stoßdämpfer	Starrachse, Blattfedern, Teleskop-Stoßdämpfer
mechanisch mit hydraulischer Unterstützung	mechanisch mit hydraulischer Unterstützung	mechanisch mit hydraulischer Unterstützung	mechanisch mit hydraulischer Unterstützung
Allradbremse (pneumatisch-hydraul.), ALB an Hinterachse, Federspeicherfeststellbremse, Motorbremse	Allradbremse (pneumatisch-hydraul.), ALB an Hinterachse, Federspeicherfeststellbremse, Motorbremse	Allradbremse (pneumatisch-hydraul.), ALB an Hinterachse, Federspeicherfeststellbremse, Motorbremse	Allradbremse (pneumatisch-hydraul.), ALB an Hinterachse, Federspeicherfeststellbremse, Motorbremse
3240 mm	3240 mm	3240 mm	3240 mm
2000/1970 mm	1900/1775 mm	1900/1775 mm	1900/1775 mm
5990 x 2500 x 2845 mm	6650 x 2500 x 3000 mm	6650 x 2500 x 3000 mm	6955 x 2500 x 3410 mm
18/70-20 16 PR	9.00 R 20	9.00 R 20	9.00 R 20
330 mm	450 mm	450 mm	450 mm
6050 kg	6305 kg	6305 kg	8000 kg
12 000 kg	12 800 kg	12 600 kg	12 400 kg
5500 kg	5500 kg /	6135 kg /	
	nutzbares Behältervolumen: 6000 Liter	nutzbares Behältervolumen: 7000 Liter	4400 kg
93 km/h	93 km/h	93 km/h	93 km/h

Multicar Spezialfahrzeuge

Multicar 22 (1964–1974)
Multicar 24 (1974–1978)
Multicar 25 (1978–1990)

Der VEB Fahrzeugwerk Waltershausen entstand auf dem Gelände des demontierten Ade-Werkes und produzierte zunächst Landmaschinen, Anhänger und Anhängerkupplungen. Seit 1956 fertigte man auch die »Dieselameise«, einen langsamen Kleintransporter mit offenem Fahrerstand – ab 1958, nach einigen Modifikationen, als Multicar 21 bezeichnet.

Auf der Leipziger Frühjahrsmesse 1964 stellte das Werk den Multicar 22 vor, der zwar durch sein Fahrerhaus mit Lenkrad und abnehmbarem Kabinenoberteil schon wie ein Automobil aussah, jedoch im Hinblick auf seine niedrige Motorleistung und Geschwindigkeit immer noch hauptsächlich als Arbeitsgerät oder Geräteträger für innerbetriebliche Zwecke anzusehen war.

Unten und linke Seite: Multicar 22 Arbeitskraftfahrzeug (1964–1974)

Zur Leipziger Herbstmesse 1974 erschien der weiterentwickelte, etwas größere und motormäßig erheblich stärkere Multicar 24. Mit ihm vervielfältigten sich die Einsatzmöglichkeiten des Fahrzeugs. Beim Multicar 24 ließ sich das weiterhin einsitzige Fahrerhaus vorkippen. Der Multicar 24 eignete sich durch seine vielfältigen Aufbaumöglichkeiten als Arbeitsmaschine in der Bau- und Landwirtschaft, als Geräteträger für Industrie-, Kommunal- und für andere Zwecke.

Ab 1978 stand mit dem Multicar 25 ein Fahrzeug mit Zweisitzer-Kippkabine und verbesserter Antriebs- und Fahrwerkstechnik zur Verfügung, ab 1984 auch mit längerem Radstand und Allradantrieb. Die Motoren stammten vom VEB Motorenwerk Cunewalde und wurden ab 1984 in zwei Leistungsstufen angeboten.

Schwerpunkt der Entwicklungsarbeiten war die immer bessere Anpassung an möglichst viel kommunale Aufbauvarianten. Dadurch eroberte sich Multicar eine Marktnische und überlebte als einzige ehemalige DDR-Nutzfahrzeugmarke.

Multicar 24 Normalpritsche
(1974–1978)

Multicar 24
mit Drehleiter DLH 10
(1974–1978)

Multicar 24
mit Sammelbehälter
(1974–1978)

Multicar 24
mit Montagebühne
(1974–1978)

Multicar 2510
Dreiseitenkipper
(1978–1990)

Multicar 2510-19.2/22.1
Dreiseitenkipper
mit hydraulischem
Streugerät und
Vorbaukehrwalze
(1978–1990)

Multicar2502
Pritschenfahrzeug,
langer Radstand
(1984–1990)

Multicar 2510 A
Dreiseitenkipper,
Allrad-Antrieb
(1984–1990)

IFA mobile DDR

IFA Multicar 25-Varianten 1988

Typ	Aufbau
M 2500	Fahrgestell ohne Aufbau, Radstand 1970 mm, 4 x 2
M 2500 L	Fahrgestell ohne Aufbau, Radstand 2675 mm, 4 x 2
M 2500.1 A	Fahrgestell ohne Aufbau, Radstand 1970 mm, 4 x 4
M 2500.1 AL	Fahrgestell ohne Aufbau, Radstand 2675 mm, 4 x 4
M 2501	Pritschenfahrzeug
M 2501/09	Pritschenfahrzeug mit Ladehilfe
M 2502	Pritschenfahrzeug, lang
M 2510	Dreiseitenkipper
M 2512	Hinterkipper
M 2513	Muldenkipper
M 2577	Kofferfahrzeug
M 2585	Isolierkofferfahrzeug, lang
M 2586	Kofferfahrzeug, lang
M 2519.1/23.1	Hydraulisches Streugerät mit Vorbauschneepflug
M 2510-19.2/22.1	Dreiseitenkipper mit hydraulischem Streugerät und Vorbaukehrwalze
M 2548.1/20.1	Wasserbehälter mit Vorbauwascheinrichtung
M 2548.1/22.1	Wasserbehälter mit Vorbaukehrwalze
M 2551	Sammelbehälterfahrzeug
M 2514	Absetzkipper
M 2530	Drehleiterfahrzeug
M 2533	Montagemastfahrzeug

Linke Seite:
Multicar 2530
Drehleiterfahrzeug
(1978–1990)

	Arbeitskraftfahrzeug Multicar 22 1964–1974	**Arbeitskraftfahrzeug Multicar 24 1974-1978**
Motor	Wirbelkammer-Dieselmotor	Wirbelkammer-Dieselmotor 4 VD 8,8/8,5-2 SRF
Zylinderzahl	2 (Reihe)	4 (Reihe)
Bohrung x Hub	80 x 80 mm	85 x 88 mm
Hubraum	800 cm^3	1996 cm^3
Leistung	13 PS (9,6 kW) bei 3000/min	45 PS (33 kW) bei 3000/min
Drehmoment	39 Nm bei 2300/min	108 Nm bei 2250/min
Kühlung	Luft	Wasser
Elektrische Anlage	12 V	12 V , Lichtmaschine 220 W
Kraftübertragung	Hinterachs-Antrieb	Hinterachs-Antrieb
Kupplung	Einscheiben-Toclenkupplung	Einscheiben-Trockenkupplung
Getriebe	Synchrongetriebe, 4 + 1 Gänge	Synchrongetriebe, 4 + 1 Gänge
Achsantrieb	Vorgelege-Kegelradantrieb	Vorgelege-Kegelradantrieb
Fahrwerk	Leiterrahmen	Leiterrahmen
Vorderradaufhängung	Starrachse, Blattfedern	Starrachse, Blattfedern und Gummifedern Teleskop-Stoßdämpfer
Hinterradaufhängung	Starrachse, Blattfedern	Starrachse, Blattfedern und Gummifedern Teleskop-Stoßdämpfer
Lenkung	mechanisch	mechanisch
Bremsanlage	Allradbremse, hydraulisch, Feststellbremse mechanisch	Allradbremse, hydraulisch, Feststellbremse mechanisch
Allgemeine Daten	M 22 – Grundfahrzeug	M 24 – Grundfahrzeug
Radstand	1700 mm	1950 mm
Spur	1064/1064 mm	1200 mm
Gesamtmaße	3500 x 1505 x 1930 mm	3935 x 1960 x 2140 mm
Reifen	23 x 5 extra (8 PR)	23 x 5 extra (8 PR)
Bodenfreiheit	160 mm	
Fahrzeugmasse	1320 kg	1320 kg
Zuläss. Gesamtmasse	3220 kg	3800 kg
Nutzmasse	1900 kg	2480 kg
Höchstgeschwindigkeit	23 km/h	50 km/h
Kraftstofftank	26 Liter	42 Liter

Arbeitskraftfahrzeug
Multicar 25
1978-1990

Wirbelkammer-Dieselmotor
4 VD 8,8/8,5-1 SRF
4 (Reihe)
85 x 88 mm
1996 cm^3
45 PS (33 kW) bei 3200/min
108 Nm bei 2250/min
Wasser
12 V , Lichtmaschine 220 W oder 500 W

Hinterachs-Antrieb
Einscheiben-Trockenkupplung
Synchrongetriebe, 4 + 1 Gänge
einfach übersetzte Hinterachse

Leiterrahmen
Starrachse,
Blattfedern und Gummifedern,
Teleskop-Stoßdämpfer
Starrachse, Blattfedern und Gummifedern,

mechanisch
Allradbremse, hydraulisch,
Feststellbremse mechanisch

M 2500 – Grundfahrzeug,
M 2500 L – Grundfahrzeug lang
1970 mm, 2675 mm
1282/1115 mm
3440 x 1920 x 2140 mm,
4245 x 1920 x 2140 mm
6.70-13

1450 kg 1500 kg
3950 kg 3500 kg
2500 kg 2100 kg
52 / 60 km/h
42 Liter

Arbeitskraftfahrzeug
Multicar 25.1 A
1984 – 1990

Wirbelkammer-Dieselmotor
4 VD 8,8/9,0-1 SRF
4 (Reihe)
90 x 88 mm
2238 cm^3
46 PS (34 kW) bei 2800/min
122 Nm bei 2200/min
Wasser
12 V , Lichtmaschine 500 W

Allradantrieb
Einscheiben-Trockenkupplung
Synchrongetriebe, 4 + 1 Gänge
einfach übersetzte Achsen

Leiterrahmen
Starrachse,
Blattfedern und Gummifedern,
Teleskop-Stoßdämpfer
Starrachse, Blattfedern und Gummifedern,
Teleskop-Stoßdämpfer
mechanisch
Allradbremse, hydraulisch,
Feststellbremse mechanisch

M 2500.1 A – Grundfahrzeug,
M 2500.1 AL – Grundfahrzeug lang
2100 mm, 2675 mm
1282/1115 mm
3710 x 1920 x 2140 mm,
4245 x 1920 x 2140 mm
6.70-13

1640 kg 1690 kg
3950 kg 3500 kg
2310 kg 1810 kg
52 / 60 km/h
42 Liter

Der Import von Nutzfahrzeugen

Von Anfang an wurden auch ausländische Lastwagen und Busse in der DDR eingesetzt, wenn auch zunächst in vergleichsweise bescheidenem Rahmen. Als »sozialistische Bruderhilfe« für die nach Kriegszerstörung und Reparationsleistung im Wiederaufbau befindliche Industrie und Landwirtschaft kamen aus der Sowjetunion u.a. Lkw von GAZ und ZIS/ZIL ins Land. In den 50er Jahren entwickelte sich dann ein planmäßiger Import, u.a. von tschechischen Pkw und Lastwagen und von ungarischen Omnibussen.

Mit den im RGW getroffenen Abstimmungen und der Begrenzung des IFA-Typenprogramms wuchs die Bedeutung der Fahrzeugimporte für die DDR ganz erheblich. Besonders seit Mitte der 60er Jahre dokumentierte sich dies in wachsenden Stückzahlen.

Während bei den Pkw das Typenspektrum noch überschaubar blieb, war bei den Lastwagen und Bussen die Vielfalt auf Grund der den Einsatzvorgaben zu entsprechenden Modifikationen weitaus größer. Manche Fahrzeuge wurden nur in geringen Stückzahlen und für ganz spezifische Aufgaben beschafft.

Es ist darum nicht möglich, alle jemals in die DDR importierten Typen, Varianten und Bauformen im hier gegebenen Rahmen zu dokumentieren. Der Schwerpunkt muß bei Grundtypen und solchen Fahrzeugen liegen, die in größeren Stückzahlen beschafft wurden oder besonders typisch für die Produktionsprogramme der Hersteller waren. Vorrangig militärisch genutzte Lastwagen werden ebenfalls nicht berücksichtigt.

Nutzfahrzeuge aus der Tschechoslowakei

Im Unterschied zu den meisten anderen RGW-Staaten verfügte die Tschechoslowakei mit den Marken Praga, Skoda/LIAZ, Tatra und Karosa (ex-Sodomka) über eine traditionelle Nutzfahrzeugindustrie. Besonders bei schweren Lkw waren langjährige Erfahrungen und technologische Voraussetzungen gegeben. Es lag damit nahe, diese Möglichkeiten bei den Spezialisierungsabsprachen im RGW entsprechend zu nutzen.

Die Militärs des Warschauer Paktes hatten besonders an den robusten Tatra-Lkw Interesse, ebenso wie die Sowjetunion für ihre Baustellen im fernen Osten. Und weil die DDR die RGW-Empfehlungen mit der Produktionseinstellung schwerer Lastwagen und Busse in die Tat umgesetzt hatte, war sie auf Importe angewiesen.

Da die Tschechoslowakei auch ein recht weites Spektrum von Spezialfahrzeugen und Sonderaufbauten herstellte, wurden von der DDR viele verschiedene Ausführungen auf Chassis der genannten Hersteller importiert. Eine Darstellung nach einzelnen Importgrößen sprengt allerdings den Rahmen des Buches.

Praga-Lastwagen

Die Lastwagen aus der Automobilfabrik in Prag blieben eine Ausnahme auf den Straßen der DDR. Bis 1969 kamen lediglich 200 Spezialfahrzeuge zum Einsatz. Davon waren 86 Kipper, einige Abschlepp- und Fäkalienwagen sowie 95 Werkstattwagen.

Als Basis diente das Allrad-Fahrgestell Praga V 3 S mit dem luftgekühltem Reihen-Sechszylinder-Dieselmotor T-912 (98 PS) von Tatra.

Praga V 3 S Werkstattwagen (Import 1959–1969)

Skoda-Lastwagen

Die Lkw-Marke Skoda basiert auf den Firmen *Laurin & Klement*, die 1901 einen dreirädrigen Kastenwagen auf den Markt brachten und der *Reichenberger Automobilfabrik RAF*, die 1908 mit der Fertigung von Lastwagen begann. 1914 fusionierte RAF mit Laurin & Klement. Die *Skoda-Werke* in Pilsen richtete 1919 eine Abteilung für den Automobilbau ein. Nach der Vereinigung von Skoda und Laurin & Klement wurden ab 1925 in Mlada Boleslav und in Pilsen Lastwagen und Busse unter dem Markennamen *Skoda* gefertigt.

Nach dem Zweiten Weltkrieg montierte zuerst das Avia-Werk in Prag die Skoda-Nutzfahrzeuge, ab 1953 ein neu eingerichteter Betrieb in Jablonec. Von 1984 bis 1995 wurde die Markenbezeichnung *LIAZ (Liberecer Automobilwerk)* genutzt. Seither wieder der traditionelle Begriff Skoda.

Die ersten Hauben-Lkw vom Typ Skoda 706 R kamen bereits 1951 in die DDR, ein nennenswerter Import bestand ab 1956.

Den Haubenfahrzeugen folgten ab 1957 mit dem 706 RT die Frontlenkermodelle. Gleichzeitig erfolgte bei Skoda der Übergang vom Vorkammer-Diesel zum Direkteinspritzer. Mit stärkeren Motoren und Außenplanetenachsen gab es ab 1969 den 706 MT. Die zahlreichen Varianten beider Ausführungen bestimmten über viele Jahre das Straßenbild der DDR mit.

Skoda 706 R mit Anhänger von LOWA Werdau (1951)

Die neue Frontlenker-Baureihe Skoda 100 stand ab 1977 zur Verfügung. Importiert wurden hauptsächlich Sattelzugmaschinen (Typen 100.42, 100.45, 100.47) und Pritschenwagen (Typen 100.04, 100.05, 100.053).

Die Typenbezeichnung 110 kennzeichnet die Lastwagen mit kippbarem Fahrerhaus, die ab 1986 importiert wurden.

Fahrzeuge der Skoda/LIAZ-Reihen 100/110 waren in erheblichem Maße im Auftrag der Spedition Deutrans im internationalen Verkehr eingesetzt.

Skoda 706 RTK–1 Müllwagen (Import bis 1979)

Skoda / LIAZ MTS 24 Dreiseitenkipper (Import 1969–1987)

Oben:
Skoda / LIAZ MT 4
Pritschenwagen 8 t
(Import 1975–1982)

LIAZ 100.053
Pritschenwagen 8 t
(Import 1980–1989)

LIAZ 110.551
Sattelzugmaschine
(Import 1985–1989)

Import	Spezial-Lkw (4 x 2) Skoda 706 RTK-1 Müllwagen vor 1961 – 1979	Dreiseitenkipper (4 x 2) Skoda / LIAZ MTS 24 (MTS 24R) 1969 – 1987	Lkw (4 x 2) Skoda / LIAZ MT 4 1975 – 1982
Motor	Dieselmotor 706 RT (Direkteinspritzung)	Dieselmotor M 634 (Direkteinspritzung)	Dieselmotor M 634 (Direkteinspritzung)
Zylinderzahl	6 (Reihe)	6 (Reihe)	6 (Reihe)
Bohrung x Hub	125 x 160 mm	130 x 150 mm	130 x 150 mm
Hubraum	11 781 cm^3	11 940 cm^3	11 940 cm^3
Leistung	160 PS (118 kW) bei 1900/min	200 PS (147 kW) bei 2000/min	200 PS (147 kW) bei 2000/min
Drehmoment	690 Nm bei 1200/min	752 Nm bei 1400/min	752 Nm bei 1400/min
Kühlung	Wasser	Wasser	Wasser
Elektrische Anlage	24 V	24 V, Lichtmaschine 500 W	24 V, Lichtmaschine 500 W
Kraftübertragung	Hinterachs-Antrieb	Hinterachs-Antrieb	Hinterachs-Antrieb
Kupplung	Einscheiben-Trockenkupplung	Einscheiben-Trockenkupplung	Einscheiben-Tockenkupplung oder Zweischeiben-Trockenkupplung
Getriebe	unsynchron., 5 + 1 Gänge	unsynchron. mit Vorschaltgruppe, (5 + 1) x 2 Gänge	unsynchron. mit Vorschaltgruppe, (5 + 1) x 2 Gänge
Achsantrieb	einfach übersetzte Hinterachse	Außenplaneten-Hinterachse, MTS 24 R: Außenplaneten -Hinterachse von Raba (Ungarn)	Außenplaneten-Hinterachse
Fahrwerk	Leiterrahmen	Leiterrahmen	Leiterrahmen
Vorderradaufhängung	Starrachse, Blattfedern Hebel-Stoßdämpfer	Starrachse, Blattfedern Hebel-Stoßdämpfer	Starrachse, Blattfedern, Hebel-Stoßdämpfer
Hinterradaufhängung	Starrachse, Blattfedern	Starrachse, Blattfedern	Starrachse, Blattfedern,
Lenkung	mechanisch mit pneumatischer Unterstützung	Monoblock-Hydrolenkung	Monoblock-Hydrolenkung
Bremsanlage	Allradbremse, pneumatisch, mechanische Feststellbremse, Motorbremse	Allradbremse, pneumatisch, ALB an Hinterachse, mechanische Feststellbremse mit pneum. Unterstützung, Motorbremse	Allradbremse, pneumatisch, ALB an Hinterachse, mechanische Feststellbremse mit pneum. Unterstützung, Motorbremse
Allgemeine Daten	**Müllsammelbehälter: 11 m^3**		**Pritschen-Lkw** (Pritschen-Lkw mit Ladekran HR 2503)
adstand	4000 mm	3650 mm	4600 mm
pur	1927 / 1755 mm	1924 / 1782 mm	1943 / 1782 mm
esamtmaße	8000 x 2500 x 3200 mm	6480 x 2450 x 2560 mm	7600 x 2500 x 2600 mm (7600 x 2500 x 2920 mm)
eifen	11.00-20	11.00-20	11.00-20
odenfreiheit	280 mm	280 mm	280 mm
ahrzeugmasse	9100 kg	7350 kg	6750 kg (7850 kg)
uläss. Gesamtmasse	16 100 kg	16 000 kg	16 000 kg
utzmasse	7000 kg	8650 kg	9250 kg (7850 kg)
öchstgeschwindigkeit	70 km/h	80 km/h	80 km/h
raftstofftank	175 Liter	175 Liter	175 Liter

Import	Lkw (4 x 2) LIAZ 100.05 / 100.053 1977 -1989	Sattelzugmaschine (4 x 2) LIAZ 110.551 1985 – 1989	Dreiseitenkipper (4 x 2) LIAZ 150.261 1988 – 1989
Motor	Dieselmotor MS 638 (Direkteinspritzung, ATL)	Dieselmotor MS 640 (Direkteinspritzung, ATL, Ladeluftkühlung)	Dieselmotor MS 640 F (Direkteinspritzung , ATL, Ladeluftkühlung)
Zylinderzahl	6 (Reihe)	6 (Reihe)	6 (Reihe)
Bohrung x Hub	130 x 150 mm	130 x 150 mm	130 x 150 mm
Hubraum	1194 cm^3	1194 cm^3	1194 cm^3
Leistung	305 PS (224 kW) bei 2000/min	320 PS (235 kW) bei 2000/min	288 PS (212 kW) bei 2000/min
Drehmoment	1128 Nm bei 1400/min	1290 Nm bei 1250/min	1170 Nm bei 1300/min
Kühlung	Wasser	Wasser	Wasser
Elektrische Anlage	24 V, Lichtmaschine 760 W	24 V, Lichtmaschine 1680 W	24 V, Lichtmaschine 1080 W
Kraftübertragung	Hinterachs-Antrieb	Hinterachs-Antrieb	Hinterachs-Antrieb
Kupplung	Zweischeiben-Trockenkupplung	Zweischeiben-Trockenkupplung	Einscheiben-Trockenkupplung
Getriebe	unsynchron. mit Vorschaltgruppe, (5 + 1) x 2 Gänge	unsynchron. mit Nachschaltgruppe, (9 + 1) x 2 Gänge	unsynchron. mit Vorschaltgruppe, (5 + 1) x 2 Gänge
Achsantrieb	Außenplaneten-Hinterachse, Differentialsperre	Außenplaneten-Hinterachse, Differentialsperre	Außenplaneten-Hinterachse, Differentialsperre
Fahrwerk	Leiterrahmen	Leiterrahmen	Leiterrahmen
Vorderradaufhängung	Starrachse, Blattfedern, Querstabilisator, Teleskop-Stoßdämpfer	Starrachse, kombinierte Blatt- / Luftfedern, Teleskop-Stoßdämpfer	Starrachse, Blattfedern, Querstabilisator, Teleskop-Stoßdämpfer
Hinterradaufhängung	Starrachse, Blattfedern, Querstabilisator	Starrachse, kombinierte Blatt- / Luftfedern, Teleskop-Stoßdämpfer	Starrachse, Blattfedern, Querstabilisator
Lenkung	Monoblock-Hydrolenkung	Monoblock-Hydrolenkung	Monoblock-Hydrolenkung
Bremsanlage	Allradbremse pneumatisch, ALB an Hinterachse, Federspeicher-Feststellbremse, Motorbremse	Allradbremse pneumatisch, ALB an Hinterachse, Federspeicher-Feststellbremse, Motorbremse	Allradbremse pneumatisch, ALB an Hinterachse, Federspeicher-Feststellbremse, Motorbremse
Allgemeine Daten			
Raadstand	5000 mm	3750 mm	3550 mm
Spur	2050 / 1832 mm	2050 / 1832 mm	2050 / 1832 mm
Gesamtmaße	8460 x 2500 x 3620 mm	6195 x 2500 x 2810 mm	6335 x 2500 x 2825 mm
Reifen	11.00-20	11.00-20	11.00-20
Bodenfreiheit	300 mm	260 mm	
Fahrzeugmasse	8000 kg	7050 kg	7700 kg
Zuläss. Gesamtmasse	16 250 kg	16 000 kg	17 000 kg
Nutzmasse	8250 kg	8950 kg (Sattelmasse)	9300 kg
Höchstgeschwindigkeit	100 km/h	100 km/h	87 km/h
Kraftstofftank	2 x 180 Liter	2 x 180 Liter	180 Liter

LIAZ 150.261
Dreiseitenkipper
(Import 1988–1989)

Skoda-Busse

Bis 1971 gehörten auch Skoda-Omnibusse zum Importprogramm der DDR, etwa 500 Stück wurden bezogen. Ausgestattet mit der Technik des Skoda 706 R-Lastwagens gab es den Bus 706 RO. Mit dem Übergang zum Skoda RT wurde auch das Busprogramm zur Reihe 706 RTO umgestellt. Die Aufbauten dieser Fahrzeuge kamen von der Firma Karosa.

Sie ging zurück auf das Jahr 1895, als Josef Sodomka im ostböhmischen Vysoke Myto eine Wagenbauwerkstatt gegründet hatte. 1928 begann er mit der Herstellung von Omnibusaufbauten auf Fahrgestellen von Skoda, Tatra und Praga. Die Verstaatlichung 1948 brachte auch den neuen Firmennamen Karosa.

Neben Feuerlösch- und Kommunalfahrzeugen wurden jährlich bis zu 3000 Omnibusse montiert, seit 1967 in selbsttragender Bauweise. Davon hat die DDR lediglich 1987 nochmals 70 Stück vom Typ C 734 eingekauft.

Zu erwähnen sind die ebenfalls unter dem Markennamen Skoda gehandelten Oberleitungsbusse, die allerdings in einem Werk von Skoda Pilsen in Ostrau/Ostrov montiert werden. Als Nachfolger der Werdauer Obustypen wurden für die Nahverkehrsbetriebe der DDR insgesamt 52 Stück des Tr 8 (bis 1960), 137 Stück des Tr 9 (1962-1969) und 20 Stück des Tr 14 (1983-1984) beschafft.

Skoda 706 RO Omnibus (Import 1956)

Skoda 706 RTO Omnibus (Import bis 1971)

Karosa C 734 Regionalbus (Import 1987)

Skoda Tr 9 Obus (Import 1962–1969)

Tatra-Lastwagen

Tatra gehört zu den ältesten Nutzfahrzeugherstellern Europas. Bereits 1850 hatte Ignac Sustala in Nesselsdorf/Koprivnice mit der Fertigung von Kutschen und Fahrzeugaufbauten begonnen. 1898 enstand der ersten Nesselsdorfer Lastkraftwagen mit einer Tragfähigkeit von 2,5 Tonnen, 1907 folgte der erste Omnibus. Den Markennamen Tatra gibt es seit 1919. Der vom Konstrukteur Hans Ledwinka konzipierte Pkw T 11 verfügte 1923 als erstes Tatra-Fahrzeug über die später auch bei den Lkw bestimmenden Merkmale: luftgekühlter Motor und Zentralrohrrahmen.

Seit 1951 wurde das Tatra-Werk vorrangig auf die Nutzfahrzeug-Produktion festgeschrieben. Gefertigt wurde zu dieser Zeit überwiegend der Lkw-Typ Tatra 111, dessen Entwicklung noch aus der Zeit des Zweiten Weltkriegs stammte.

Tatra 141 Schwerlastzugmaschine (Import 1960–1970)

Weitere wichtige Entwicklungsschritte waren:

1956: Erstmalige Anwendung der Drehstabfederung an den Vorderachsen von Tatra-Nutzfahrzeugen,

1959: Produktionsbeginn der Serie T 138 mit 12 Tonnen Nutzlast,

1970: Serienbeginn des Hauben-Lkw T 148 für den militärischen und den schweren Baustelleneinsatz in den RGW-Ländern,

1971: RGW-Beschluß zu weiteren Spezialisierung von Tatra auf schwere, geländegängige Lkw, Einführung der Frontlenker-Schwerlastzugmaschine T 813, danach ab1972 Rekonstruktion und Ausbau der Werksanlagen.

1983: Frontlenker-Baureihe T 815 anstelle der Typen T 148 und T 813 als Resultat der Rationalisierung,

1989: Jahresproduktion über 15 000 Lkw (fast die Hälfte davon in die Sowjetunion exportiert).

Insgesamt sind bis 1989 über 2900 Tatra-Lkw für den zivilen Bedarf in die DDR importiert worden. Dazu kommt noch eine erhebliche Größenordnung für den militärischen Bereich.

Hauptsächlich in der DDR eingesetzt wurden:
— die Schwerlastzugmaschine Tatra 141 aus dem slowakischen Zweigwerk Banovce, die auf dem Tatra 111 basierte,
— die Dreiseitenkipper Tatra 138 S 3 und 148 S 3,
— die Dreiseitenkipper Tatra 815 S 3 (ab 1983)

Darüberhinaus gab es die verschiedensten Typen aus dem umfangreichen Tatra-Programm auch mit Sonderaufbauten.

Tatra 138 / ASC 32
Tanklöschfahrzeug
(Import 1964–1969)

Tatra 813
Schwerlastzugmaschine
(Import 1971–1982)

Tatra 148 S 3
Dreiseitenkipper
(Import 1972–1982)

Tatra 815 S 3
Dreiseitenkipper
(Import 1983–1989)

Tatra 815 NTH
Sattelzugmaschine
(Import 1984–1989)

Tatra 815 TP
Schwerlastzugmaschine
(Import 1986–1989)

Import	Zugmaschine (6 x 6) Tatra 141 1960 – 1970	Dreiseitenkipper(6 x 6) Tatra 148 S 3 1972 – 1982
Motor	Dieselmotor T 111 A5 (Direkteinspritzung)	Dieselmotor T2-928 (Direkteinspritzung)
Zylinderzahl	V12	V8
Bohrung x Hub	110 x 130 mm	120 x 140 mm
Hubraum	14825 cm^3	12700 cm^3
Leistung	185 PS (136 kW) bei 2000 U/min	212 PS (156 kW) bei 2000 U/min
Drehmoment	726 Nm bei 1200 U/min	815 Nm bei 1400 U/min
Kühlung	Luft	Luft
Elektrische Anlage	12 V, 2 x Lichtmaschine 200 W	24 V, Lichtmaschine 500 W
Kraftübertragung	Allrad-Antrieb	Allrad-Antrieb
Kupplung	Zweischeibenkupplung	Einscheibenkupplung
Getriebe	unsynchron. Getriebe mit Zweigangzusatzgetriebe (5 + 1) x 2 Gänge	teilsynchron. Getriebe mit Zweigangzusatzgetriebe (5 + 1) x 2 Gänge
Achsantrieb	Untersetzungsgetriebe in den Radnaben, Differentialsperre	einfach übersetzte Hinterachse Differentialsperre
Fahrwerk	Zentralrohrrahmen	Zentralrohrrahmen
Vorderradaufhängung	Pendelachse, Blattfedern, Hebelstoßdämpfer	Pendelachse, Drehstabfedern, Teleskopstoßdämpfer
Hinterradaufhängung	Pendelachse, Blattfedern, Hebelstoßdämpfer	Pendelachse, Blattfedern,
Lenkung	mechanisch	mechanisch mit hydraulischer Unterstützung
Bremsanlage	Allradbremse, pneumatisch, mechanische Feststellbremse auf Verbindungswelle	Allradbremse, pneumatisch, Getriebebackenbremse als Feststellbremse, Motorbremse
Allgemeine Daten		
Radstand	3500 + 1220 mm	3890 + 1320 mm
Spur	2080 mm	1966 / 1770 mm
Gesamtmaße	7450 x 2580 x 2600mm	7275 x 2500 x 2610 mm
Reifen	11.00-20	11.00-20
Bodenfreiheit	290 mm	315 mm
Fahrzeuggewicht	12140 kg + 5500 kg Ballast	11200 kg
Zuläss. Gesamtgewicht	18240 kg	25100 kg
Nutzlast	Anhängelast. 100000 kg	13900 kg
Höchstgeschwindigkeit	38 km/h	75 km/h
Kraftstofftank	420 Liter	200 Liter

Import	Zugmaschine (6 x 6) Tatra 813 1971 – 1982	Dreiseitenkipper (6 x 6) Tatra 815 S 3 1983 – 1989
Motor	Dieselmotor T 930-31 (Direkteinspritzung)	Dieselmotor T3-929-1 (Direkteinspritzung)
Zylinderzahl	V12	V10
Bohrung x Hub	120 x 130 mm	120 x 140 mm
Hubraum	17640 cm^3	15825 cm^3
Leistung	270 PS (199 kW) bei 2000 U/min	280 PS (208 kW) bei 2200 U/min
Drehmoment	990 Nm bei 1300 U/min	1010 Nm bei 1400 U/min
Kühlung	Luft	Luft
Elektrische Anlage	24 V, Lichtmaschine 900 W	24 V, Lichtmaschine 750 W
Kraftübertragung	Allrad-Antrieb	Allrad-Antrieb
Kupplung	Dreischeibenkupplung	Einscheibenkupplung
Getriebe	synchron. Getriebe mit Zweigangzusatzgetriebe und zweistufigem Planetenradschnellgang (5 + 1) x 4 Gänge	unsynchron. Getriebe mit Vorschaltgruppe (5 + 1) x 2 Gänge
Achsantrieb	Untersetzungsgetriebe in den Radnaben, Differentialsperre	einfach übersetzte Hinterachse Differentialsperre
Fahrwerk	Zentralrohrrahmen mit Hilfsrahmen	Zentralrohrrahmen mit Hilfsrahmen
Vorderradaufhängung	Vorderachsen 1 + 2: Pendelachsen, Blattfedern	Pendelachse, Drehstabfedern, Teleskopstoßdämpfer
Hinterradaufhängung	Pendelachse, Drehstabfedern, Teleskopstoßdämpfer	Pendelachse, Blattfedern,
Lenkung	mechanisch mit hydraulischer Unterstützung	mechanisch mit hydraulischer Unterstützung
Bremsanlage	Allradbremse, pneumatisch, Getriebebackenbremse als Feststellbremse, Motorbremse	Allradbremse, pneumatisch, ALB an Doppelachse, Federspeicherfeststellbremse, Motorbremse
Allgemeine Daten		
Radstand	1650 + 2700 mm	3550 + 1320 mm
Spur	1986 / 1946 mm	1989 / 1754 mm
Gesamtmaße	7760 x 2500 x 2780 mm	7000 x 2500 x 3150 mm
Reifen	18.0-22.5	11.00-20
Bodenfreiheit	330 mm	290 mm
Fahrzeuggewicht	11930 kg + 8000 kg Ballast	11700 kg
Zuläss. Gesamtgewicht	22000 kg	26700 kg
Nutzlast	Anhängelast. 100000 kg	15000 kg
Höchstgeschwindigkeit	70 km/h ohne Anhänger	88 km/h
Kraftstofftank	380 Liter	230 Liter

Nutzfahrzeuge aus Polen

Auch die Nutzfahrzeugproduktion Polens hielt sich bis nach dem Zweiten Weltkrieg in engen Grenzen und beschränkte sich wesentlich auf die Nutzung ausländischer Konstruktionen. Bereits vor Kriegsbeginn war mit dem Bau eines Lkw-Werkes in Lublin begonnen worden, wo u.a. der Opel Blitz montiert werden sollte. Am gleichen Ort begann nach 1945 die Lizenzproduktion russischer GAZ-Lkw.

Ab 1952 entwickelte BKPMot, das zentrale Entwicklungsbüro der Automobilindustrie in Warschau, einen 8-Tonnen-Lkw. Ungeachtet der Abstimmungen im RGW wurden diese Arbeiten bis zur Serienproduktion in Jelcz weitergeführt. Ebenso setzte Polen auch bei mittelschweren Lkw und Omnibussen auf eigene Fertigungen. Im Rahmen der RGW-Spezialisierung übernahm das polnische Unternehmen ZREMB Wroclaw aber die Montage von Schwerlast- und Tiefladeanhängern aus der DDR.

Neben Zuk- und Jelcz-Fahrzeugen, verschiedenen Anhängern und Zementsiloaufliegern importierte die DDR von 1973 bis 1976 auch einige Werkstattwagen des Typs 574 auf dreiachsigen Star-Fahrgestellen von FSC Starachowice.

Zuk A 06 Kastenwagen (Import 1976–1979)

Zuk-Kleintransporter

Das Werk FSC in Lublin hatte von 1952 bis 1959 sowjetische GAZ-51-Lkw montiert. Im Jahre 1958 begann die Serienfertigung von Kleintransportern unter Nutzung der Antriebstechnik des Warszawa, der polnischen Lizenzausführung des russischen Pkw GAZ M 20.

Einige Weiterentwicklungen des Warszawa wurden auch für die Zuk-Transportern übernommen. Dies betraf besonders die Einführung des obengesteuerten Motors S 21. Nach der Fiat-Lizenzübernahme für den Polski-Fiat 125p fanden dessen Bauteile ebenfalls Eingang in die Zuk-Produktion. Dies betraf besonders Brems- und Elektrikteile.

Trotz des hohen Benzinverbrauchs beschaffte die DDR von 1976 bis 1980 mehr als 6000 Zuk-Transporter um das erhebliche Angebotsdefizit in dieser Fahrzeugkategorie zu mildern.

Zuk A 07 Kombiwagen (Import 1976–1980)

Zuk A 11 Kleintransporter mit Holzpritsche (Import 1976–1979)

Import	Kleintransporter (Kastenwagen) Zuk A 06 1976 – 1979	Kleintransporter (Kombiwagen) Zuk A 07 1976 – 1980	Kleintransporter (Holzpritsche) Zuk A 11 1976 – 1979
Motor	Vergasermotor S 21	Vergasermotor S 21	Vergasermotor S 21
Zylinderzahl	4 (Reihe)	4 (Reihe)	4 (Reihe)
Bohrung x Hub	82 x 100 mm	82 x 100 mm	82 x 100 mm
Hubraum	2120 cm^3	2120 cm^3	2120 cm^3
Leistung	70 PS (52 kW) bei 4000/min	70 PS (52 kW) bei 4000/min	70 PS (52 kW) bei 4000/min
Drehmoment	147 Nm bei 2500/min	147 Nm bei 2500/min	147 Nm bei 2500/min
Kühlung	Wasser	Wasser	Wasser
Elektrische Anlage	12 V, Lichtmaschine 300 W	12 V, Lichtmaschine 300 W	12 V, Lichtmaschine 300 W
Kraftübertragung	Hinterachs-Antrieb	Hinterachs-Antrieb	Hinterachs-Antrieb
Kupplung	Einscheiben-Trockenkupplung	Einscheiben-Trockenkupplung	Einscheiben-Trockenkupplung
Getriebe	teilsynchron. Getriebe, 3 + 1 Gänge	teilsynchron. Getriebe, 3 + 1 Gänge	teilsynchron. Getriebe, 3 + 1 Gänge
Achsantrieb	einfach übersetzte Hinterachse	einfach übersetzte Hinterachse	einfach übersetzte Hinterachse
Fahrwerk	Leiterrahmen	Leiterrahmen	Leiterrahmen
Vorderradaufhängung	Einzelradaufhängung, Schraubenfedern, Querstabilisator, Teleskop-Stoßdämpfer	Einzelradaufhängung, Schraubenfedern, Querstabilisator, Teleskop-Stoßdämpfer	Einzelradaufhängung, Schraubenfedern, Querstabilisator, Teleskop-Stoßdämpfer
Hinterradaufhängung	Starrachse, Blattfedern, Querstabilisator, Teleskop-Stoßdämpfer	Starrachse, Blattfedern, Querstabilisator, Teleskop-Stoßdämpfer	Starrachse, Blattfedern, Querstabilisator, Teleskop-Stoßdämpfer
Lenkung	mechanisch	mechanisch	mechanisch
Bremsanlage	Allradbremse, hydraulisch, mechanische Feststellbremse	Allradbremse, hydraulisch, mechanische Feststellbremse	Allradbremse, hydraulisch, mechanische Feststellbremse
Allgemeine Daten			
Radstand	2700 mm	2700 mm	2700 mm
Spur	1365 /1375 mm	1365 /1375 mm	1365 /1375 mm
Gesamtmaße	4400 x 1875 x 2180 mm	4330 x 1875 x 2180 mm	4400 x 1875 x 2330 mm
Reifen	6.50-16	6.50-16	6.50-16
Bodenfreiheit	210 mm	210 mm	210 mm
Fahrzeugmasse	1400 kg	1550 kg	1400 kg
Zuläss. Gesamtmasse	2425 kg	2425 kg	2425 kg
Nutzmasse	1025 kg	875 kg	1025 kg
Höchstgeschwindigkeit	95 km/h	95 km/h	95 km/h
Kraftstofftank	55 Liter	55 Liter	55 Liter

Lastwagen und Busse von Jelcz

Das Werk JZS in Jelcz geht auf eine 1934 gegründeten Rüstungsfirma zurück. Ab 1952 wurden hier Kraftfahrzeuge repariert sowie Lkw-Teile und -Aufbauten gefertigt. Sechs Jahre später wurde das Werk zur Nutzfahrzeugfertigung erweitert – mit dem Ziel, den vom Warschauer Entwurfsbüro entwickelten schweren Lkw zu fertigen. Unter der Bezeichnung Zubr A 80 begann 1961 die Serienfertigung zunächst mit polnischen Dieselmotoren.

Ab 1966 wurde in Polen der Motor SW 680 nach einer Lizenz von Leyland produziert. Diese Motoren waren seit 1968 der Basisantrieb fast aller Jelcz-Lkw. Zunächst mit Saugmotor, ab 1972 auch mit einer aufgeladenen Variante wurde damit die Typenreihe Jelcz 315/316/317 ausgerüstet. Diese Baureihe wurde von der DDR von 1969 bis 1985 in 5500 Einheiten beschafft. Den Hauptanteil bildete die zweiachsige Sattelzugmaschine Jelcz 317 D, die auch im grenzüberschreitenden Verkehr eingesetzt war.

In Zusammenarbeit mit Steyr entstand weiterhin die Baureihe Jelcz 400/600, von der zwischen 1986 und 1989 etwa 500 Sattelzugmaschinen in die DDR kamen.

Parallel zur Lkw-Fertigung hatte Jelcz 1962 damit begonnen, Omnibusse auf Skoda 706-RTO-Chassis zu montieren. In Ergänzung zum tschechischen Typenprogramm wurden auch Gelenkzüge und Busanhänger unter Nutzung der originalen Karosserieelemente gefertigt. Die DDR hat von 1968 bis 1970 über 350 Anhänger PO 1 und 660 Jelcz-Busse der Typen 043 (Regionalbus) und 021 (Gelenk-Stadtlinienbus) beschafft. Die technische Grundausführung der Busse entsprach weitgehend dem tschechischen Basistyp.

Jelcz 021 Stadtlinienbus (Import 1969–1970)

Import	Lkw (4 x 2) Jelcz 315 Jelcz 315 M 1969 - 1970 1971 - 1977	Lkw (6 x 2) Jelcz 316 1973 - 1981	Sattelzugmaschine (4 x 2) Jelcz 317 D (Jelcz 317) 1973 - 1985 (nur 1973)
Motor	Dieselmotor SW 680 /1 (Direkteinspritzung)		Dieselmotor SW 680 /17 (Direkteinspritzung, ATL), Typ 317 mit Motor SW 680/1
Zylinderzahl	6 (Reihe)		6 (Reihe)
Bohrung x Hub	127 x 146 mm		127 x 146 mm
Hubraum	11 100 cm³		11 100 cm³
Leistung	202 PS (149 kW) bei 2200/min		243 PS (179 kW) bei 2200/min
Drehmoment	746 Nm bei 1200/min		886 Nm bei 1400/min
Kühlung	Wasser		Wasser
Elektrische Anlage	12 V oder 24 V, Lichtmaschine 500 W		24 V, Lichtmaschine 500 W
Kraftübertragung	Hinterachs-Antrieb		Hinterachs-Antrieb
Kupplung	Einscheiben-Trockenkupplung		Einscheiben-Trockenkupplung
Getriebe	teilsynchron., 5 + 1 Gänge		synchron., 5 + 1 oder 6 + 1 Gänge
Achsantrieb	Außenplaneten-Hinterachse		Außenplaneten-Hinterachse
Fahrwerk	Leiterrahmen		Leiterrahmen
Vorderradaufhängung	Starrachse, Blattfedern, Teleskop-Stoßdämpfer		Starrachse, Blattfedern, Teleskop-Stoßdämpfer
Hinterradaufhängung	Starrachse, Blattfedern,	Starrachse, Blattfedern , nicht liftbare Nachlaufachse über Schwinge mit abgefedert	Starrachse, Blattfedern
Lenkung	mechanisch mit hydraulischer Unterstützung	mechanisch mit hydraulischer Unterstützung	mechanisch mit hydraulischer Unterstützung
Bremsanlage	Allradbremse, pneumatisch, Feststellbremse mechanisch, Motorbremse	Allradbremse, pneumatisch, ALB an Hinterachse, Federspeicher-Feststellbremse, Motorbremse	Allradbremse, pneumatisch, ALB an Hinterachse, Federspeicher-Feststellbremse, Motorbremse
Allgemeine Daten	Jelcz 315 M ab 1971 mit modernisierter Kabine		
Radstand	4100 mm	4250 + 1355 mm	3400 mm
Spur	2086/1800 mm	2062/1800/2030 mm	2062/1800 mm
Gesamtmaße	7200 x 2500 x 3520 mm	8770 x 2500 x 3600 mm	5600 x 2500 x 2660 mm
Reifen	11.00-20	11.00-20	11.00-20
Bodenfreiheit	330 mm	330 mm	330 mm
Fahrzeugmasse	7400 kg	8700 kg	6300 kg
Zuläss. Gesamtmasse	15 400 kg	19 900 kg	15 650 kg
Nutzmasse	8000 kg	11200 kg	9250 kg (Sattelmasse)
Höchstgeschwindigkeit	85 km/h	90 km/h	90 km/h
Kraftstofftank	370 Liter	250 Liter	2 x 150 Liter

Jelcz 315 Pritschenwagen 8 t (Import 1969–1970)

Jelcz 315 M
Pritschenwagen 8 t
(Import 1971–1977)

Jelcz 316
Pritschenwagen 10 t
(Import 1973–1981)

Unten:
Jelcz 317 D
Sattelzugmaschine
(Import 1973–1985)

Oben:
Jelcz C 417
Sattelzugmaschine
(Import 1986–1989)

Jelcz C 620
Sattelzugmaschine
(Import 1986–1989)

Import	Sattelzugmaschine (4 x 2) Jelcz C 417 1986 – 1989	Sattelzugmaschine (6 x 2) Jelcz C 620 1986 – 1989
Motor	Dieselmotor SW 680 / 207 (Direkteinspritzung, ATL)	Dieselmotor SW 680 / 207 (Direkteinspritzung, ATL)
Zylinderzahl	6 (Reihe)	6 (Reihe)
Bohrung x Hub	127 x 146 mm	127 x 146 mm
Hubraum	11 100 cm³	11 100 cm³
Leistung	243 PS (179 kW) bei 2200/min	243 PS (179 kW) bei 2200/min
Drehmoment	886 Nm bei 1400/min	886 Nm bei 1400/min
Kühlung	Wasser	Wasser
Elektrische Anlage	24 V, Lichtmaschine 500 W	24 V, Lichtmaschine 500 W
Kraftübertragung	Hinterachs-Antrieb	Hinterachs-Antrieb
Kupplung	Einscheiben-Trockenkupplung	Einscheiben-Trockenkupplung
Getriebe	synchron., 6 + 1 Gänge	synchron., 6 + 1 Gänge
Achsantrieb	Außenplaneten-Hinterachse	Außenplaneten-Hinterachse
Fahrwerk	Leiterrahmen	Leiterrahmen
Vorderradaufhängung	Starrachse, Blattfedern, Teleskop-Stoßdämpfer	Starrachse, Blattfedern, Teleskop-Stoßdämpfer
Hinterradaufhängung	Starrachse, Blattfedern, Teleskop-Stoßdämpfer	Starrachse, Blattfedern, Teleskop-Stoßdämpfer, Nachlaufachse liftbar
Lenkung	mechanisch mit hydraulischer Unterstützung	mechanisch mit hydraulischer Unterstützung
Bremsanlage	Allradbremse, pneumatisch, ALB an Hinterachse, Federspeicher-Feststellbremse, Motorbremse	Allradbremse, pneumatisch, ALB an Hinterachse, Federspeicher-Feststellbremse, Motorbremse
Allgemeine Daten		
Radstand	3400mm	3200/1355 mm
Spur	2060/1800 mm	2080/1800/2020 mm
Gesamtmaße	5615 x 2500 x 3120 mm	6720 x 2500 x 3100 mm
Reifen	11.00-20	11.00-20
Bodenfreiheit	300 mm	320 mm
Fahrzeugmasse	6850 kg	8000 kg
Zuläss. Gesamtmasse	15 850 kg	20 900 kg
Nutzmasse	9000 kg (Sattelmasse)	12 850 kg (Sattelmasse)
Höchstgeschwindigkeit	95 km/h	100 km/h
Kraftstofftank	250 Liter	200 Liter

Nutzfahrzeuge aus Rumänien

Die Kraftfahrzeugindustrie Rumäniens wurde nach 1945 mit sowjetischer Unterstützung hauptsächlich für den Eigenbedarf des Balkanstaates entwickelt. Da die Spezialisierungspläne des RGW nicht den gewünschten Versorgungseffekt brachten, intensivierte Rumänien ab Ende der 60er Jahre mit westlichem Know-how den Aufbau eigener Werke.

Die DDR beschaffte Nutzfahrzeuge aus Rumänien, besonders um Engpässe bei Kleintransportern und schweren Lkw zu schließen – obwohl die Verarbeitungsqualität der rumänischen Produkte oft genug Anlaß zur Kritik bot.

M 461 Geländewagen mit Vergasermotor M 207 nach Vorbild des russischen GAZ 69 M

Aro-Geländewagen

Das Werk I.M.M. in Cimpulung Muscel fertigte zuerst Geländewagen auf der Basis des sowjetischen GAZ 69 M. Durch den Einbau eines eigenen Motors M 207 entstand der Typ M 461, der in 4150 Einheiten ab 1969 in die DDR kam. Mit dem Motor L 25 ausgerüstet, bezeichnete man den Geländewagen dann als M 473. Davon wurden 1976 und 1977 insgesamt fast 800 Einheiten bezogen.

Mit völlig neuer Karosserieform wurde bei I.M.M. ab 1978 der Typ 240 gefertigt, der ab 1978 fast ausschließlich als zweitürigen Grundtyp mit Plane mehr als 2700 mal importiert wurde. Nur sehr wenige viertürige Aro 244 kamen ins Land. Ausgerüstet mit dem Dieselmotor L-27 D wurden von 1985 bis 1989 nochmals über 2000 Aro-Geländewagen eingekauft.

Abgesehen von den mehr militärisch orientierten sowjetischen Fahrzeugen waren die I.M.M.-Aro-Geländewagen das einzige Angebot aus RGW-Fertigung in dieser Kategorie.

Aro 240 mit Vergasermotor L 25 (Import 1978–1984)

Import	Geländewagen M 461 1969 – 1974	Geländewagen M 473 1976 – 1977
Motor	Vergasermotor M 207	Vergasermotor L-25
Zylinderzahl	4 (Reihe)	4 (Reihe)
Bohrung x Hub	97 x 85 mm	97 x 84 mm
Hubraum	2512 cm^3	2495 cm^3
Leistung	77 PS (57 kW) bei 4000/min	80 PS (59 kW) bei 4200/min
Drehmoment	157 Nm bei 2900/min	165 Nm bei 2500/min
Kühlung	Wasser	Wasser
Elektrische Anlage	12 V, Lichtmaschine 450 W	12 V, Lichtmaschine 500 W
Kraftübertragung	Hinterachs-Antrieb, Allrad-Antrieb zuschaltbar	Hinterachs-Antrieb, Allrad-Antrieb zuschaltbar
Kupplung	Einscheiben-Trockenkupplung	Einscheiben-Trockenkupplung
Getriebe	teilsynchron., 4 + 1 Gänge mit 2-stufigen Verteilergetriebe	teilsynchron., 4 + 1 Gänge mit 2-stufigen Verteilergetriebe
Achsantrieb	einfach übersetzte Hinterachse	einfach übersetzte Hinterachse
Fahrwerk	Leiterrahmen	Leiterrahmen
Vorderradaufhängung	Starrachse, Blattfedern, Teleskop-Stoßdämpfer	Starrachse, Blattfedern, Teleskop-Stoßdämpfer
Hinterradaufhängung	Starrachse, Blattfedern, Teleskop-Stoßdämpfer	Starrachse, Blattfedern, Teleskop-Stoßdämpfer
Lenkung	mechanisch	mechanisch
Bremsanlage	Allradbremse, hydraulisch, Feststellbremse mechanisch	Allradbremse, hydraulisch, Feststellbremse mechanisch
Allgemeine Daten		
Radstand	2335 mm	2335 mm
Spur	1445 mm	1445 mm
Gesamtmaße	3854 x 1710 x 2050 mm	3854 x 1710 x 2050 mm
Reifen	6.50-16	6.50-16
Bodenfreiheit		
Fahrzeugmasse	1550 kg	1550 kg
Zuläss. Gesamtmasse	2200 kg	2200 kg
Nutzmasse	650 kg	650 kg
Höchstgeschwindigkeit	100 km/h	100 km/h
Kraftstofftank	70 Liter	70 Liter

Import	Geländewagen Aro 240 1978 – 1984	Geländewagen Aro 240 D 1985 – 1989
Motor	Vergasermotor L-25	Dieselmotor L-27 D
Zylinderzahl	4 (Reihe)	4 (Reihe)
Bohrung x Hub	97 x 84 mm	97 x 90 mm
Hubraum	2495 cm^3	2660 cm^3
Leistung	80 PS (59 kW) bei 4200/min	70 PS(52 kW) bei 3800/min
Drehmoment	165 Nm bei 2500/min	138 Nm bei 2250/min
Kühlung	Wasser	Wasser
Elektrische Anlage	12 V, Lichtmaschine 500 W	12 V, Lichtmaschine 500 W
Kraftübertragung	Hinterachs-Antrieb, Allrad-Antrieb zuschaltbar	Hinterachs-Antrieb, Allrad-Antrieb zuschaltbar
Kupplung	Einscheiben-Trockenkupplung	Einscheiben-Trockenkupplung
Getriebe	synchron., 4 + 1 Gänge mit 2-stufigen Verteilergetriebe	synchron., 4 + 1 Gänge mit 2-stufigen Verteilergetriebe
Achsantrieb	einfach übersetzte Hinterachse	einfach übersetzte Hinterachse
Fahrwerk	Leiterrahmen	Leiterrahmen
Vorderradaufhängung	Starrachse, Blattfedern, Teleskop-Stoßdämpfer	Starrachse, Blattfedern, Teleskop-Stoßdämpfer
Hinterradaufhängung	Starrachse, Blattfedern, Teleskop-Stoßdämpfer	Starrachse, Blattfedern, Teleskop-Stoßdämpfer
Lenkung	mechanisch	mechanisch
Bremsanlage	Allradbremse, hydraulisch, Feststellbremse mechanisch	Allradbremse, hydraulisch, Feststellbremse mechanisch
Allgemeine Daten		
Radstand	2350 mm	2350 mm
Spur	1445 mm	1445 mm
Gesamtmaße	4200 x 1750 x 2000 mm	4150 x 1775 x 1940 mm
Reifen	6.50-16	6.50-16
Bodenfreiheit	200 mm	220 mm
Fahrzeugmasse	1580 kg	1725 kg
Zuläss. Gesamtmasse	2250 kg	2350 kg
Nutzmasse	670 kg	625 kg
Höchstgeschwindigkeit	110 km/h	100 km/h
Kraftstofftank	95 Liter	95 Liter

TV-Kleintransporter

Unter der Typenbezeichnung TV produzierte das Werk Autobuzul Bukarest neben Omnibussen auch Kleintransporter. Der Import in die DDR begann 1968 mit dem TV 41, der über die Mechanik des M 461 von I.M.M. verfügte. Mit den Aggregaten des M 473 und einem veränderten Aufbau entstand der TV 12, durch den Einsatz des Dieselmotors D-127 der TV 14. Dessen Antriebsmaschine geht auf die rumänische Lizenzfertigung von Fiat-Traktoren zurück.

Da die Liefermöglichkeit von Barkas-Kleintransportern für den Binnenmarkt der DDR sehr begrenzt war, bildeten die rumänischen Transporter trotz rauher Technik (Volksmund: »Balkanrache«) besonders für betriebliche Fuhrparks oft die einzige Alternative. Von 1968 bis 1982 wurden 27 300 Fahrzeuge importiert, davon 4600 mit Dieselmotor.

Import	**Kleintransporter TV 41 F (Kastenwagen) TV 41 C (Pritsche) 1968 – 1973**	**Kleintransporter TV 12 F (Kastenwagen) TV 12 C (Pritsche) 1976 – 1978**	**Kleintransporter TV 14 F (Kastenwagen) TV 14 C (Pritsche) 1979 – 1982**
Motor	Vergasermotor M 207 B	Vergasermotor L-25	Dieselmotor D-127 (Direkteinspritzung)
Zylinderzahl	4 (Reihe)	4 (Reihe)	4 (Reihe)
Bohrung x Hub	97 x 85 mm	97 x 84 mm	95 x 110 mm
Hubraum	2512 cm^3	2495 cm^3	3120 cm^3
Leistung	77 PS (57 kW) bei 4000/min	80 PS (59 kW) bei 4200/min	71 PS (52 kW) bei 3200/min
Drehmoment	157 Nm bei 2900/min	165 Nm bei 2500/min	186 Nm bei 1800/min
Kühlung	Wasser	Wasser	Wasser
Elektrische Anlage	12 V, Lichtmaschine 450 W	12 V, Lichtmaschine 500 W	12 V, Lichtmaschine 500 W
Kraftübertragung	Hinterachs-Antrieb	Hinterachs-Antrieb	Hinterachs-Antrieb
Kupplung	Einscheiben-Trockenkupplung	Einscheiben-Trockenkupplung	Einscheiben-Trockenkupplung
Getriebe	teilsynchron., 4 + 1 Gänge	synchron., 4 + 1 Gänge	synchron., 4 + 1 Gänge
Achsantrieb	einfach übersetzte Hinterachse	einfach übersetzte Hinterachse	einfach übersetzte Hinterachse
Fahrwerk	Leiterrahmen	Leiterrahmen	Leiterrahmen
Vorderradaufhängung	Starrachse, Blattfedern, Teleskop-Stoßdämpfer	Starrachse, Blattfedern, Teleskop-Stoßdämpfer	Starrachse, Blattfedern, Teleskop-Stoßdämpfer
Hinterradaufhängung	Starrachse, Blattfedern, Teleskop-Stoßdämpfer	Starrachse, Blattfedern, Teleskop-Stoßdämpfer	Starrachse, Blattfedern, Teleskop-Stoßdämpfer
Lenkung	mechanisch	mechanisch	mechanisch
Bremsanlage	Allradbremse, hydraulisch, Feststellbremse mechanisch	Allradbremse, hydraulisch, Feststellbremse mechanisch	Allradbremse, hydraulisch, ALB an Hinterachse, Feststellbremse mechanisch
Allgemeine Daten			
Radstand	2450 mm	2450 mm	2450 mm
Spur	1450 mm	1445 mm	1450 mm
Gesamtmaße	4680 x 1950 x 2100 mm	TV 12 F: 4700 x 1930 x 2100 mm, TV 12 C: 4970 x 2140 x 2100 mm	TV 14 F: 4700 x 2000 x 2100 mm TV 14 C: 4880 x 2140 x 2150 mm
Reifen	7.50-16	7.50-16	7.50-16
Bodenfreiheit	230 mm	230 mm	230 mm
Fahrzeugmasse	TV 41 F: 1850 kg	TV 12 F: 1870 kg, TV 12 C: 1775 kg	TV 14 F: 2000 kg, TV 14 C: 1900
Zuläss. Gesamtmasse	TV 41 F: 3100 kg	TV 12 F: 3120kg, TV 12 C: 3025 kg	TV 14 F: 3350 kg, TV 14 C: 3350
Nutzmasse	1250 kg	1250 kg	TV 14 F: 1350 kg, TV 14 C: 1450
Höchstgeschwindigkeit	100 km/h	110 km/h	100 km/h
Kraftstofftank	80 l	90 Liter	90 Liter

TV 41 C (Camion) Pritschenwagen
Der Kastenwagen wurde als TV 41 F (Furgon) bezeichnet.
(Import 1968–1973)

TV 12 F Kastenwagen
(Import 1976–1978)

TV 12 C Pritschenwagen
(Import 1976–1978)

TV 14 F Kastenwagen
(Import 1979–1982)

TV 14 C Pritschenwagen
(Import 1979–1982)

Roman-Lastwagen

Das Werk I.A.Bv. In Brasov hatte als ersten Lkw den sowjetischen ZIS 150 nachgebaut. Weitere Typen mit Vergasermotoren folgten, bis 1969 eine Lizenzvereinbarung mit MAN getroffen wurde. Dieser Vertrag sicherte Rumänien unter Einbeziehung einheimischer Aufbaufirmen ein relativ großes Typenspektrum mittelschwerer und schwerer Lkw.

Als Ergänzung zu den Importen aus Polen und der CSSR bezog die DDR ab 1977 hauptsächlich Roman-Kipper und -Sattelzugmaschinen sowie Transport- Betonmischer. Auch komplette Kühlsattelzüge wurden importiert.

Als Antriebsquelle dienten in der DDR fast ausschließlich 215-PS-Motoren nach MAN-Lizenz, erst ab 1987 gab es in Sattelzügen auch 256-PS-Turbomotoren Die ZF-Getriebe wurden in Rumänien montiert.

Insgesamt gelangten bis 1989 mehr als 2800 Roman-Lkw in die DDR.

Rechte Seite:
Roman 19.215 DFK
Muldenkipper
(Import 1977–1982)

VH 07 24

Roman 10.215 FS Sattelzugmaschine mit tschechischem Auflieger N 12 CH
(Import 1978–1988)

Roman 19.256 DFS
Kühlsattelzug
(Import 1987–1989)

Roman 19.215 / 19.AB.3
Transportbetonmischer

Import	Kipper (6x4) Roman 19.215 DFK 1977 – 1982	Sattelzugmaschine (4x2) Roman 10.215 FS/L 1978 – 1988
Motor	Dieselmotor D 2156 HMN 8 (Direkteinspritzung)	Dieselmotor D 2156 HMN 8 (Direkteinspritzung)
Zylinderzahl	6 (Reihe)	6 (Reihe)
Bohrung x Hub	121 x 150 mm	121 x 150 mm
Hubraum	10 340 cm^3	10 340 cm^3
Leistung	215 PS (158 kW) bei 2200/min	215 PS (158 kW) bei 2200/min
Drehmoment	747 Nm bei 1400/min	747 Nm bei 1400/min
Kühlung	Wasser	Wasser
Elektrische Anlage	24 V, Lichtmaschine 500 W	24 V, Lichtmaschine 500 W
Kraftübertragung	Hinterachs-Antrieb	Hinterachs-Antrieb
Kupplung	Einscheiben-Trockenkupplung	Einscheiben-Trockenkupplung
Getriebe	unsynchron., 12 + 2 Gänge, mit Nebenabtrieb und Vorschaltgruppe	unsynchr., 6 + 1 Gänge
Achsantrieb	außerhalb der Tragachsen liegende Antriebswellen, Stirnradvorgelege in den Radnaben, Differentialsperre	außerhalb der Tragachsen liegende Antriebswellen, Stirnradvorgelege in den Radnaben, Differentialsperre
Fahrwerk	Leiterrahmen	Leiterrahmen
Vorderradaufhängung	Starrachse, Blattfedern mit Gummihohlfedern, Teleskop-Stoßdämpfer	Starrachse, Blattfedern mit Gummihohlfedern, Teleskop-Stoßdämpfer
Hinterradaufhängung	Starrachse, Blattfedern	Starrachse, Blattfedern
Lenkung	Monoblock-Hydrolenkung	Monoblock-Hydrolenkung
Bremsanlage	Allradbremse, hydraul.-pneumatisch an Vorderachse, pneumatisch an Hinterachsen, ALB an Hinterachsen, Federspeicher-Feststellbremse, Motorbremse	Allradbremse, hydraul.-pneumatisch an Vorderachse, pneumatisch an Hinterachse, ALB an Hinterachse, Federspeicher-Feststellbremse, Motorbremse
Allgemeine Daten		
Radstand	3095 + 1310 mm	3500 mm
Spur	2050/1761 mm	2062/1761 mm
Gesamtmaße	7345 x 2500 x 3250 mm	5900 x 2500 x 2920 mm
Reifen	11.00-20	11.00-20
Bodenfreiheit	300 mm	300 mm
Fahrzeugmasse	10 000 kg	6500 kg
Zuläss. Gesamtmasse	26 000 kg	38 000 kg (Sattelzug)
Nutzmasse	16000 kg	9500 kg (Sattelmasse)
Höchstgeschwindigkeit	80 km/h	89 km/h
Kraftstofftank	220 Liter	310 Liter

Import	Sattelzugmaschine (6x4) Roman 19.215 DFS 1979 – 1986	Sattelzugmaschine (6x4) Roman 19.256 DFS 1987 – 1989
Motor	Dieselmotor D 2156 HMN 8 (Direkteinspritzung)	Dieselmotor D 2156 MTN 8 (Direkteinspritzung, ATL)
Zylinderzahl	6 (Reihe)	6 (Reihe)
Bohrung x Hub	121 x 150 mm	121 x 150 mm
Hubraum	10 340 cm^3	10 340 cm^3
Leistung	215 PS (158 kW) bei 2200/min	256 PS (188 kW) bei 2200/min
Drehmoment	747 Nm bei 1400/min	900 Nm bei 1400/min
Kühlung	Wasser	Wasser
Elektrische Anlage	24 V, Lichtmaschine 500 W	24 V, Lichtmaschine 730 W
Kraftübertragung	Hinterachs-Antrieb	Hinterachs-Antrieb
Kupplung	Einscheiben-Trockenkupplung	Einscheiben-Trockenkupplung
Getriebe	unsynchron., 6 + 1 Gänge	unsynchron. mit Vorschaltgruppe, 12 + 2 Gänge
Achsantrieb	außerhalb der Tragachsen liegende Antriebswellen, Stirnradvorgelege in den Radnaben, Differentialsperre	außerhalb der Tragachsen liegende Antriebswellen, Stirnradvorgelege in den Radnaben, Differentialsperre
Fahrwerk	Leiterrahmen	Leiterrahmen
Vorderradaufhängung	Starrachse, Blattfedern mit Gummihohlfedern, Teleskop-Stoßdämpfer	Starrachse, Blattfedern mit Gummihohlfedern , Teleskop-Stoßdämpfer
Hinterradaufhängung	Starrachse, Blattfedern	Starrachse, Blattfedern
Lenkung	Monoblock-Hydrolenkung	Monoblock-Hydrolenkung
Bremsanlage	Allradbremse, hydraul.-pneumatisch an Vorderachse, pneumatisch an Hinterachsen, ALB an Hinterachsen, Federspeicher-Feststellbremse, Motorbremse	Allradbremse, hydraul.-pneumatisch an Vorderachse, pneumatisch an Hinterachsen, ALB an Hinterachsen, Federspeicher-Feststellbremse, Motorbremse
Allgemeine Daten		
Radstand	2800 + 1350 mm	2800 + 1350 mm
Spur	2050/1761 mm	2050/1761 mm
Gesamtmaße	6455 x 2500 x 2920 mm	6530 x 2500 x 3110 mm
Reifen	11.00-20	11.00-20
Bodenfreiheit	280 mm	280 mm
Fahrzeugmasse	7860 kg	8650 kg
Zuläss. Gesamtmasse	38 000 kg (Sattelzug)	38 000 kg (Sattelzug)
Nutzmasse	13800 kg (Sattelmasse)	13300 kg (Sattelmasse)
Höchstgeschwindigkeit	89 km/h	91 km/h
Kraftstofftank	220 Liter oder 310 Liter	420 Liter

Nutzfahrzeuge aus der Sowjetunion

Die sowjetische Nutzfahrzeugindustrie hatte bis 1945 wichtige konstruktive und technologische Erfahrungen aus Lizenzen (Ford AA) und amerikanischen Fahrzeuglieferungen während des Zweiten Weltkriegs gesammelt. Es ist also nicht verwunderlich, daß die ersten Baumuster der Nachkriegszeit nicht nur optisch, sondern auch von der Konzeption her, amerikanischen Fahrzeugen glichen. Dies betraf besonders die Verwendung von Vergasermotoren. Außerdem waren die Lastwagen und Busse für harte Einsatzbedingungen, schlechte Straßen und einfache Instandsetzungen konzipiert. Erst mit der Einrichtung des KamAZ-Motorenwerkes Mitte der 70er Jahre gab es eine deutliche Wende zum Einsatz von Dieselmotoren und der Anpassung an internationale konstruktive Trends.

Der Import von sowjetischen Nutzfahrzeugen in die DDR war meist geprägt durch eine große Typenvielfalt bei Spezialfahrzeugen und vergleichsweise geringere Stückzahlen. Schwerpunkt war zweifellos die Versorgung der »bewaffneten Organe« und von Sondervorhaben, wie der Uran-Abbaugesellschaft »Wismut« und dem staatlich beschlossenen Wohnungsbauprogramm in Ostdeutschland.

Außerdem gab es Importe sowjetischer Fahrzeuge, um Lücken in der Lieferfähigkeit der anderen RGW-Partner zu schließen. Konstruktive Eigenheiten und geringere Wirtschaftlichkeit sowjetischer Fahrzeuge spielten dann keine Rolle mehr.

GAZ – das Automobilwerk Gorki – war 1932 mit Unterstützung von Ford entstanden. Neben den ZIS 150/164 gehörte der 2,5-Tonner GAZ 51 zu den ersten von der Sowjetunion in die DDR geliefer-

ZIL 164 A
Pritschenwagen 4 t

GAZ 51
Pritschenwagen 2,5 t

GAZ 66
2-t-Allrad-Lkw

ten Nutzfahrzeugen. Angaben über Importgrößen liegen nicht vor. Der 2-t-Allrad-Lkw GAZ 66 wurde fast ausschließlich an militärische Kunden geliefert. Gleiches galt für den Geländewagen GAZ 69 (1961 bis 1970), der im Autowerk Uljanowsk *UAZ* montiert wurde. Dem GAZ 69 folgte ab 1973 der UAZ 469, seit 1987 unter der Bezeichnung UAZ 315136. Bis 1989 wurden davon etwa 2500 Stück bezogen.

Unter Nutzung der Geländewagen-Baugruppen waren bei UAZ seit 1958 robuste, aber durstige Kleintransporter mit Normal- und Allrad-Antrieb gefertigt worden. Die Typen UAZ 451/452 waren hauptsächlich von 1969 bis 1973 in über 2200 Einheiten meist als Kastenwagen beschafft worden, um -ebenso wie der rumänische TV- den erheblichen Engpaß bei Kleintransportern zu mildern.

Die geländegängigen Lastwagen aus dem Werk *UralAZ* in Miass waren als Militär-Lkw konzipiert. Dem Ural 375 D mit Vergasermotor (Import 1969 bis 1981: 3700 Stück) folgte der Ural 4320 mit KamAZ-Dieselmotor.

Nicht für den Straßenverkehr, sondern für Tagebaue und Großbaustellen waren die Schwerlast-Muldenkipper aus dem Belorussischen Autowerk Skodino *BelAZ* bestimmt. Für diese speziellen Einsatzzwecke waren vom Typ BelAZ 540 (30 Tonnen Nutzlast) von 1966 bis 1985 immerhin 322 Einheiten beschafft worden. In den Jahren 1988/89 waren es nochmals 29 Stück der BelAZ-Typen 7522, 7526 und 7527.

Eine technische Ausnahmeerscheinung im Fahrzeugbestand der DDR waren die benzingetriebenen russischen Omnibusse *PAZ* und *LiAZ*, die hauptsächlich im nördlichen Teil des Landes stationiert waren. Besonders in den 70er Jahren war versucht worden, durch verstärkte Bus-Importe die Überalterung des Fahrzeugparks zu mildern. Mit Unterbrechungen hatte die DDR zwischen 1970 und 1983 über 900 Stück vom 7-Meter-Bus PAZ 672 erworben, die oft bei Landwirtschaftlichen Produktionsgenossenschaften eingesetzt waren. Außerdem waren von 1973 bis 1979 immerhin 370 Stadtlinienbusse LiAZ 677 geliefert worden. Problem bei diesen Fahrzeugen war der unwirtschaftliche Vergasermotor.

UAZ 469 Geländewagen (Import 1973–1986)

UAZ 452 Kleintransporter (Import 1969–1973)

Ural 375 D Allrad-Lkw mit Vergasermotor (Import 1969–1981)

BelAZ 540 Schwerlastkipper, 30 t

**PAZ 672 Omnibus
mit 115-PS-Vergasermotor
(Import 1970–1983)**

**LiAZ 677 Stadtlinienbus
mit V-8-Vergasermotor
(167 PS)
(Import 1973–1979)**

MAZ-Lastwagen

Der Bau des Automobilwerkes im weißrussischen Minsk war 1944 vom sowjetischen Verteidigungsrat beschlossen worden. Die Produktion begann 1947 mit dem Typ MAZ 205, einer Entwicklung vom Autowerk Jaroslawl.

Über 500 Hauben-Lkw der Baureihe 200 mit Dieselmotor wurden von 1961 bis 1965 für das Bauwesen der DDR eingekauft.

Die MAZ-Baureihe 500, die ab 1965 produziert wurde und ab 1967 in die DDR kam, war mit einer kippbaren Frontlenkerkabine ausgerüstet – ein Novum unter den RGW-Lastwagen. Die wichtigsten Importtypen für die DDR waren neben den Pritschenwagen MAZ 500/5335 die Kipper MAZ 503/5549 und die Sattelzugmaschinen MAZ 504/504W.

Erst 1978 brachte MAZ eine auch optisch neue Fahrzeuggeneration. Von der dreiachsigen Sattelzugmaschine MAZ 6422 wurde bis 1989 noch eine geringe Stückzahl beschafft.

Gemeinsames Merkmal aller MAZ-Frontlenker-Lkw sind die V-Dieselmotoren aus dem Motorenwerk Jaroslawl mit sechs oder acht Zylindern.

MAZ 205 Hinterkipper (Import 1961–1965)

MAZ 504 WE
Sattelzugmaschine mit
Auflieger MAZ 5205 A
(Import 1977–1984)

MAZ 5335
Pritschenwagen 8 t
(Import 1978–1981)

MAZ 5549 Kipper 8 t
(Import 1978-1981)

	Sattelzugmaschine (4 x 2) MAZ 509 WE 1977 – 1984	Lkw (4 x 2) MAZ 5335 1978 – 1981
Import		
Motor	Dieselmotor JaMZ 238 (Direkteinspritzung)	Dieselmotor JaMZ 236 (Direkteinspritzung)
Zylinderzahl	V8	V6
Bohrung x Hub	130 x 140 mm	130 x 140 mm
Hubraum	14 860 cm³	11 150 cm³
Leistung	240 PS (176 kW) bei 2100/min	180 PS (132 kW) bei 2100/min
Drehmoment	883 Nm bei 1500/min	667 Nm bei 1500/min
Kühlung	Wasser	Wasser
Elektrische Anlage	24 V, Lichtmaschine 560 W	24 V, Lichtmaschine 560 W
Kraftübertragung	Hinterachs-Antrieb	Hinterachs-Antrieb
Kupplung	Zweischeiben-Trockenkupplung	Zweischeiben-Trockenkupplung
Getriebe	teilsynchron., 5 + 1 Gänge	teilsynchron., 5 + 1 Gänge
Achsantrieb	Außenplaneten-Hinterachse	Außenplaneten-Hinterachse
Fahrwerk	Leiterrahmen	Leiterrahmen
Vorderradaufhängung	Starrachse, Blattfedern, Teleskop-Stoßdämpfer	Starrachse, Blattfedern, Teleskop-Stoßdämpfer
Hinterradaufhängung	Starrachse, Blattfedern	Starrachse, Blattfedern
Lenkung	mechanisch mit hydraulischer Unterstützung	mechanisch mit hydraulischer Unterstützung
Bremsanlage	Allradbremse pneumatisch, Feststellbremse mechanisch, Motorbremse	Allradbremse pneumatisch, Feststellbremse mechanisch, Motorbremse
Allgemeine Daten	mit Sattelauflieger MAZ 5205 A	
Radstand	3400 mm	3950 mm
Spur	Zugmaschine: 1970 / 1900 mm Auflieger: 1930 / 1930 mm	1970 / 1900 mm
Gesamtmaße	13600 x 2610 x 3740 mm	7250 x 2600 x 2700 mm
Reifen	12.00-20	12.00-20
Bodenfreiheit	Zugmaschine: 270 mm Auflieger: 400 mm	270 mm
Fahrzeugmasse	Sattelzug: 13 260 kg	6800 kg
Zuläss. Gesamtmasse	Sattelzug: 32 260 kg	14 800 kg
Nutzmasse	Sattelzug: 19 000 kg	8000 kg
Höchstgeschwindigkeit	85 km/h	85 km/h
Kraftstofftank	2 x 175 Liter + 200 Liter am Auflieger	200 Liter

Kipper (4 x 2) **MAZ 5549** **1978 – 1981**	**Sattelzugmaschine (6 x 4)** **MAZ 6422** **1985 – 1989**
Dieselmotor JaMZ 236 (Direkteinspritzung) V6 130 x 140 mm 11 150 cm³ 180 PS (132 kW) bei 2100/min 667 Nm bei 1500/min Wasser 24 V, Lichtmaschine 560 W	Dieselmotor JaMZ 238 F (Direkteinspritzung) V8 130 x 140 mm 14 860 cm³ 320 PS (235 kW) bei 2100/min 1120 Nm bei 1500/min Wasser 24 V
Hinterachs-Antrieb Zweischeiben-Trockenkupplung teilsynchron., 5 + 1 Gänge	Hinterachs-Antrieb Zweischeiben-Trockenkupplung synchron. mit Vorschaltgruppe, 8 + 1 Gänge
Außenplaneten-Hinterachse	Außenplaneten-Hinterachse, Zwischenachsdifferential sperrbar
Leiterrahmen Starrachse, Blattfedern, Teleskop-Stoßdämpfer Starrachse, Blattfedern mechanisch mit hydraulischer Unterstützung Allradbremse pneumatisch, Feststellbremse mechanisch, Motorbremse	Leiterrahmen Starrachse, Blattfedern, Teleskop-Stoßdämpfer Starrachse, Blattfedern mechanisch mit hydraulischer Unterstützung Allradbremse pneumatisch, Fderspeicher-Feststellbremse, Motorbremse
3400 mm	2900 + 1400 mm
1970 / 1900 mm	
5790 x 2600 x 2750 mm	6570 x 2500 x 2970 mm
12.00-20	300-508 P
300 mm 7300 kg 15 400 kg 8100 kg 75 km/h 200 Liter	270 mm 9050 kg Sattelzug: 42 000 kg 14 700 kg (Sattelmasse) 92 km/h 2 x 175 Liter

Links: MAZ 6422
Sattelzugmaschine
(Import 1985–1989)

KrAZ – Lastwagen

Im Jahr 1958 wurde in Krementschug/Ukraine ein neues Automobilwerk eingerichtet. Dieser Betrieb übernahm die Lkw-Fertigung aus dem Werk in Jaroslawl, welches auf die Produktion von Dieselmotoren festgelegt wurde.

Das Werk KrAZ lieferte speziell schwere, dreiachsige Lastwagen, zuerst mit Zweitakt-Dieselmotoren. Der so bestückte KrAZ 214 war in der DDR militärisch eingesetzt.

Seit 1961 wurden auch Viertakt-Dieselmotoren eingebaut. Wichtige Importgrößen waren der Muldenkipper KrAZ 256/B1 (3940 Stück von 1967-1989) und die Sattelzugmaschine KrAZ 258/B1 (1700 Stück). Ein Teil der Sattelzugmaschinen wurde zu Schwerlastzugmaschinen umgerüstet. Diese wurden, oft mit polnischen Tiefladern gekoppelt, vornehmlich beim Aufbau der großen Neubaugebiete als Plattentransporter eingesetzt.

KrAZ 256 Muldenkipper (Import 1967–1989)

Rechte Seite:
KrAZ 258 Z Schwerlastzugmaschine, Umbau aus Sattelzugmaschine KrAZ 258 (Import 1969–1989)

Import	Sattelzugmaschine (6 x 4) KrAZ 258 1968 – 1989	Zugmaschine (6 x 4) KrAZ 258 Z (Umbau) 1969 – 1989	Kipper (6 x 4) KrAZ 256 1967 – 1989
Motor	Dieselmotor JaMZ 238 (Direkteinspritzung)	Dieselmotor JaMZ 238 (Direkteinspritzung)	Dieselmotor JaMZ 238 (Direkteinspritzung)
Zylinderzahl	V8	V8	V8
Bohrung x Hub	130 x 140 mm	130 x 140 mm	130 x 140 mm
Hubraum	14 860 cm^3	14 860 cm^3	14 860 cm^3
Leistung	240 PS (176 kW) bei 2100/min	240 PS (176 kW) bei 2100/min	240 PS (176 kW) bei 2100/min
Drehmoment	883 Nm bei 1500/min	883 Nm bei 1500/min	883 Nm bei 1500/min
Kühlung	Wasser	Wasser	Wasser
Elektrische Anlage	24 V, Lichtmaschine 1300 W	24 V, Lichtmaschine 1300 W	24 V, Lichtmaschine 1300 W
Kraftübertragung	Hinterachs-Antrieb	Hinterachs-Antrieb	Hinterachs-Antrieb
Kupplung	Zweischeiben-Trockenkupplung	Zweischeiben-Trockenkupplung	Zweischeiben-Trockenkupplung
Getriebe	synchron. mit Zusatzgetriebe, (5 + 1) x 2 Gänge	synchron. mit Zusatzgetriebe, (5 + 1) x 2 Gänge	synchron. mit Zusatzgetriebe, (5 + 1) x 2 Gänge
Achsantrieb	doppelt übersetzte Hinterachse	doppelt übersetzte Hinterachse	doppelt übersetzte Hinterachse
Fahrwerk	Leiterrahmen	Leiterrahmen	Leiterrahmen
Vorderradaufhängung	Starrachse, Blattfedern, Teleskop-Stoßdämpfer	Starrachse, Blattfedern, Teleskop-Stoßdämpfer	Starrachse, Blattfedern, Teleskop-Stoßdämpfer
Hinterradaufhängung	Starrachse, Blattfedern,	Starrachse, Blattfedern,	Starrachse, Blattfedern,
Lenkung	mechanisch mit hydraulischer Unterstützung	mechanisch mit hydraulischer Unterstützung	mechanisch mit hydraulischer Unterstützung
Bremsanlage	Allradbremse pneumatisch, Feststellbremse mechanisch, Motorbremse	Allradbremse pneumatisch, Feststellbremse mechanisch, Motorbremse	Allradbremse pneumatisch, Feststellbremse mechanisch, Motorbremse
Allgemeine Daten			
Radstand	4080 + 1400 mm	4080 + 1400 mm	4080 + 1400 mm
Spur	1950 / 1920 mm	1950 / 1920 mm	1950 / 1920 mm
Gesamtmaße	7375 x 2650 x 2670 mm	7375 x 2650 x 2670 mm	8100 x 2640 x 2830 mm
Reifen	12.00-20	12.00-20	12.00-20
Bodenfreiheit	290 mm	290 mm	290 mm
Fahrzeugmasse	9680 kg	12 400 kg	10 850 kg
Zuläss. Gesamtmasse	21 680 kg	21 700 kg	22 850 kg
Nutzmasse	12 000 kg (Sattelmasse)	100 000 kg (Anhängemasse)	12 000 kg
Höchstgeschwindigkeit	68 km/h	60 km/h	70 km/h
Kraftstofftank	2 x 165 Liter	2 x 165 Liter	165 Liter

KamAZ-Lastwagen

Da in der Sowjetunion erkannt worden war, daß mit den vorhandenen Produktionsstätten der Nutzfahrzeugbedarf des riesigen Landes nicht zu decken war, begann man Ende 1969 in der tatarischen Steppe mit dem Bau eines der größten Lkw-Werke der Welt. Das Werk wurde konzipiert für die jährliche Herstellung von 150 000 Lkw und 250 000 Dieselmotoren. Die Maschinen und Ausrüstungen wurden zum großen Teil aus westlichen Ländern bezogen. Beim Fahrzeug selbst stützte man sich aber auf eigene Entwicklungen, da ausländische Lizenzen den spezifischen Einsatzbedingungen nicht genügend entsprachen.

Der erste KamAZ-Lkw verließ das Werk im Februar 1976, der Import in die DDR begann 1978. Die erste Fahrzeuggeneration (8 Tonnen Nutzmasse) umfaßte u.a. die Sattelzugmaschine KamAZ 5410 und den Pritschenwagen KamAZ 5320. Ab 1979 stand mit dem Kipper KamAZ 5511 der erste 10-Tonner der zweiten Generation zur Verfügung, gefolgt von der Sattelzugmaschine KamAZ 54112 und dem Pritschenwagen 53212.

Insgesamt wurden von 1978 bis 1989 für den zivilen Bereich 3650 KamAZ-Lkw in die DDR importiert.

KamAZ 5410 Sattelzugmaschine (Import 1978–1983)

KamAZ 5320
Pritschenwagen 8 t
(Import 1978–1981)

KamAZ 5511
Muldenkipper 13 t
(Import 1979–1989)

Import	Lkw (6 x 4) KamAZ 5320 1978 - 1981	Lkw (6 x 4) KamAZ 53212 1982 - 1989	Sattelzugmaschine (6 x 4) KamAZ 5410 1978 - 1983
Motor	Dieselmotor KamAZ-740 (Direkteinspritzung)	Dieselmotor KamAZ-740 (Direkteinspritzung)	Dieselmotor KamAZ-740 (Direkteinspritzung)
Zylinderzahl	V8	V8	V8
Bohrung x Hub	120 x 120 mm	120 x 120 mm	120 x 120 mm
Hubraum	10 850 cm^3	10 850 cm^3	10 850 cm^3
Leistung	219 PS (161 kW) bei 2600/min	219 PS (161 kW) bei 2600/min	219 PS (161 kW) bei 2600/min
Drehmoment	638 Nm bei 1700/min	638 Nm bei 1700/min	638 Nm bei 1700/min
Kühlung	Wasser	Wasser	Wasser
Elektrische Anlage	24V, Lichtmaschine 800 W	24V, Lichtmaschine 800 W	24V, Lichtmaschine 800 W
Kraftübertragung	Hinterachs-Antrieb	Hinterachs-Antrieb	Hinterachs-Antrieb
Kupplung	Zweischeiben-Trockenkupplung	Zweischeiben-Trockenkupplung	Zweischeiben-Trockenkupplung
Getriebe	synchron. mit Vorschaltgruppe, (5 + 1) x 2 Gänge	synchron. mit Vorschaltgruppe, (5 + 1) x 2 Gänge	synchron. mit Vorschaltgruppe, (5 + 1) x 2 Gänge
Achsantrieb	doppelt übersetzte Hinterachse	doppelt übersetzte Hinterachse	doppelt übersetzte Hinterachse
Fahrwerk	Leiterrahmen	Leiterrahmen	Leiterrahmen
Vorderradaufhängung	Starrachse, Blattfedern, Teleskop-Stoßdämpfer	Starrachse, Blattfedern, Teleskop-Stoßdämpfer	Starrachse, Blattfedern, Teleskop-Stoßdämpfer
Hinterradaufhängung	Starrachse, Blattfedern	Starrachse, Blattfedern	Starrachse, Blattfedern
Lenkung	Monoblock-Hydrolenkung	Monoblock-Hydrolenkung	Monoblock-Hydrolenkung
Bremsanlage	Allradbremse pneumatisch, ALB an Hinterachsen, Federspeicher-Feststellbremse, Motorbremse	Allradbremse pneumatisch, ALB an Hinterachsen, Federspeicher-Feststellbremse, Motorbremse	Allradbremse pneumatisch, ALB an Hinterachsen, Federspeicher-Feststellbremse, Motorbremse
Allgemeine Daten			
Radstand	3190 + 1320 mm	3690 + 1320 mm	2840 + 1320 mm
Spur	2010 / 1850 mm	2010 / 1850 mm	2010 / 1850 mm
Gesamtmaße	7395 x 2500 x 3650 mm	8530 x 2500 x 3650 mm	6150 x 2500 x 2850 mm
Reifen	9.00-20	9.00-20	9.00-20
Bodenfreiheit	280 mm	280 mm	280 mm
Fahrzeugmasse	7080 kg	8200 kg	6850 kg
Zuläss. Gesamtmasse	15 080 kg	18 200 kg	15 175 kg
Nutzmasse	8000 kg	10 000 kg	8100 kg (Sattelmasse)
Höchstgeschwindigkeit	100 km/h	100 km/h	95 km/h
Kraftstofftank	2 x 125 Liter	2 x 125 Liter	2 x 125 Liter

Sattelzugmaschine (6 x 4) KamAZ 54112 1983 – 1989	**Kipper (6 x 4) KamAZ 5511 1979 – 1989**
Dieselmotor KamAZ-740	Dieselmotor KamAZ-740
(Direkteinspritzung)	(Direkteinspritzung)
V8	V8
120 x 120 mm	120 x 120 mm
10 850 cm³	10 850 cm³
219 PS (161 kW) bei 2600/min	219 PS (161 kW) bei 2600/min
638 Nm bei 1700/min	638 Nm bei 1700/min
Wasser	Wasser
24V, Lichtmaschine 800 W	24V, Lichtmaschine 800 W
Hinterachs-Antrieb	Hinterachs-Antrieb
Zweischeiben-Trockenkupplung	Zweischeiben-Trockenkupplung
synchron. mit Vorschaltgruppe,	synchron. mit Vorschaltgruppe,
(5 + 1) x 2 Gänge	(5 + 1) x 2 Gänge
doppelt übersetzte Hinterachse	doppelt übersetzte Hinterachse
Leiterrahmen	Leiterrahmen
Starrachse, Blattfedern,	Starrachse, Blattfedern,
Teleskop-Stoßdämpfer	Teleskop-Stoßdämpfer
Starrachse, Blattfedern	Starrachse, Blattfedern
Monoblock-Hydrolenkung	Monoblock-Hydrolenkung
Allradbremse pneumatisch,	Allradbremse pneumatisch,
ALB an Hinterachsen,	ALB an Hinterachsen,
Federspeicher-Feststellbremse,	Federspeicher-Feststellbremse,
Motorbremse	Motorbremse
2840 + 1320 mm	2840 + 1320 mm
2010 / 1850 mm	2010 / 1850 mm
6200 x 2500 x 2850 mm	7140 x 2500 x 2700 mm
9.00-20	9.00-20
280 mm	280 mm
7050 kg	9000 kg
19 000 kg	22 000 kg
11 350 kg (Sattelmasse)	13 000 kg
95 km/h	90 km/h
2 x 125 Liter	250 Liter

Links: KamAZ 54112 Sattelzugmaschine (Import 1983–1989)

KamAZ 53212. Pritschenwagen 10 t (Import 1982–1989)

Nutzfahrzeuge aus Ungarn

Die ungarische Nutzfahrzeugindustrie war bis nach dem Zweiten Weltkrieg hauptsächlich für den Eigenbedarf tätig. Die Lastwagen basierten meist auf ausländischen Lizenzen, bei den Omnibussen gab es auch interessante eigene Lösungen.

Erst mit dem Aufbau der Planwirtschaft intensivierte Ungarn die Nutzfahrzeugproduktion, übernahm aber keine sowjetischen Baumuster wie manche anderen Ostblockländer. Da besonders bei der Entwicklung von Omnibussen deutliche Fortschritte erzielt wurden, empfahl der RGW 1956 den Ausbau dieser Produktion. Durch den Volksaufstand in Ungarn 1956 und durch Schwierigkeiten beim »sozialistischen Aufbau« verzögerte sich die Umsetzung aber erheblich. Nachdem der RGW am Anfang der 60er Jahre die schleppende Spezialisierung kritisiert hatte, beschloß die Regierung Ungarns eine neue Organisation im Fahrzeugbau.

Die Lkw-Produktion wurde nun zugunsten der Buskomponenten stark eingeschränkt. Für die Omnibusfertigung stand 1989 eine Jahreskapazität von 14 000 Einheiten zur Verfügung, von der die Hälfte in die Sowjetunion ging. Der Zusammenbruch des RGW führte dann zwangsläufig zu riesigen Absatzproblemen.

Csepel D 450 N mit Zementsattelauflieger (Import 1962–1967)

Csepel-Lastwagen

Die Firma Csepel hatte 1950 eine Lkw-Lizenz von der Firma Steyr erworben. Darauf aufbauend enstanden 1957 die Hauben-Lkw D-450 und die Frontlenker D-700. Die Fahrerkabinen und teilweise auch die Aufbauten wurden vom Bushersteller Ikarus beigesteuert.

In den Jahren 1961 bis 1971 importierte die DDR auch etwa 700 Csepel-Lkw, hauptsächlich mit Sonderaufbauten und speziellen Sattelaufliegern.

Csepel D 705. 14 Milchtanksattelzug (Import 1961–1971)

Ikarus-Omnibusse

Obwohl international erst seit den 50er Jahren bekannt, verfügt Ikarus über eine lange Tradition im Fahrzeugbau. Im Jahr 1895 hatte Imre Uhry eine Werkstatt gegründet, die 1920 mit der Produktion von Lkw-Aufbauten und Anhängern sowie 1924 mit Buskarosserien begann. Busse mit Metallkarosserie gingen 1936 in die Serie. Die 1948 verstaatlichte Firma stellte im gleichen Jahr den Omnibus Tr 3,5 vor, der als erster Bus mit selbstragendem Stahlaufbau gilt. Das Jahr 1949 brachte den Zusammenschluß mit der im Jahre 1916 gegründeten Ikarus-Kühlerfabrik. Seither wird auch für die Fahrzeuge der Markenname Ikarus verwendet.

Aus dem Tr 3,5 entstand die Baureihe 30/311 mit der 1952 der Ikarus-Import in die DDR begann. Die Heckmotor-Busse Ikarus 55/66 mit selbsttragendem Aufbau wurden 1952 bzw. 1954 vorgestellt. Diese Fahrzeuge bildeten mit 8350 Einheiten, die bis 1973 geliefert wurden eine wesentliche Basis für den Kraftverkehr der DDR. Parallel zu

Import von Ikarus-Bussen in die DDR 1952 bis 1989

1952	300	1971	1144
1953	285	1972	1395
1954	437	1973	1198
1955	329	1974	1225
1956	154	1975	1599
1957	400	1976	1394
1958	413	1977	1501
1959	461	1978	1591
1960	748	1979	1282
1961	739	1980	1357
1962	626	1981	813
1963	450	1982	266
1964	850	1983	68
1965	1009	1984	793
1966	801	1985	715
1967	997	1986	1045
1968	1101	1987	1040
1969	1154	1988	1166
1970	1380	1989	1163
gesamt			33389

Bestand an Ikarus-Omnibussen in der DDR (September 1988)

Ikarus 30	19
Ikarus 31	156
Ikarus 311	198
Ikarus 60, 601, 602	31
Ikarus 630	170
Ikarus 55	717
Ikarus 66	1451
Ikarus 556	37
Ikarus 180	93
Ikarus 250	218
Ikarus 255	4645
Ikarus 256	626
Ikarus 266	444
Ikarus 260	1910
Ikarus 280	4047
Ikarus 211	945
Bestand gesamt	15 707

den selbsttragenden Baumustern hatte Ikarus bis 1971 auch noch robuste Modelle in Rahmenbauweise im Angebot. Von den Typen 60-630 wurden insgesamt 3600 Stück eingeführt.

Nach dem Ausbau der Fertigungsanlagen begann 1968 die Produktion der Einheitsbaureihe 200, die letztlich Varianten vom 8,5-m-Bus bis zum 18-m-Schubgelenkbus mit Heck- oder Unterflurmotoren, mit Blatt- oder Luftfederung umfaßte. In der DDR waren hauptsächlich die Typen 250, 255, 256, 260 und 280 sowie der Ikarus 211 im Einsatz. Letzterer basierte auf der Mechanik des Lkw W 50.

Von der DDR wurden insgesamt mehr als 33 000 Ikarus-Busse aus Ungarn bezogen, von denen im Jahr 1988 insgesamt noch 15 707 Stück im Einsatz waren. Die lange Nutzungsdauer vieler Fahrzeuge führte zu einem hohen Reparaturaufwand.

Ikarus 311 Regionalbus (Import 1960–1973)

Ikarus 60 / 601 Stadtlinienbus (Import 1953–1956)

Ikarus 630 Regionalbus (Import 1959–1971)

Import	Regionalbus Ikarus 31 1956 – 1959	Regionalbus Ikarus 311 1960 – 1973
Motor	Wirbelkammer-Dieselmotor Csepel D 413	Wirbelkammer-Dieselmotor Csepel D 414
Zylinderzahl	4 (Reihe)	4 (Reihe)
Bohrung x Hub	110 x 140 mm	112 x 140 mm
Hubraum	5320 cm^3	5520 cm^3
Leistung	85 PS (63 kW) bei 2200/min	95 PS (70 kW) bei 1400/min
Drehmoment	302 Nm bei 1350/min	340 Nm bei 1400/min
Kühlung	Wasser	Wasser
Elektrische Anlage	12 V, Lichtmaschine 300 W	12 V, Lichtmaschine 500 W
Kraftübertragung	Hinterachs-Antrieb	Hinterachs-Antrieb
Kupplung	Einscheiben-Trockenkupplung	Einscheiben-Trockenkupplung
Getriebe	teilsynchron., 5 + 1 Gänge	teilsynchron., 5 + 1 Gänge
Achsantrieb	einfach übersetzte Hinterachse	einfach übersetzte Hinterachse
Fahrwerk	Bodengruppe mit selbsttragendem Aufbau	Bodengruppe mit selbsttragendem Aufbau
Vorderradaufhängung	Starrachse, Blattfedern, Teleskop-Stoßdämpfer	Starrachse, Blattfedern, Teleskop-Stoßdämpfer
Hinterradaufhängung	Starrachse, Blattfedern, Teleskop-Stoßdämpfer	Starrachse, Blattfedern, Teleskop-Stoßdämpfer
Lenkung	mechanisch	mechanisch
Bremsanlage	Allradbremse, hydraul.-pneumatisch, Feststellbremse mechanisch	Allradbremse, pneumatisch, Feststellbremse mechanisch
Allgemeine Daten		
Radstand	4600 mm	4600 mm
Spur	1740 / 1630 mm	1740 / 1720 mm
Gesamtmaße	8500 x 2400 x 3000 mm	8500 x 2400 x 2800 mm
Reifen	8.25-20	8.25-20
Bodenfreiheit	280 mm	250 mm
Fahrzeugmasse	5400 kg	5950 kg
Zuläss. Gesamtmasse	8700 kg	9370 kg
Sitzplätze / Stehplätze	24-36 / bis 16	20 – 35 /
Höchstgeschwindigkeit	75 km/h	78 km/h
Kraftstofftank	100 Liter	140 oder 200 Liter

Import	Reisebus Ikarus 55 1956 – 1973	Stadtlinienbus Ikarus 66 1959 – 1973
Motor	Wirbelkammer-Dieselmotor Csepel D-614 im Heck	Wirbelkammer-Dieselmotor Csepel D-614 im Heck
Zylinderzahl	6 (Reihe)	6 (Reihe)
Bohrung x Hub	112 x 140 mm	112 x 140 mm
Hubraum	8280 cm^3	8280 cm^3
Leistung	145 PS (107 kW) bei 2300/min	145 PS (107 kW) bei 2300/min
Drehmoment	490 Nm bei 1400/min	490 Nm bei 1400/min
Kühlung	Wasser	Wasser
Elektrische Anlage	24 V, Lichtmaschine 750 W	24 V, Lichtmaschine 750 W
Kraftübertragung	Hinterachs-Antrieb	Hinterachs-Antrieb
Kupplung	Einscheiben-Trockenkupplung	Einscheiben-Trockenkupplung
Getriebe	teilsynchron., 5 + 1 Gänge	teilsynchron., 5 + 1 Gänge
Achsantrieb	Außenplaneten-Hinterachse	Außenplaneten-Hinterachse
Fahrwerk	Bodengruppe mit selbsttragendem Aufbau	Bodengruppe mit selbsttragendem Aufbau
Vorderradaufhängung	Starrachse, Blattfedern, Teleskop-Stoßdämpfer	Starrachse, Blattfedern, Teleskop-Stoßdämpfer
Hinterradaufhängung	Starrachse, Blattfedern,	Starrachse, Blattfedern,
Lenkung	mechanisch	mechanisch
Bremsanlage	Allradbremse, pneumatisch, Feststellbremse mechanisch	Allradbremse, pneumatisch, Feststellbremse mechanisch
Allgemeine Daten		
Radstand	5550 mm	5550 mm
Spur	2013 / 1825 mm	2013 / 1825 mm
Gesamtmaße	11400 x 2500 x 2900 mm	11400 x 2500 x 2900 mm
Reifen	11.00-20	11.00-20
Bodenfreiheit	330 mm	330 mm
Fahrzeugmasse	9500 kg	9000 kg
Zuläss. Gesamtmasse	14 900 kg	15 000 kg
Sitzplätze / Stehplätze	32 – 44 / —	32 / 58
Höchstgeschwindigkeit	78 – 98 km/h (gemäß Übersetzung)	61 – 100 km/h (gemäß Übersetzung)
Kraftstofftank	250 Liter	250 Liter

Stadtlinienbus
Ikarus 60 / 601
1953 – 1956

Wirbelkammer-Dieselmotor Csepel D 414
6 (Reihe)
110 x 140 mm
7983 cm^3
125 PS (92 kW) bei 2200/min
478 Nm bei 1600/min
Wasser
12 V, Lichtmaschine 300 W

Hinterachs-Antrieb
Einscheiben-Trockenkupplung
teilsynchron., 5 + 1 Gänge
Stirnradantrieb in den Radnaben

Leiterrahmen
Starrachse, Blattfedern, Teleskop-Stoßdämpfer
Starrachse, Blattfedern
mechanisch
Allradbremse, pneumatisch,
Feststellbremse mechanisch

5000 mm
1855 / 1815 mm
9400 x 2500 x 2900 mm
11.00-20
330 mm
Ikarus 60: 7750 kg, Ikarus 601: 8200 kg
Ikarus 60: 12 250 kg, Ikarus 601: 13 000 kg
20 – 40 /
Ikarus 60: 52 km/h, Ikarus 601: 75 km/h
170 Liter

Regionalbus
Ikarus 630
1959 – 1971

Wirbelkammer-Dieselmotor Csepel D 614
6 (Reihe)
112 x 140 mm
8280 cm^3
145 PS (107 kW) bei 2300/min
490 Nm bei 1400/min
Wasser
12 V, Lichtmaschine 750 W

Hinterachs-Antrieb
Einscheiben-Trockenkupplung
teilsynchron., 5 + 1 Gänge
Außenplaneten-Hinterachse

Leiterrahmen
Starrachse, Blattfedern, Teleskop-Stoßdämpfer
Starrachse, Blattfedern
mechanisch (auch mit hydraulischer Unterstützung)
Allradbremse, pneumatisch,
Feststellbremse mechanisch

5000 mm
2013 / 1825 mm
9400 x 2500 x 2900 mm
11.00-20
285 mm
8350 kg
13 850 kg
27 -37 /
78 km/h
200 Liter

Stadtlinienbus
Ikarus 556
1970 – 1972

Dieselmotor D 2156 HM 6 U
6 (Reihe)
121 x 150 mm
10350 cm^3
192 PS (141 kW) bei 2100/min
696 Nm bei 1300/min
Wasser
24 V, Lichtmaschine 1500 W
Hinterachs-Antrieb
Einscheiben-Trockenkupplung
teilsynchron., 5 + 1 Gänge
Außenplaneten-Hinterachse
Bodengruppe mit selbsttragendem Aufbau
Starrachse, Luft- und Blattfedern kombiniert,
Teleskop-Stoßdämpfer
Starrachse, Luft- und Blattfedern kombiniert,
Teleskop-Stoßdämpfer
mechanisch mit hydraulischer Unterstützung

Allradbremse, pneumatisch,
Feststellbremse mechanisch

5500 mm
2013 / 1825 mm
10900 x 2500 x 2900 mm
11.00-20
300 mm
8200 kg
16 000 kg
21 / 70
64 km/h
250 Liter

Stadtlinien-Gelenkbus
Ikarus 180
1967 – 1973

Dieselmotor D 2156 HM 6 U
6 (Reihe)
121 x 150 mm
10350 cm^3
192 PS (141 kW) bei 2100/min
696 Nm bei 1300/min
Wasser
24 V, Lichtmaschine 1500 W
Antrieb der 2. Achse
Einscheiben-Trockenkupplung
teilsynchron., 5 + 1 Gänge
Außenplaneten-Hinterachse
Bodengruppe mit selbsttragendem Aufbau
Starrachse, Luft- und Blattfedern kombiniert,
Teleskop-Stoßdämpfer
Starrachse, Luft- und Blattfedern kombiniert,
Teleskop-Stoßdämpfer
mechanisch mit hydraulischer Unterstützung

Allradbremse, pneumatisch,
Feststellbremse mechanisch

5500 + 6020 mm
2013 / 1825 / 2000mm
16500 x 2500 x 2900 mm
11.00-20
300 mm
12 000 kg
23 500 kg
36 / 118
64 km/h
250 Liter

Ikarus 55 Reisebus (Import 1956–1973)

Ikarus 66 Stadtlinienbus (Import 1959–1973)

**Unten:
Ikarus 556 Stadtlinienbus (links) (Import 1970-1972) und Ikarus 180 Stadtlinien-Gelenkbus (rechts) (Import 1967–1973)**

Ikarus 250 Reisebus (Import 1968–1989)

Ikarus 256 Reisebus (Import 1977–1989)

Ikarus 211 Regionalbus (Import 1976–1989)

Ikarus 255 Regionalbus
(Import 1973–1982)

Ikarus 266 Stadtlinienbus
(Import 1979–1981)

Ikarus 280
Stadtlinien-Gelenkbus
(Import 1973–1989)

Import	Reisebus Ikarus 250 1968 – 1989	Reisebus Ikarus 256.51 1977 – 1989	Regionalbus Ikarus 211.51 1976 – 1989
Motor	Dieselmotor D 2156 HM 6 U	Dieselmotor D 2156 HM 6 U	Dieselmotor IFA 4 VD 14,5/12-1 SRW
Zylinderzahl	6 (Reihe)	6 (Reihe)	4 (Reihe)
BohrungxHub	121 x 150 mm	121 x 150 mm	120 x 145 mm
Hubraum	10350 cm^3	10350 cm^3	6560 cm^3
Leistung	192 PS (141 kW) bei 2100/min	192 PS (141 kW) bei 2100/min	125 PS (92 kW) bei 2300/min
Drehmoment	696 Nm bei 1300/min	696 Nm bei 1300/min	422 Nm bei 1350/min
Kühlung	Wasser	Wasser	Wasser
Elektrische Anlage	24 V, Lichtmaschine 1500 W	24 V, Lichtmaschine 1500 W	24 V, Lichtmaschine 1000 W
Kraftübertragung	Hinterachs-Antrieb	Hinterachs-Antrieb	Hinterachs-Antrieb
Kupplung	Einscheiben-Trockenkupplung	Einscheiben-Trockenkupplung	Einscheiben-Trockenkupplung
Getriebe	Synchrongetriebe, 5 oder 6 + 1 Gänge	Synchrongetriebe, 5 oder 6 + 1 Gänge	teilsynchron., 5 + 1 Gänge
Achantrieb	Außenplaneten-Hinterachse	Außenplaneten-Hinterachse	Antriebswellen außerhalb der Tragachse
Fahrwerk	Bodengruppe mit selbsttragendem Aufbau	Bodengruppe mit selbsttragendem Aufbau	Bodengruppe mit selbsttragendem Aufbau
Vorderradaufhängung	Starrachse, Luftfedern, Teleskop-Stoßdämpfer	Starrachse, Luftfedern, Teleskop-Stoßdämpfer	Starrachse, Blattfedern, Teleskop-Stoßdämpfer
Hinterradaufhängung	Starrachse, Luftfedern, Teleskop-Stoßdämpfer	Starrachse, Luftfedern, Teleskop-Stoßdämpfer	Starrachse, Blattfedern, Teleskop-Stoßdämpfer
Lenkung	Monoblock-Hydrolenkung	Monoblock-Hydrolenkung	hydraulische Servolenkung
Bremsanlage	Allradbremse, pneumatisch, Federspeicher-Feststellbremse, Motorbremse	Allradbremse, pneumatisch, Federspeicher-Feststellbremse, Motorbremse	Allradbremse, hydraul.-pneum., ALB an Hinterachse, Federspeicherfeststellbremse, Motorbremse
Allgemeine Daten			
Radstand	6300 mm	5330 mm	4030 mm
Spur	2013/1835 mm	2013/1835 mm	1900/1780 mm
Gesamtmaße	12000 x 2500 x 3210 mm	10990 x 2500 x 3080 mm	8500 x 2500 x 3000 mm
Reifen	10.00-20	10.00-20	8,25-20
Bodenfreiheit	350 mm	350 mm	300 mm
Fahrzeugmasse	10 700 kg	10 400 kg	7000 kg
Zuläss. Gesamtmasse	16 000 kg	16 000 kg	10 200 kg
Nutzmasse	5900 kg	5600 kg	3200 kg
Sitzplätze/Stehplätze	42-46/—	45/—	36/6
Höchstgeschwindigkeit	106 km/h	106 km/h	91 km/h
Kraftstofftank	250 Liter	250 Liter	100 Liter

Ikarus 260 Stadtlinienbus (Import 1971–1989)

Import	Regionalbus **Ikarus 255** **1973-1982**	Stadtlinienbus **Ikarus 266** **1979-1981**
Motor	Dieselmotor D 2156 HM 6 U	Dieselmotor D 2156 HM 6 U
Zylinderzahl	6 (Reihe)	6 (Reihe)
Bohrung x Hub	121 x 150 mm	121 x 150 mm
Hubraum	10 350 cm^3	10 350 cm^3
Leistung	192 PS (141 kW) bei 2100/min	192 PS (141 kW) bei 2100/min
Drehmoment	696 Nm bei 1300/min	696 Nm bei 1300/min
Kühlung	Wasser	Wasser
Elektrische Anlage	24 V, Lichtmaschine 1500 W	24 V, Lichtmaschine 1500 W
Kraftübertragung	Hinterachsantrieb	Hinterachsantrieb
Kupplung	Einscheiben-Trockenkupplung	Einscheiben-Trockenkupplung
Getriebe	Synchrongetriebe, 5 + 1 Gänge oder 6 + 1 Gänge	Synchrongetriebe, 5 + 1 Gänge oder 6 + 1 Gänge
Achsantrieb	Außenplaneten-Hinterachse	Außenplaneten-Hinterachse
Fahrwerk	Bodengruppe mit selbsttragendem Aufbau	Bodengruppe mit selbsttragendem Aufbau
Vorderradaufhängung	Starrachse, Blattfedern, Teleskop-Stoßdämpfer	Starrachse, Blattfedern, Teleskop-Stoßdämpfer
Hinterradaufhängung	Starrachse, Blattfedern, Teleskop-Stoßdämpfer	Starrachse, Blattfedern, Teleskop-Stoßdämpfer
Lenkung	Monoblock-Hydrolenkung	Monoblock-Hydrolenkung
Bremsanlage	Allradbremse pneumatisch, Federspeicher-Feststellbremse, Motorbremse	Allradbremse pneumatisch, Federspeicher-Feststellbremse, Motorbremse
Allgemeine Daten		
Radstand	5341 mm	5341 mm
Spur	2013 / 1835 mm	2013 / 1835 mm
Gesamtmaße	10971 x 2500 x 2990 mm	10971 x 2500 x 2990 mm
Reifen	11.00-20	11.00-20
Bodenfreiheit	340 mm	340 mm
Fahrzeugmasse	10 450 kg	9900 kg
Zuläss. Gesamtmasse	16 000 kg	16 000 kg
Nutzmasse	5550 kg	6100 kg
Sitzplätze / Stehplätze	45 / 20	45 / 36
Höchstgeschwindigkeit	100 km/h	72 km/h
Kraftstofftank	250 Liter	250 Liter

Gelenk-Linienbus Ikarus 280 1973 – 1989	Stadtlinienbus Ikarus 260 1971 – 1989
Dieselmotor D 2156 HM 6 U	Dieselmotor D 2156 HM 6 U
6 (Reihe)	6 (Reihe)
121 x 150 mm	121 x 150 mm
10 350 cm³	10 350 cm³
192 PS (141 kW) bei 2100/min	192 PS (141 kW) bei 2100/min
696 Nm bei 1300/min	696 Nm bei 1300/min
Wasser	Wasser
24 V, Lichtmaschine 1500 W	24 V, Lichtmaschine 1500 W
Antrieb der 2.Achse	Hinterachsantrieb
Einscheiben-Trockenkupplung	Einscheiben-Trockenkupplung
Synchrongetriebe, 5 + 1 Gänge oder 6 + 1 Gänge	Synchrongetriebe, 5 + 1 Gänge oder 6 + 1 Gänge
Außenplaneten-Hinterachse	Außenplaneten-Hinterachse
Bodengruppe mit selbsttragendem Aufbau	Bodengruppe mit selbsttragendem Aufbau
Starrachse, Luftfedern, Teleskop-Stoßdämpfer	Starrachse, Luftfedern, Teleskop-Stoßdämpfer
Starrachse, Luftfedern, Teleskop-Stoßdämpfer	Starrachse, Luftfedern, Teleskop-Stoßdämpfer
Monoblock-Hydrolenkung	Monoblock-Hydrolenkung
Allradbremse pneumatisch, Federspeicher-Feststellbremse, Motorbremse	Allradbremse pneumatisch, Federspeicher-Feststellbremse, Motorbremse
Daten für Stadtlinienausführung	
5400 + 6200 mm	5400 mm
2000 / 1835 / 2000 mm	2000 / 1835 mm
16500 x 2500 x 3160 mm	11000 x 2500 x 3 040 mm
11.00-20	11.00-20
300 mm	300 mm
12 500 kg	9100 kg
22 500 kg	16 000 kg
10 000 kg	6900 kg
36 / 107	23/75
70 km/h	70 km/h
250 Liter	250 Liter

Als Sekundärliteratur wurden genutzt

Michael Dünnebier: Lastwagen und Busse sozialistischer Länder, Berlin 1988

Michael Dünnebier / Eberhard Kittler: Personenkraftwagen sozialistischer Länder, Berlin 1990

Michael Dünnebier: Aspekte der Entwicklung der Nutzfahrzeug-Industrie in der DDR und den RGW-Staaten in »100 Jahre Lkw«, Stuttgart 1997

Horst Ihling: Autos aus Eisenach, Stuttgart 1998

Peter Kirchberg: Horch-Audi-DKW-IFA, Stuttgart 1985

Wolfgang Roediger/Karl-Heinz Edler: Deutsche Kraftfahrzeuge der Baujahre nach 1945, Berlin, 1955

Wolfgang Roediger/Werner Apitz: Nutzfahrzeuge auf unseren Straßen, Berlin, 1972

Matthias Röcke: Die Trabi-Story. Königswinter, 1998

Frank Rönicke: Trabant - Legende auf Rädern. Stuttgart, 1998

Kratkii Avtomobilniji Spravocnik, Moskau 1983

Motor-Jahr, ab 1956

Statistisches Jahrbuch der DDR, Jahrgang 1966 bis 1974

Katalog der Schweizer Automobil-Revue, ab 1954

Deutscher Straßenverkehr, KFT (versch. Jahrgänge)